名言の森

心に響く千人千句

晴山陽一［編著］
Yoichi Hareyama

東京堂出版

はじめに――千人千句の光と影

われわれはいつかは人生に別れを告げなくてはならない運命にあるが、この世に生きた証として言葉を残すことだけはできる。その言葉が別の人の人生を豊かにし、導きの光となる場合もあるだろう。

古今東西の千人を選び、「この人にしてこの句あり」という名言を一人一句ずつ、合計千句集めて、テーマ別に整理してみた。いまこの本を編み終え、あらためて忘れがたく思う言葉のいくつかをご紹介しよう。

「この世に生を受けたこと、それが最大のチャンスじゃないか」（アイルトン・セナ）

「私は、世界中に愛の手紙を書き送る神の手に握られた、小さな鉛筆です」（マザー・テレサ）

「雪は天から送られた手紙である」（中谷宇吉郎）

「われわれの真の国籍は人類である」（H・G・ウェルズ）

「いかなるバッジも、制服も、勲章も無用となる日がやって来るだろう」（ラルフ・ウォルドー・エマーソン）

一芸に秀でた人々の一世一代の名ぜりふも、忘れがたい味がある。

「一編の詩は流星である」（ウォレス・スティーブンズ）

「リンゴ一つで、パリをあっと言わせてやる」（ポール・セザンヌ）

「練習はしません。常に演奏です」（ワンダ・ランドフスカ）

「ホールインワンは、狙ってできるものではない。しかし、狙わなければ決してできない」（アーノルド・パーマー）

「届かないパットは、絶対にカップインしない」（タイガー・ウッズ）

「強い者が勝つのではない、勝った者が強いのだ」（フランツ・ベッケンバウアー）

なかでも忘れられないのは、イタリアの薄幸の画家モディリアーニが、妻でありモデルでもあったジャンヌに残した次の痛切な一句である。

「天国までついてきてくれないか。そうすれば、あの世でも最高のモデルをもつことができる」

ジャンヌはモディリアーニの二人目の子を宿していたにもかかわらず、彼の死の二日後にアパートの六階から飛び降り、夫の後を追ったという。

どんなに悲しい言葉も辛い言葉も、時を超えて生き残る。そんな言葉の強さ、しなやかさを、この千句集で味わっていただければ、大変うれしい。

三月十一日の東日本大震災の後、多くの人が絶望の淵に立たされたが、同時に、どんな苦境の中にあっても希望と感謝の念を思い出させる言葉の数々が、人々に生きる勇気を与えたのも事実である。

人類が残した言葉の中でも、とりわけ個性的でパワフルな千句は、きっとあなたの人生のよき友になるだろう。人は、言葉をつむぎながら生き、同時に言葉によって生かされる存在であると思う。

本書を編むにあたって、膨大な量の書籍を参考にした。とりわけ、スポーツに関する名句に関しては、すぐれたアンソロジーである『「トップアスリート」名語録』(桑原晃弥著、PHP研究所刊)を参考にさせていただいた。同書の著者をはじめ、多くの先人の業績に深く感謝の意を表したいと思う。

この本を編む仕事は、私が半世紀の間に読んできた書物を読み返す作業とパラレルであった。震災直後の計画停電の合間に執筆を進めた本書は、私にとって忘れがたい本となった。この本を書くことが、当時の私の心の拠り所でもあった。このような機会を与えてくださった出版社に、あらためて深く御礼申し上げたい。

二〇一一年八月

晴山陽一

名言の森 心に響く千人千句◉目次

第3章 お金・仕事

第10章 娯楽・社会

第1章

人間・人生

◎人間

人間とは、一週間の仕事が終わり、神様が疲れた時に作られた生き物。

この句は、マーク・トウェインが人生にいささか疲れた一九〇三年五月二十三日に書きつけたもの。一九〇六年に発表された『人間とは何か』も、悲観的な内容だった。『トム・ソーヤーの冒険』の作者として世界的に有名。フロリダに生まれ、ミシシッピ川の水先案内人をしていたこともよく知られている。本名はサミュエル・ラングホーン・クレメンズ。マーク・トウェインというペンネームは、川の深さを伝える時の水夫言葉から。ジャーナリスト、講演家としても活躍し、多くの名句を残した。

❖**マーク・トウェイン**（アメリカの作家　一八三五－一九一〇）

神は人間を、その本質が天使と獣類との中間に存在するものとして創られたるものなり。

アウグスティヌスは「教会の父」、また「西洋の教師」とも呼ばれ、百に近い哲学的・神学的書物を著した。主著は十三巻からなる『告白』、『三位一体論』、『神国論』などで、ギリシャ哲学とキリスト教思想を統合し、以降の西洋の思想文化形成に多大な影響を与えた。『告白』の中の時間論は有名。

❖**アウグスティヌス**（ローマのキリスト教初代教父　三五四－四三〇）『神の国』より

すべての定義が失敗するほど、人間は幅広く、多岐多様なものである。

シェーラーは、フッサールの影響を受け、現象学を独自の論理で展開し、主著『倫理学における形式主義と実質的価値倫理学』に著した。この句の出典である『宇宙における人間の地位』は、ダルムシュタット郊外の「英知の学校」でシェーラーが一九二八年に行った招聘講演である。

❖マックス・シェーラー（ドイツの哲学者・社会学者　一八七四－一九二八）『宇宙における人間の地位』より

諸君がもしその読み方を知っているとすれば、人間はすべて一冊の書物である。

チャニングが大学生の時にフランス革命が勃発。社会秩序、伝統、習慣が一挙に崩れ去る変革期に遭遇し、学業どころではなかったようだ。のちに、ユニテリアン派の代表的な神学者となった。人間は一冊の書物かもしれないが、最初から最後まで読み通すのは難しい。目の前にいる人間は、開けかけの書物のようなものである。

❖ウィリアム・チャニング（アメリカの牧師　一七八〇－一八四二）

人間のもっとも偉大な力とは、そのひとのいちばんの弱点を克服したところから生まれてくるものである。

バージニア州のシャーロッツビルの出身。ビジネス系の著書を書き、『販売は断られた時から始まる』、『一流セールスマンとなる方法――私が世界一になった3つの秘訣』が邦

❖エルマー・G・レターマン（アメリカの著述家　一八九七－一九八二）

訳されている。『販売は断られた時から始まる』には、「三回目の『ノー』までは、まだ説明が足りないと考えよ」、「失望はセールスマンの最大の敵である」、「仕事に惚れ、商品に惚れ、顧客に惚れよ！」などと書かれ、セールスマンのバイブル的な書物である。

理性の名のもとに不合理な行動をとれる動物は、人間だけである。

❖アシュレー・モンタギュー（イギリスの人類学者　一九〇五－一九九九）

『暴力の起源――人はどこまで攻撃的か』、『タッチング――親と子のふれあい』の二冊が邦訳されている。『タッチング』は親と子の触れ合いの重要性をテーマとしており、モンタギューはこう主張している。「子供の養育を妻にまかせきりにすると、だれもかれもが被害をこうむるが、その被害のほとんどはわが身にふりかかってくる。自分の子供を育てることが刺激になって自分自身が成長できる機会を、わざわざ自分で捨てているからだ」と。

人間は、代を重ねて飼育し、自分で自分を家畜化して、文化を発展させてきた不思議な生き物です。

❖小原秀雄（動物学者　一九二七－）『自己家畜化論』より

一九七七年に刊行された『境界線の動物誌』には、「人間は家畜をこういった人工的世界に入れて作り出す前から、人工的な世界――文明の世界を生み出してはいた」と書いている。人工的な文明世界を築き、動物を家畜化したのち、人間自身が「自分で自分を家畜化」してきたのだと、小原《おばら》の思索は進むわけである。

もし現代を定義せよといわれたら、ぼくはこういうだろう——現代は人間がHomo sapiensを抹殺しようとしている時代であると。そして、それならどうするのかときかれたら、こう答えるだろう——Homo sapiensの復権をと。

Homo sapiensは「かしこい人」という意味だ。しかし、人間が「理性的」であることを追い求めた結果、管理文明を生み出し、何もかもを単純化してしまったと日高は強調する。食物を求める探索という動物的な行動の中に「かしこさ」の原点を見出し、そこから人間性を取り戻す必要がある、と説く。管理の中に人間の自由な探索の余地はないのだ。

❖**日高敏隆**（動物行動学者　一九三〇－二〇〇九）『人間に就いての寓話』より

人間は、自分で斑点を変える術を知ったヒョウである。

ニューヨーク生まれの社会学者にして文明批評家、マンフォードの出色の人間定義。昨今のクローン技術や遺伝子組み換えをも予見させる、半世紀前の名句である。マンフォードは幼い時、祖父に手を引かれてニューヨーク中を歩き回った。その経験が偉大なるゼネラリスト、マンフォードを生む素地となった。

❖**ルイス・マンフォード**（アメリカの社会学者　一八九五－一九九〇）『人生の指向』より

人間は自ら作りだした道具の道具になってしまった！

ソローは、ウォールデン湖畔に小屋を立て、森の中で生活を送ったことで有名。彼は数

❖**ヘンリー・デイヴィッド・ソロー**（アメリカの著述家一八一七－六二）『ウォールデン（森の生活）』より

少ない道具として、小屋の中に三つの椅子を置いていた。彼自身の説明によると、孤独のための椅子、友達のための椅子、そして社交のための椅子の三つだった。三人以上は入れない小さな小屋だった。鈴木大拙は『続　禅と日本文化』の中に一ページにわたってソローを引用し、ソローが雨の音に感動したエピソードを紹介している。

人間のまことの性格は彼の娯楽によって知られる。

❖ジョシュア・レイノルズ
（イギリスの画家　一七二三－九二）『断片』より

レイノルズはイングランド南東部デヴォン州のプリンプトン生まれで、主に肖像画家として活躍した。ロンドン、のちにイタリアで絵を学び、ラファエッロやミケランジェロなどの古典を研究した。一七六八年に王立美術院の初代院長に就任。絵画の理論家、教育者としても大きな役割を果たした。

魚の前では人間はすべて平等である。

❖ハーバード・フーヴァー
（アメリカの第三十一代大統領　一八七四－一九六四）

「すべての人間は平等に作られている」という独立宣言の名句のもじりである。フーヴァーは大の釣り好きだったらしい。一九二九年から三三年まで大統領の座にあった。幼くして両親を亡くし、早くから自立することを学び、大学時代にはすでに経営手腕を発揮した。第一次世界大戦中から戦後にかけて、難民救済事業に携わり、一九二一年に商務長官に就任。政界に身を置いてからもそのスタンスは変わらず、飢えに苦しむドイツやロシアに食糧援助をした。

人間――道理を解する動物ではあるが、道理にかなった動物とは言いがたい。

❖アレクサンダー・ハミルトン（アメリカの政治家　一七五七―一八〇四）

この句は、ぜひ原文で読んでいただきたい。Man — a reasoning rather than a reasonable animal. 言葉の使い方が秀逸である。ハミルトンは西インド諸島ネイビス島生まれ。アメリカ独立戦争に参加し、ジョージ・ワシントンの副官を務めた。一七八二年には議員に選出され、アメリカ合衆国憲法の制定に貢献した。一七八九年に財務長官に就任し、国家財政の安定に尽力した。五十歳目前で決闘にて死去。

人間はこの宇宙の不良少年である。

❖ジェイムズ・オッペンハイム（アメリカの詩人　一八八二―一九三二）

オッペンハイムはミネソタ州セントポールで生まれた。コロンビア大学卒業後、ニューヨークの貧民街でセツルメント運動に参加した。一九〇九年の短編集『ラスト博士』はその経験を生かして書かれたものだ。また、平和運動に尽力し、雑誌『セブン・アーツ』の編集者となり、後年、精神分析に興味を強く持って一九二三年『隠された力』、一九二八年『裏面に』などの作品を書いた。

まことに、人間は濁れる河である。みずから汚れずしてよく濁流を容れ得るためには、人はまず海でなくてはならぬ。

このあと、「見よ、われ、なんじらに超人を教う。超人はこの海である。なんじらの大いなる侮蔑は、その中にて没し得るのだ」と続く（佐藤通次訳）。ニーチェは二十四歳でバーゼル大学の教授に任命される俊英だったが、普仏戦争従軍以来わずらった眼疾などのため十年で職を辞した。『ツァラトストラ』は一八八三年から九一年にかけての作品。

❖**フリードリヒ・ニーチェ**
（ドイツの哲学者・詩人　一八四四－一九〇〇）『ツァラトストラかく語りき』第一部より

◎人生

私は、なぜ生まれるか知らないで生まれた。私は、どういうふうに生きていいのか知らないで生きてきた。そして、なぜ死ぬのか、どういうふうに死ねばいいのかも知らないで死んでいく。

ガッサンディはシャンテルシエにて貧しい農夫の子として生まれる。十六歳で修辞学の教師に、十九歳で神学と哲学の教授になる。エクサンプロヴァンス大学の哲学教授、ディーニュ聖堂学院の学長、コレージュ・ロワイヤルの数学教授などを歴任。懐疑論者シャロンの影響で、アリストテレスを批判するパンフレットを書いたり、デカルトの『省察』を

❖**ピエール・ガッサンディ**
（フランスの自然科学者・哲学者　一五九二－一六五五）

巡って論争し、理性万能・合理主義的形而上学を批判した。

人生は、歩き方を覚える前に、間違った角を曲がらされている迷路である。

❖**シリル・コノリー**（イギリスの作家・雑誌編集人　一九〇三－七四）『不安な墓場』より

コノリーはジャーナリスト、編集者として活躍した。さまざまな雑誌に寄稿し、一時期は『サンデー・タイムズ』紙に連載を持ち、一九四〇年には文芸誌『ホライズン』を発刊してその編集委員となる。著作としては、一九四四年の評論集『不安な墓場』がベストセラーとなっており、ほかに『貴重な信念』、『夕暮れの柱廊』などがある。小説は一九三六年の『ロック・プール』一冊のみである。

人生はサーディンの缶詰に似ている。誰もが開けるためのキーを探している。

❖**アラン・ベネット**（イギリスの劇作家・俳優　一九三四－）『周縁を越えて』より

人生は至福に満ちているが、運よくそれを味わう者は少ない。ベネットはオックスフォード大学で歴史を学んだ。一九六〇年より劇作家・俳優として活動、風刺的なミュージカルショーのBeyond the Fringeで名声を得る。二〇〇六年にはThe History Boysでトニー賞を受賞。同年の英国文学賞で作家年間最優秀賞に選ばれた。『やんごとなき読者』が邦訳されている。

私たちはいわば、二度この世に生まれる。一度目は存在するために、二度目は生きるために。

❖ジャン・ジャック・ルソー（スイスの哲学者・思想家　一七一二―七八）『エミール』より

存在しているだけで生きてはいない人が多い、とルソーは言いたいのだろう。『エミール』の中で、「正しい心こそ神の本当の神殿である」などと書いたため、ルソーは教会の怒りを買い、パリ高等法院から有罪の判決を受け、フランスからスイスに逃れ、さらに哲学者ヒュームに迎えられてイギリスに渡っている。同書はわずか一年間リヨンで家庭教師をした経験に基づいて書かれ、古今有数の教育論の名著となった。

人生は不治の病である。

❖エイブラハム・カウリー（イギリスの詩人　一六一八―六七）

カウリーは革命期のイギリスで、王党派の詩人、またエッセイストとして生きた。彼がいかに人気のある詩人であったかは、死後、ウェストミンスター寺院の「詩人のコーナー」で、チョーサーとスペンサーの近くに座を占めていることでも明らかだ。清教徒革命時にチャールズ一世に従ってパリに亡命し、王政復古で帰国後、昇進を望んだが果たされず、残りの生涯は隠棲して文筆活動を続けた。

人生は喜びに満ちた悲劇である。

❖バーナード・マラマッド（アメリカの作家　一九一四―八六）

原文は、Life is a tragedy full of joy. で、考えようによっては、「人生は悲しみに満ちた喜劇である」（Life is a comedy full of sorrow.）と言い換えることもできそうだ。マラマッドはニューヨーク・ブルックリンで、ロシア系ユダヤ人の家庭に生まれた。コロンビア大学で学び、オレゴン州立大学、ベニントン大学で教鞭を執りつつ執筆を続け、『アシスタント』、『修理屋』などの代表作を生み出した。

人生は、大写しにすれば悲劇だが、遠写しにすれば喜劇である。

❖**チャールズ・チャップリン**（イギリスの俳優・映画監督　一八八九－一九七七）

ロンドンに生まれ、幼い時に両親が離婚、五歳の時にはミュージック・ホールの歌手であった母に代わって舞台に立った。小さな劇団を転々としたのち、フレッド・カルノーの劇団員となって渡米した。初期の無声映画の黄金時代を築き、世界的なスターとなった。マネージャーが日本人、高野虎市だったこともあって、何度か来日している。一九七七年十二月二十八日の『ガーディアン』紙のチャップリン死亡記事の中に引用された言葉。

人生は一箱のマッチに似ている。重大に扱うのはばかばかしい。重大に扱わなければ危険である。

❖**芥川龍之介**（小説家　一八九二－一九二七）

大正期を代表する作家、短編の名手である。幼少期に母親の死によって母方の実家の養子になり、芥川姓を名乗った。東大在学中に『新思潮』を創刊し、『羅生門』、『鼻』などの作品で認められ、夏目漱石の門下に入った。多くの作品を残したが、生来虚弱で三十五歳で自死した。代表作に『河童』、『地獄変』、『藪の中』などがある。

人生は、その一〇パーセントは私に何が起こるかであり、九〇パーセントはそれに対していかに反応するかだ。

❖**ルー・ホルツ**（アメリカのフットボール・コーチ　一九三七－）

一万円拾って大騒ぎする人がいる一方で、百万円落としても平然としている人がいるものだ。ホルツは一九八六年から九六年までノートルダム大学チームのヘッドコーチを務め、一九八六年の全米王者に輝いたほか、百勝三十敗二分けという戦績を残した。現在はスポーツ専門チャンネルＥＳＰＮでカレッジフットボールのスタジオアナリストとして活躍している。

人生は広くもなれば、狭くもなる。それは、人生から何を得るかではなく、人生に何をそそぎ込むかにかかっている。

❖**L・M・モンゴメリ**（カナダの小説家　一八七四－一九四二）『赤毛のアン』より

『赤毛のアン』は一九〇八年の作品で、発表されるや、世界中で人気を博し、マーク・トウェインはアンを評して「不滅のアリス以来の最も愛すべき少女」と讃えた。幼くして母と死に別れ、プリンス・エドワード島で育ったモンゴメリの人生が、そのまま『赤毛のアン』に投影されている。

人生は後ろ向きにしか理解できないが、前向きにしか生きられない。

❖**セーレン・キルケゴール**（デンマークの哲学者　一八一三－五五）

キルケゴールは実存主義の先駆者で、二十世紀の実存主義に大きな影響を与えた。当時デンマークで大きな影響力があったヘーゲルの哲学を批判し、主観性こそ真理であるというテーゼを打ち出した。多くの著作があるが、初期にはさまざまな仮名で作品を発表した。その結果、自分の作品を自分の別の名前で論評する、というややこしいことをしている。自分が若死にすることを予期して、猛烈な勢いで歴史に残る名著を書き続けた。

人生とは何か完全に理解できなくても、人生を心ゆくまで楽しむことはできる。

❖アーニー・J・ゼリンスキー（カナダのコンサルタント）

アルバータに生まれる。アルバータ大学でエンジニアリングを学び、MBAを取得する。起業家精神や早期退職に関する著書を多く出版。著書に『ゼリンスキーの法則――働かないことのススメ』、『退職して幸せになるためのコツ』など。『お金を呼ぶ七七七の格言』は、すべての言葉が和英対照になっていて、なかなか便利である。

人生は、どの患者もベッドを替えたいという願望にとりつかれている病院である。

❖シャルル・ボードレール（フランスの詩人・批評家　一八二一－六七）

そして、その病院には医師もいなければ薬もないのだろう。ボードレールの代表作『悪の華』は公序良俗に反するという理由で印刷業者、出版社ともども起訴され、罰金刑を受けた。ところが他の批評家から称賛され、その後多くの芸術家に多大な影響を与え続けた。彼が「近代詩の父」と呼ばれる所以《ゆえん》である。美術評論家としての活躍も目覚しく、特に当時話題となっていたドラクロワを擁護したことで知られる。

人生に執着する理由がなければないほど、人生にしがみつく。

エラスムスはルネサンス期を代表する人文主義者で、洗練された文体で硬化した教会組織を風刺する作品を書き、多くの論争を巻き起こした。また、ギリシャ語を学び、聖書をギリシャ語原典から翻訳しなおした『校訂新約聖書』を刊行した。一四九二年に司祭となったが、その後教師となり、一四九八年からはケンブリッジ大学の神学・ギリシャ語の教授であった。『痴愚神礼讃』は一五〇九年のイギリス滞在時に書かれたものである。

❖**デジデリウス・エラスムス**（オランダの人文主義者　一四六六－一五三六）『痴愚神礼讃』より

人生とは、墓場へ行く途中で起きた、ある滑稽な出来事だった。

『裸の公僕』第十八章に収められたユーモアあふれる一句。クェンティン・クリスプは同性愛者であることを公表する、いわゆるカミングアウトの先駆者だそうだ。女装していたことでも有名で、出演映画ではエリザベス女王役を演じた。なお、スティングの「イングリッシュマン・イン・ニューヨーク」はクリスプをモデルにしているという。

❖**クェンティン・クリスプ**（イギリスのユーモア作家　一九〇八－九九）『裸の公僕』より

すべての人間の一生は、神の手で描かれたお伽話である。

子供向けの童話作者として知られている。当時ヨーロッパでは幻想的な短編物語の技法

❖**ハンス・C・アンデルセン**（デンマークの作家・詩人　一八〇五－七五）『童話集』より

〔エーヴェンチュアー〕が定着していたが、物語を生き生きとしたリズムのある口語体で語る技はアンデルセンの独創であり、世界中の子供たちに時を超えて愛され続けている。森鷗外が訳した『即興詩人』、『絵のない絵本』、詩集『幻想とスケッチ』、そして『人魚姫』、『みにくいアヒルの子』、『マッチ売りの少女』などの童話が有名である。

われわれの人生は、神のディスプレイ上で演じられる奇妙なほの暗い幕間狂言にすぎない。

❖ユージン・オニール（アメリカの劇作家　一八八八―一九五三）『奇妙な幕間狂言』より

オニールは舞台俳優を父として生まれ、楽屋に親しむ幼少期を送った。プリンストン大学に進学するも中退し、南米へ放浪の旅に出て、帰国後結核に罹《かか》っていることが判明。半年間の療養生活の中、劇作を開始した。作品にはここまでの体験が生かされたものも多い。『地平線のかなた』、『アンナ・クリスティ』、『奇妙な幕間狂言』はピュリツァー賞を受賞し、一九三六年にノーベル文学賞を受賞している。

われわれは人生という大きな芝居の熱心な共演者だ。

❖ハンス・カロッサ（ドイツの作家　一八七八―一九五六）『指導と信従』より

カロッサ家はもともと医師の家系で、本人も医学を修め医者となったが、作家、詩人として成功した。『指導と信従』は四十四歳の時に書いた自伝的作品。ランボーの「人生は、誰もが演じなければならない道化芝居である」という句も思い出される。

人生はB級映画に似ている。途中でやめようとは思わないが、二度と見ようとは思わない。

ターナーはCNNの設立者であり、アメリカを代表する事業家の一人。大統領選への出馬を噂されたこともある。女優ジェーン・フォンダと結婚したことでも有名。成功者の感慨とは、こんなものなのかもしれない。同じ人生をもう一度勧められて、素直に喜べる人は少ないのではなかろうか。

❖**テッド・ターナー**（アメリカの事業家　一九三八―）一九九三年三月二日の『インターナショナル・ヘラルド・トリビューン』紙より

もし生涯の第二版があるなら、私は校正をしたい。

校正するたびにミスが減るのはいいが、問題は第二版も人気を博するかどうかだ。クレアはケンブリッジシャー州ヘルプストンの貧しい家庭に生まれ、ほとんど学校教育を受けなかった。独学で詩作を修練し、一八二〇年に発表した『田園生活の詩』は好評を得た。しかし生活に困窮して、没するまでの二十三年間をノーサンプトンの収容施設で暮らす。その間にも傑作を生み出した。校正したかった気持ちは痛いほどわかる。

❖**ジョン・クレア**（イギリスの詩人　一七九三―一八六四）

人生は一冊の書物に似ている。馬鹿者たちはそれをぺらぺらとめくってゆくが、賢い人間は念入りにそれを読む。なぜなら、かれはただ一度しかそれを読むことができないことを知っているからだ。

❖**ジャン・パウル**（ドイツの作家　一七六三―一八二五）『角笛と横笛』より

パウルは若い頃から並外れた読書家で、膨大な抜き書きを作り、作中に利用していたという。まさに本を念入りに読んでいたわけだ。ゲーテやシラーと同時代だが、独自の文学世界を作り上げ、全集六十五巻もの作品を残した。一八〇四年から〇五年に書いた『生意気盛り』(*Flegeljahre*)が有名。『角笛と横笛』には次の言葉も。「大文字ばかりで印刷された書物は読みづらい、日曜日ばかりの人生も、それと同じである」。

丘を登るより丘を下るほうが簡単だ。ただ、景色は頂上から見るほうがずっといい。

❖**アーノルド・ベネット**(イギリスの小説家　一八六七―一九三一)

ただし、下り道を楽しむのは、頂上に登った者の特権である。ベネットは二十一歳でロンドンに出て、弁護士事務所の書記を経て雑誌の編集者となる。一八九四年『ウーマン』誌に連載された小説『グランド・バビロン・ホテル』で人気を得た。一八九八年には処女小説『北から来た男』を出版。後年、大家となってからも雑文やエッセイを書いたことで貪欲だと批判され、作品も長い間評価されることがなかった。

人の一生は曲がり角だらけだ。

❖**山本周五郎**(小説家　一九〇三―六七)

山梨県出身で、一九二六年の短編『須磨寺附近』で評価され、娯楽小説や少年読み物を書く。戦後も幅広い作品を発表し続け、多くの読者を得た。『樅《もみ》ノ木は残った』、『赤ひげ診療譚』、『さぶ』、『青べか物語』など、多くの人気作品を書いたが、直木賞、毎日出版文化賞、文芸春秋読者賞などの賞はいずれも辞退している。あえて曲がり角を選んだか。

人生は列車のようなもの。時に遅く走ることを予期することはあっても、脱線だけは困る。

❖ウィリー・スタージェル（アメリカの元大リーグ選手　一九四〇－二〇〇一）

ピッツバーグ・パイレーツのパワーヒッターとして活躍したスタージェルが、五十六歳の時に語った言葉。原文は、Life is like a train. You expect delays from time to time. But not a derailment. である。delays と derailment がかけてあって、野球選手にしてはシャレている。一九七九年に史上最年長の三十九歳でＭＶＰに輝いている。

人生はあっという間の瞬間にすぎない。永遠に対して準備するにはあまりにも短すぎる！

❖ポール・ゴーギャン（フランスの画家　一八四八－一九〇三）

後期印象派の代表的な画家である。パリに生まれ、まもなくペルーに一家で亡命。一八五五年に帰国したが、十七歳で航海士となって世界を巡った。その後パリで株式仲買人として成功し、家族もできて絵は趣味で描いていた。本格的に画家となるのは一八八三年からで、有名なゴッホとの関係は八八年の共同生活からである。共同生活に破綻したゴーギャンはタヒチに移住し、多くの作品を制作した。

毎日掃いても落葉がたまる。これが取りもなおさず人生である。

一八九一年に尾崎紅葉の弟子となり、江見水蔭《すいいん》の指導を受けながら小説、新体詩を書く。一八九七年に宮崎湖処子《こしょし》編の『抒情詩』に『わが影』を発表。一八九九年には長編小説『ふる郷』を出版して、紅葉一門の小説家として広く知られるようになった。自然主義派の作家である。代表作は『蒲団』、『田舎教師』など。この句を読むと、私は、良寛の「たくほどは　風のもてくる　おちばかな」を思い出さずにはいられない。

❖**田山花袋**（作家　一八七一－一九三〇）

人生というものはすすり泣き、泣きじゃくり、そしてほほえみで出来上がっている。なかでも泣きじゃくりが優勢である。

「一ドル八七セント。それで全部。（中略）明日はクリスマスだというのに」で始まるオー・ヘンリーの傑作短編『賢者の贈り物』。デラは絶望のあまり、粗末な小椅子に突っ伏して泣き出す。「すすり泣き、泣きじゃくり、そしてほほえみ」の部分は、sobs, sniffles, and smiles で頭韻を踏んでいる。

❖**オー・ヘンリー**（アメリカの小説家　一八六二－一九一〇）『賢者の贈り物』より

この世に客に来たと思えば何の苦もなし。

伊達家十六代当主、輝宗《てるむね》の嫡子として生まれる。若くして武将としての才能を発揮し、伊達家の領土を拡大する。時の天下人、豊臣秀吉との確執から領地を没収されるなど苦労

❖**伊達政宗**（戦国時代の武将　一五六七－一六三六）『五常訓』より

が多い。幼い頃に病で片目を失明したことにより独眼竜の異名を持つ。生涯を通じて三度秀吉に殺されかけているが、三度とも難を逃れている。

生ぜしもひとりなり。死するもひとりなり。されば人と共に住するもひとりなり。

❖**一遍**（鎌倉時代の僧侶　一二三九－八九）『語録』より

時宗の開祖。「遊行上人」、「捨聖《すてひじり》」とも呼ばれる。こんなエピソードが残っている。紀州由良に法燈《ほっとう》国師を訪ねた時、一遍は「となふれば仏もわれもなかりけり　南無阿弥陀仏の声ばかりして」という歌を示したが、国師から下の句がよくないと評される。そこで、三十七日間熊野に参籠して思案し、改めて「となふれば仏もわれもなかりけり　南無阿弥陀仏南無阿弥陀仏」を提示して、国師から認められたという。

朝に死し、夕に生まるるならひ、ただ水の泡にぞ似たりける。知らず、生まれ死ぬる人、いづかたより来りて、いづかたへか去る。

❖**鴨長明**（鎌倉時代の歌人　一一五五－一二一六）『方丈記』より

京都下鴨神社の神官の生まれながら、望んでいた河合社《かわいしゃ》（下鴨神社の付属神社）での神職の道を周囲に妨げられ出家した。日野の外山に庵を建て、傍らに琴、琵琶、歌集、そして法華経を置いて暮らした。長明によって書かれた日本三大随筆の『方丈記』の題名は、この庵が一丈四方であったことから名づけられたものである。

物には時節あり。花の開閉、人間の生死なげくべからず。

裕福な商人の家に生まれた西鶴は十五歳より俳諧に親しむ。当初よりその名を世に知られるものの、地位を築いたのは四十歳で『好色一代男』を発表してからである。以来、世間の注目を集め続けた。ひたすら俳諧に没頭し続けて、チャンスをつかむことに成功した。一六八四年の六月五日に、一昼夜で二万三五〇〇句を作ったという記録がある。もし本当だとすると、秒単位で句作をしたことになり、常識的には考えられない速さである。書きとめる間もないため、句自体は残っていない。

❖**井原西鶴**（江戸時代前期の浮世草子作家　一六四二－一九三）

人生が終わってしまうことを恐れてはいけません。人生がいつまでも始まらないことが怖いのです。

原文は、Don’t be afraid your life will end; be afraid that it will never begin.。生きているのに人生が始まっていない、とはどういう人生なのだろう。ハンセンには、次のような名句もある。「結婚式もお葬式も同じようなものです。違うのは、もらったお花の香りを自分でかげることくらいね」。

❖**グレース・ハンセン**（アメリカのダンス演出家）

人生のものさしは、それがいかによく使われたかであって、長さではない。

何といってもプルタルコスは『英雄伝』が有名。ギリシャ・ローマの類似の生涯を送っ

❖**プルタルコス**（ギリシャの伝説作家・倫理思想家　四六－一二七？）

た二十三組、四十六人の対比的な伝記が中心で、内容は、半ば興味本位で通俗的であるが、資料的な価値は高い。「人間は語ることを人間から学び、神々から沈黙を学んだ」という言葉も印象的である。

人間は醜い、だが人生は美しい。

❖アンリ・トゥールーズ＝ロートレック（フランスの画家　一八六四－一九〇一）

南仏アルビの伯爵家に生まれたロートレックは、幼時から虚弱で十三歳、十四歳で両大腿骨を骨折し、発育不全となった。一八八二年からパリで学び、八四年からモンマルトルを拠点として『バーにて』、『ムーランルージュにて』などの作品を発表する。上流社会を描いた肖像画や油彩の作品もあるが、キャバレーの踊り子や娼婦、女給、道化師など下層社会の人々を好んで描いた。

日の光を藉《か》りて照る大いなる月たらんよりは、自ら光を放つ小さな灯火たれ。

❖森鷗外（小説家・軍医　一八六二－一九二二）

東京大学で医学を学び、卒業後に陸軍軍医となり、派遣留学生としてドイツに四年間滞在した。一八八八年に帰国し、陸大、軍医学校の教官となり、訳詩集『於母影《おもかげ》』、小説『舞姫』など次々と発表。文芸雑誌『しがらみ草紙』を創刊するなど、翻訳家、小説家、評論家として活躍したが、軍医としての立場も全うし、軍医総監および陸軍省医務局長を務めた。代表作として『阿部一族』、『山椒大夫』などがある。

◉年齢

いくら長生きしたとしても、最初の二十年こそ人生のいちばん長い半分だ。

❖**ロバート・サウジー**（イギリスの詩人・作家　一七七四－一八四三）

その二十年の最初の五年（幼児期）は、特に長いと思う。サウジーはワーズワース、コールリッジとも親交の深かったロマン派の詩人である。多くの短編詩を残し、一八一三年に桂冠詩人となった。散文も有名で、『ネルソン提督伝』、『海軍史』などの作品がある。『ネルソン提督伝』はいまだに人気を誇る作品で、一九二六年のイギリス映画『ネルソン』の原作となった。

そろそろ夢を現実にしようかと考える二十一歳頃、青年はもっとも悲観的になる。

❖**ヘイウッド・ブラウン**（アメリカのジャーナリスト　一八八八－一九三九）

これとは別に、「人は二十三歳の時に最も醜くなる」と言った人もいる。エゴが最も増大するのがこの頃だ、というのだ。ブラウンはハーバード大学卒業後すぐにジャーナリズムの世界に入り、スポーツ・ライターとしてキャリアをスタートさせた。「ルーズベルトよりも私のほうが正しい」というスローガンで選挙に出馬して落選したのはご愛嬌か。

二十歳の時に理想主義者でないような者は心のない人間だ。だが、三十歳にもなってまだ理想主義者なら、そいつは頭が空っぽだ。

❖**ランドルフ・S・ボーン**（アメリカの批評家・社会活動家　一八八六－一九一八）

しかし、世の中には五十歳になっても理想主義に燃えている永遠の若者もいる。ボーンはニュージャージー生まれ。身体に重い障害を持ちつつも、アメリカの第一次大戦への参戦に反対した理想主義者で、三十二歳の若さで死んでいる。原文では、you don't have a heart と you don't have a head が対比された技ありの名句。

一般に青年が主張する内容は正しくない。しかし、青年がそれを主張すること、そのこと自体は正しい。

❖**ゲオルク・ジンメル**（ドイツの哲学者　一八五八－一九一八）

ジンメルはベルリンにて裕福なユダヤ系商人の子として生まれた。ベルリン大学で学び、同大学で哲学、倫理学の私講師となり、その後新しい学問分野である社会学の教授となったが、無給であったという。一九〇〇年の『貨幣の哲学』など、哲学分野で広範な著書がある。一九一四年以降はシュトラスブルク大学の哲学教授。没年に最後の著書にして主著、『生の哲学』が出版された。

青年にとってはあらゆる思想が、単におのれの行動の口実にすぎぬ。

❖**小林秀雄**（作家・評論家　一九〇二－八三）

一九二九年に雑誌『改造』の懸賞評論に入選したことから評論家となる。近代日本文学の再検討、創造的批評の実践を目指し次々と評論を発表した。「日本における批評の文章を樹立した」と、三島由紀夫が著書『文章読本』で小林を評価している。私生活では酒癖が悪く、いわゆるからみ酒で相手を困らせることが多々あったそうである。二〇〇二年に新潮社から小林秀雄生誕百年を記念して全作網羅の全集が刊行された。

金があればこの世の多くのことができる。しかし青春は金では買えない。

❖フェルディナンド・ライムント（オーストリアの劇作家　一七九〇－一八三六）『妖精界からきた少女』より

ライムントは、ウィーン民衆劇を完成させた劇作家で、俳優としても一世を風靡した。彼の戯曲は、従来の民衆劇の枠を突き破り、ウィーン方言や機械仕掛けの華やかな演出法で人気となってドイツ各地で客演した。成功と裏腹に、もともとあったヒポコンデリー（心気症）の症状がひどくなり、最後は狂犬病の幻想にとらわれて自殺した。

若いということはお金がないことではない。若いということは、お金がないことを気にしないことだ。

❖キャサリーン・ホワイトホーン（イギリスのジャーナリスト　一九二七－）

ホワイトホーンは社会における女性の立場の変化をテーマにウィットとユーモアに富むエッセイを書き、人気を博した。一九六〇年から三十年以上『ザ・オブザーバー』誌にコラムを書き続けた。若い時は、お金がないことが当たり前であるという意味で、人生で最も幸せな時期といえる。年を取ると、年金生活者ですらお金で頭を悩ませる。

若さを保つ秘訣は、正直に生きて、ゆっくり食べて、年齢をごまかすこと。

ハリウッドの女優から一九五一年にテレビ界に進出し、『アイ・ラブ・ルーシー』、『ルーシー・ショー』など大人気のホームコメディーの主役を務め、アメリカで最も愛されるタレントとなった。私は子供の頃に家族と共にテレビで『アイ・ラブ・ルーシー』をよく見たが、笑えなくて困った覚えがある。

❖**ルシル・ボール**（アメリカの女優　一九一一－八九）

人生の疲労は年齢には関係ない。

第二次世界大戦敗戦の直後、一九四六年に発表した『堕落論』によって、時代の寵児となった。「堕ちきることによって自分自身を発見する」という主張に基づき、続いて発表された『白痴』、『外套と青空』、『女体』は好評を博し、無頼派と呼ばれるようになる。自伝的作品、探偵小説、風俗時評、エッセイなど広い範囲で多くの作品を残した。晩年まで、神経衰弱で入院したり、競輪場を相手に裁判を起こしたり、暴れて留置場に入ったりと、波乱万丈だった。

❖**坂口安吾**（小説家　一九〇六－五五）

五十歳までは、世界はわれわれが肖像を描いていく額縁である。

ジュネーブ生まれの哲学者で、ジュネーブ大学で美学とフランス文学を教え、のちに哲学教授になった。アミエルの名を後世に残したのは、死後二巻本として刊行された『日

❖**アンリ・フレデリック・アミエル**（スイスの哲学者　一八二一－八一）

記』である。約三十年にわたって書かれたこの日記は、内省的なモラリストによる冷酷ともいえる自己分析の記録として、近代になっても多くの読者に読まれている。

年とともに良くなるとか、悪くなるとかではない。次第に自分らしくなっていくということだ。

❖ロバート・アンソニー（アメリカのコンサルタント・著述家）

年齢と共に、次第に虚飾がはげて自分自身に近づいていく、というのだ。アンソニーは何冊かのベストセラーを書き、邦訳もある。世界各地に居を移してきたが、現在はオーストラリアで事業を成功させている。

◉老年

老齢は登山に似ている。登れば登るほど息切れするが、視野はますます広くなる。

❖イングマール・ベルイマン（スウェーデンの映画監督　一九一八―二〇〇七）

ベルイマンは一九四五年に『危機』で監督としてデビュー。五二年の『不良少女モニカ』、五五年の『夏の夜は三たび微笑む』などで国際的な評価を得る。八二年に五時間以上の超大作『ファニーとアレクサンデル』を撮影していったんは引退したが、二〇〇三年に『サラバンド』で復活。実に八十五歳の高齢でのカムバックだった。

人が愛くるしいピークは十二歳から十七歳だ。愛くるしさを取り戻すには二度目の開花を待たなくてはいけない。それは七十歳から九十歳だ。

❖**アイザック・ディネーセン**（デンマークの作家　一八八五－一九六二）

世界の最長寿国である日本には、二度目のピークを迎えた老人であふれているわけだ。本名はカレン・ブリクセンで、デンマーク語版の著書は本名として、英語版の著書は、男性名のアイザック・ディネーセンとして書いていた。二十世紀を代表するデンマークの作家である。現在のデンマークの五十クローネ紙幣は彼女の肖像が使われているという。

年をとることは、これは仕方のないことだ。しかし、年寄りになる必要はない。

❖**ジョージ・バーンズ**（アメリカの俳優・コメディアン　一八九六－一九九六）

彼が百歳まで生きたことを考えると、この名句には大いに信憑性がある。バーンズほぼ八十歳の時に、アカデミー助演男優賞を獲得し、以降も活躍し続けた。肉体年齢と精神年齢を混同してはならないという戒め。

年を取ったから遊ばなくなるのではありません。遊ばなくなるから年を取るのです。

❖**ヘレン・ヘイズ**（アメリカの女優　一九〇〇－一九九三）

ヘイズには次のような名言もある。「人生でいちばん辛いのは、十歳から七十歳までの間である」。これは、彼女が八十三歳の時に吐いた名句だという。私が気に入っているのは、次の句だ。「年を取ることでいいのは、バラの匂いを楽しむ機会が増えることだ」。日本人なら「桜を楽しむ機会が増えること」と言うところ。

若いうちから、突飛なことをしておくといい。そうすれば年をとってから、ボケてきたと言われなくてすむ。

❖**デイヴィッド・オグルビー**（アメリカの広告会社創業者　一九一一－一九九九）

広告界の革命児ならではの名句である。イギリスに生まれた。一九四八年、ニューヨークで資本金わずか六千ドルの広告会社を創業した。それまで広告といえば商品のセリングポイントをひたすら売り込むハード・セル手法しかなかったが、オグルビーはイメージやコピーでブランドのイメージを売る、ソフト・セルという手法を編み出し、一般に「広告界の変革者」と呼ばれている。

人は、たどりつくことができるかも確かでないくせに、老年になるのをおそれる。

❖**ジャン・ド・ラ・ブリュイエール**（フランスの作家・モラリスト　一六四五－一六九六）

ラ・ブリュイエールには格言・思想・人物描写などを書き綴った代表作『人さまざま』がある。皇太子の教育係、ブルボン公の家庭教師も務めた。多くの名言を残しており、人間観察の鋭さが光る。例えば、「ただ動機だけが人々の真価を決する」、「世にもてはやされる人は長続きしない。流行は変わるから」など。

誰もが長生きしたがるが、誰も年をとりたがらない。

フランクリンは雷が電気であることを証明したことで有名だが、ジャーナリストとしても活躍し、政界でも有能だった人物である。一七七六年のアメリカ独立宣言の起草にもかかわり、植民地であったアメリカの独立を本国イギリスに認めさせた外交手腕の持ち主でもある。『フランクリン自伝』はいまだにアメリカのロングセラーとなっている。

❖**ベンジャミン・フランクリン**（アメリカの科学者・政治家　一七〇六－九〇）

誰もが長生きを望むが、年を取りたいとは思わない。

スウィフトはアイルランドのダブリン生まれで、牧師でもあった。世界的に有名な物語『ガリヴァー旅行記』は非常に風刺的な内容で、ほかの作品と同様無署名で一七二六年に出版された。政治活動にも熱心で、政治的かつ宗教的なパンフレットなども発表している。ほとんど同時に、アメリカのベンジャミン・フランクリンも、これとほぼ同じような言葉を書いている（前項参照）。

❖**ジョナサン・スウィフト**（イギリスの作家　一六六七－一七四五）

老後一日も楽しまずして、空しく過ごすはおしむべし。老後の一日、千金にあたるべし。

❖**貝原益軒**（江戸時代前期の儒学者　一六三〇－一七一四）

福岡藩士、貝原寛斎の五男として生まれる。幼いころから読書を好み知識を広げ、のちには儒学者、医者として藩に重用された。教育者としても秀でており、多くの著書を記す。晩年は著述に専念し、教育書や思想書など六十冊を書き上げたという。代表作『楽訓《らくくん》』、『養生訓』などを執筆したのは八十歳を超えた最晩年であった。

天があと十年の命を与えてくれるなら……あと五年の命を与えてくれるなら、真に偉大な画家になれるのだが！

❖**葛飾北斎**（江戸時代後期のデッサン画家・版画家　一七六〇－一八四九）

生涯に三万点以上の作品を残し、世界の芸術家たちに影響を与えた北斎。奇抜なセンスはその作品だけでなく生き様にも現れている。少年時代に始めた木版彫刻から、肉筆浮世絵、絵本、洋風銅版画、ガラス絵まで試みる意欲もさることながら、三十以上の号を持ち、九十三回もの引っ越しを繰り返す奇人ぶりである。

人は永生きせんと思はば虚言をいふべからず。

❖**夢窓疎石《むそうそせき》**（鎌倉時代後期、南北朝時代の臨済宗僧侶　一二七五－一三五一）

七人の天皇から国師の称号を賜ったため、七朝《しちちょう》帝師の通称がある。ある夜、夢に中国の疎山《そざん》と石頭《せきとう》の二寺を遊歴し、一老僧から「大切に護持しなさい」と一幅の達磨《だるま》像を授けられたところで目覚め、それ以来、疎石と名乗り、禅の修行に全力を注ぐようになったという。京都の西芳寺《さいほうじ》、天龍寺、鎌倉の瑞泉寺《ずいせんじ》などの庭園の設計でも有名。

わが身より眼鏡をはずし時計をはずし　まだはずすものありや

◆長沢美津（歌人　一九〇五－二〇〇五）

平成四年の歌会始で、女性初の召人《めしゅうど》を務めた。ちなみに、その時の歌は、「ひとしなみ老いも若きも立ち返るみ世を支ふるあまつ風の子」というもの。金沢に生まれ、日本女子大在学中に古泉千樫《こいずみちかし》に師事し、歌人となった。一九二九年処女歌集『氾青《はんじょう》』を刊行し、以来多くの歌集、『女人和歌大系』のような研究書、エッセイなどを発表している。

◎死

かつて自分が存在しない時があったことなど、誰も気にしない。とすれば、自分がいなくなる時が来ることも、何でもないはずだ。

◆ウィリアム・ハズリット（イギリスの批評家・エッセイスト　一七七八－一八三〇）『テーブルトーク』より

ハズリットは牧師の息子としてケント州メイドストンに生まれた。イギリスのロマン主義時代最大の批評家で、鋭い風刺、皮肉の大家として世に知られた。一八一二年からロンドンでジャーナリストとして働き、『エディンバラ・レビュー』誌に寄稿するなどして活躍した。たしかに自分が生まれる前の話を聞いて、自分がそこにいなかったことを寂しがる人はいないだろう。「記念碑をほしがらない人だけが記念碑に値する」という言葉も。

私たちは時々夢にうなされて目覚めたすぐあとで、やれやれ良かったとほっとすることがある。死のすぐあとの瞬間もそうなのかもしれない。

❖ナサニエル・ホーソーン（アメリカの作家　一八〇四-一八六四）

どんなに苦しんで死んでも、死者たちはみなホッとした表情を浮かべているものだ。ホーソーンはマサチューセッツ州セーラムに生まれ、ボードン・カレッジで学んだ。卒業後、十二年間引き籠もって小説の執筆に専念。発表した作品は最初は評価されなかったが、数作目からイギリスで徐々に評価されるようになり、一八五〇年『緋文字』で大きな成功を得た。

死は人間を泣かせるものである。にもかかわらず人生の三分の一は眠りの中に過ごされる。

❖ジョージ・バイロン（イギリスの詩人　一七八八-一八二四）

たしかに、眠っている人間を見て泣き悲しむ人はいない。バイロン卿と呼ばれるとおり、男爵である。しかし十歳までは貧しい環境で育ち、大叔父の称号を相続して男爵となった。初期の詩集は酷評され、その後大陸各地を遊び歩く。一八一二年『チャイルド・ハロルドの遍歴』で名声を得て社交界の寵児となった。一八二三年ギリシャ独立義勇軍に参加し、三十六歳で熱病のため客死した。

人はだれでも、おのれひとりの生涯をひとりで生き、おのれひとりの死をひとりで死ぬものである。

ヤコブセンは学生時代から生物学に興味を持ち、ダーウィンの『種の起源』を翻訳している。自然科学的な観察法に自然主義の方法論を混ぜ合わせ、『モーエンス』などの作品を発表。一八七三年に肺結核を患っていることがわかり、それ以後の作品には死が影を落としている。この言葉にも、死と対峙する人間の孤独と、それを冷静に見つめる科学者の目が同居している。

❖**J・P・ヤコブセン**（デンマークの小説家　一八四七－八五）

たとえ太陽系と天体の全部が壊れたとしても、君が死ぬのは一回きりだ。

カーライルはエディンバラ大学で学び、教職生活の後『エディンバラ・エンサイクロペディア』に寄稿するなどの文筆活動を行った。代表作に『衣服哲学』、『フランス革命史』、『過去と現在』などがある。『フランス革命史』の第一巻の膨大な原稿がジョン・スチュアート・ミルの不注意により灰となり、すべて書き直したエピソードは有名で、内村鑑三も『後世への最大遺物』の中でカーライルを賞賛している。

❖**トマス・カーライル**（イギリスの歴史家・評論家　一七九五－一八八一）

死が老人にだけ訪れると考えるのは、思い違いというものだ。死は最初からそこにある。

❖**ヘルマン・ファイフェル**（アメリカの心理学者　一九一五－二〇〇二）

ニューヨークで生まれたファイフェルは、第二次世界大戦に心理学者として従軍し、広島への原爆投下を目の当たりにする。一九五二年に母親が死んだことも影響し、「死亡学」に関心を深める。『死の意味』という著書を発表。それ以前、学界でタブー視されていた死を、生と隔絶したものとしてではなく、生の一要素として研究する素地を築いた。

人間は初めて呼吸した瞬間に死ぬべき素質を受けとるのだ。

❖**アレクサンダー・ポープ**（イギリスの詩人 一六八八－一七四四）『人間論』より

十八世紀のイギリスを代表する詩人ポープは、生来病弱で学校教育を受けなかったが、ほとんど独学で知識を身につけ、幼少の頃から詩作を試みた。風刺詩人として有名で、一七一二年から十四年に発表された『髪の毛盗み』で才能を開花させた。英雄詩体二行連句の名手で、『イーリアス』の翻訳でも成功を収めている。

裸で生まれてきたんですもん、裸で死んだらいいんじゃない？

❖**高峰秀子**（女優 一九二四－二〇一〇）

函館出身で子役から映画の世界で活躍した。幼少時から家族の生活は子役としての彼女の収入にかかっていたという。多くの映画人に可愛がられ、戦後は『細雪』、『カルメン故郷へ帰る』、『二十四の瞳』など名作といわれる映画に次々と出演。一九七九年に引退した後はエッセイストとして活動し、『わたしの渡世日記』などが高い評価を受けた。

人が死ぬなんて思えない。ちょっとデパートに行くだけだ。

❖アンディ・ウォーホル（アメリカのポップ・アーティスト　一九二八－八七）

ウォーホルはポップ・アートの旗手であり、映画監督でもあった。『ヴォーグ』、『ザ・ニューヨーカー』などの雑誌のイラスト、また商業デザイナーとしてニューヨークで活躍し、その後ありきたりな日用品を描いた代表作『キャンベル・スープ』のような作品を発表し、大衆に受け入れられた。映画作品では『悪魔のはらわた』などが有名で、一九七〇年代には肖像画作品も製作している。

いよいよ死ぬかと思うとドキドキしちゃう、初めてのことって面白い。

❖賀原夏子（女優　一九二一－一九九一）

無類のタバコ好きで、葬送の曲にはビートルズの「オブ・ラ・ディ・オブ・ラ・ダ」が選ばれたという。この句に関連して、イギリスの女優グウェン・フランコン・デイヴィース（一八九一－一九九二）の次の言葉も忘れがたい。「初めてのことをする時は、いつもナーバスになるの」。どちらも死を目前にして、マイペースそのものである。

死ぬことは恐ろしくでっかい冒険だろう。

❖サー・ジェイムズ・M・バリー（イギリスの劇作家　一八六〇－一九三七）『ピーター・パン』より

バリーは一九〇四年にロンドンで初演された『ピーター・パン』の作者である。この芝居は、初演時からピーター・パン役の役者が空を飛ぶ仕掛けを使い、大好評を博して三十六年間にもわたるロングランとなった。彼はこの作品の続編ともいえる作品を次々に発表し、一九二八年には戯曲『ピーター・パン』も出版している。現在知られているのは、このうち『ピーター・パンとウェンディ』に基づいた台本である。

死ぬなら楽に死ぬ。苦しむなら癒《なお》る。どっちかにしてもらいたい。苦しんだ上に死ぬなんぞは理屈に合わぬ。

❖伊丹十三（俳優・映画監督　一九三三－一九九七）

映画監督として有名だが、エッセイスト、商業デザイナー、CM作家などとしても活躍した。映画監督、伊丹万作の長男で、妹は作家、大江健三郎に嫁いだ。代表作品『お葬式』や『マルサの女』は大ヒットし、後者はシリーズ化したが、暴力団に対して戦う市民を描いた『ミンボーの女』以降、実際に暴力団に襲撃を受ける事件にあった。一九九七年、伊丹プロダクションのあった麻布のマンションから転落死した。

死の恐怖は死より恐ろしい。

❖リチャード・F・バートン（イギリスの探検家・東洋学者　一八二一－一八九〇）『憂鬱の解剖』より

『アラビアン・ナイト』の翻訳で知られるバートンは、生前はアフリカなど未開の地を探索する探検家として有名であった。インドで軍籍に入りシンド地方、メディナ、メッカに潜入し帰国。その後アフリカではタンガニーカ湖を発見し、アフリカ探検ブームの先駆けとなった。探検中に、原住民の槍が左頬から右上顎部を貫通したこともあったという。具体的に「死」を味わう体験をした、ということか。

死を願望する者は惨めであるが、死を恐れる者はもっと惨めである。

ドイツのゴスラーに生まれる。叙任権問題で教皇グレゴリウス七世と激しく闘い、ローマから教皇を追放するも、ドイツの諸侯が叛旗を翻し、反対にハインリヒ四世が破門される。のちにグレゴリウス七世に許しを請うて破門が解かれる。いわゆる「カノッサの屈辱」である。この時、ハインリヒ四世は、裸足に粗末な修道服という出で立ちで三日間立ち続けたといわれている。しかし、王位を回復したハインリヒ四世は再び教皇をローマから追放した。

❖**ハインリヒ四世**（ローマの皇帝　一〇五〇－一一〇六）

自殺は殺人の最悪の形態である。それは後悔の念を起こさせる機会を少しも残さないからである。

コリンズはグロスターシャー州生まれ。オックスフォード大学を卒業後は、ジャーナリストやエッセイスト、講師などをし、同時に古典作家の研究やさまざまな文芸評論を刊行した。ほかに、「われわれが恐れるものよりも、むしろ欲するもののほうが危険が多い」、「順境の時は友人はわれわれがどんな人間か知る。逆境の時には友人がどんな人間なのかわかる」などの句がある。

❖**ジョン・C・コリンズ**（イギリスの教育家・随筆家　一八四八－一九〇九）『警句』より

死は本人にとっては地獄だが、なかなか死なないのは他人にとって地獄だ。

❖**山田風太郎**（作家　一九二二－二〇〇一）

伝奇小説・推理小説・時代小説などで多くのヒット作を生み出した人気作家である。正式デビューより以前に、雑誌の懸賞小説に数度投稿しているが、一九四七年発表の『達磨峠の事件』が雑誌『宝石』で当選し、作家となった。「忍法帳」シリーズをはじめとして非常に多作だった。変わったテーマとしては、九百三十三人の著名人の臨終の様子を集めた『人間臨終図巻』がある。山田は師の江戸川乱歩の命日と同じ七月二十八日に亡くなっている。自分の死に方にもこだわったか。

ごく近い将来、死ぬ権利は死ぬ義務になるだろう。

❖シシリー・ソンダース（イギリスの医学者　一九一八－二〇〇五）

死は、ある程度コントロールできるものになる、ということか。ソンダースはホスピス運動の創始者である。死は自然の過程であるとして尊厳死を認め、緩和ケアと必要な看護によって苦しみを取り除くことを主張した。この問題に関する多くの著作がある。一九六七年、聖クリストファー病院にホスピス病棟を開設し、この先駆的活動により多くの賞を受賞した。

死ぬこと、こいつは観客がいないと難しい。

❖ムネ＝シュリー（フランスの俳優　一八四一－一九一六）

コメディ・フランセーズの中心的な男優で、悲劇を得意とした。名優サラ・ベルナールとも共演している。ムネ＝シュリーにとって、舞台と現実世界の境界は限りなく薄いものだったのかもしれない。人生という舞台から退場するシーンにも観客を求めたのだから。

日曜日に死ねて嬉しいわ。月曜日は憂鬱ですもの。

十九世紀最大の悲劇女優といわれ、特にラシーヌ劇に優れていたといわれるラシェルの最期の言葉がこれ。死ぬまでまるで舞台の上にいるかのような役者魂を感じる。わずか三十七年の生涯だった。ところで、ナポレオンの二番目の妹ポーリーヌの辞世の言葉も印象的だ。「死んでもいい。いつも美しかったのだもの！」。

❖**エリザ・フェリークス・ラシェル**（フランスの女優　一八二〇－五七）

雨の日曜の午後何をするかにも困る何百万という人々が、不死を求めている！

どの名句辞典にも引用されるアーツの有名な句。原文は、Millions long for immortality who don't know what to do with themselves on a rainy Sunday afternoon.。もしも不死が永遠に年を取り続けることだとしたら、こんなに恐ろしい責め苦はないだろう。「もしも不死なら、生涯に払う電気代だけでも天文学的な数字になるだろう」というジョークも聞いたことがある。

❖**スーザン・アーツ**（アメリカの作家　一八九四－一九八五）『天上の怒り』より

不死のただひとつ困った点は、ヘタをするとそれが永遠に続きかねないことだ。

念のために言っておくが、一億年後には、知る人もなく、あたりの景色も一変している

❖**ハーブ・カーン**（アメリカのコラムニスト　一九一六－九七）一九八五年十二月十一日の『サンフランシスコ・クロニクル』紙より

ので、外出にはくれぐれもご注意願いたい。ビートニクという言葉を作ったのもカーンだと言われている。

他の人の葬式に出ておいてやらないと、彼らも君の葬式に来てくれんぞ!

❖クラレンス・シェパード・デイ（アメリカの随筆家・ユーモア作家　一八七四－一九三五）

ヴィクトリア王朝時代に生きた自分の両親を、回顧的に語った随筆で有名である。デイの作品はどれも底抜けに明るいユーモアがあふれ、代表作『父と暮らせば』はのちに劇化されてロングランとなった。家族を扱った随筆には『母と暮らせば』、『父と私』があり、人間を鋭く風刺した『サルの世界』などの作品もある。

災難にあふ時節には災難にあふがよく候。死ぬる時節には死ぬがよく候。これはこれ災難をのがるる妙法にて候。

❖良寛（江戸時代後期の禅僧・歌人　一七五八－一八三一）

国仙《こくせん》和尚に随って備中玉島円通寺に赴き、十年間修行。そののち、諸国を行脚して故郷に帰り、草庵で暮らした。詩歌と書にも秀でていた。これは、地震被害にあった友人、山田杜皐《とこう》にあてた手紙の一節である。良寛の辞世の句として、「うらを見せ　おもてを見せて　散るもみじ」が有名だが、こういう歌も残している。

「形見とて　何か残さむ　春は花　夏ほととぎす　秋はもみじ葉」

私は人生を愛したので、死ぬことを悲しまない。

ニューヨークに生まれたバーは一九一七年から一八年にかけて赤十字に勤務し、結婚後、世界を旅しながら、親しみやすい詩を書いた。書名にはインドやセイロンなどの地名も見ることができる。十冊弱の詩集と二冊の小説が残っている。旅を愛し、人生を愛した詩人だった。一九一六年に発表した詩集のタイトルは『人生と生きること』。

❖アメリア・バー（アメリカの詩人・作家　一八七八－一九四〇）

僕が死を考えるのは、死ぬためじゃない、生きるためなのだ。

マルローが子供の時に離婚した父は、のちに自殺している。マルローは一九三六年のスペイン内戦で義勇軍として参加し、二度負傷している。第二次世界大戦では捕虜となり、脱走したのちレジスタンス運動に身を投じた。一九四四年にゲシュタポに逮捕され、危うく処刑される寸前に救出されたが、同じ年に、二度目の結婚の相手を事故で失っている。このように、マルローの生涯は波乱万丈で、常に死と隣り合わせだった。

❖アンドレ・マルロー（フランスの作家・政治家　一九〇一－七六）

どのように死ぬか、いつ死ぬかを選択することは誰にもできない。どう生きるか、これだけは決められる。今ここで。

一九六〇年代、フォークソングの復興期に活躍し、ベトナム反戦運動や公民権運動に強い影響を及ぼした。戦費をまかなうための税金を払うことを拒否したため、短期間だが投

❖ジョーン・バエズ（アメリカのフォークシンガー　一九四一－）

獄されたこともある。現在も活躍中。一九六八年に自伝『夜明け』を出版している。私は中学二年の時にバエズのファンとなり、毎日レコードを聞いていたことがある。

生の完全な燃焼が死だ。生の躍動と充実の究極が死だ。

❖高見順（小説家・詩人 一九〇七－六五）『敗戦前後』より

二十八歳の時に、『故旧《こきゅう》忘れ得《う》べき』で芥川賞の候補となり、作家として本格的に活動を始める。晩年の三年間、がんの闘病に明け暮れたが、病床で書き綴った詩集『死の淵より』に、次の言葉がある。「おれなりに生きてきたおれは／樹木に自己嫌悪はないように／おれとしておれなりに死んで行くことに満足する／おれはおれに言おう／おまえはおまえとしてしっかりよく生きてきた／安らかにおまえは眼をつぶるがいい（「おれの食道に」）。若き日の「生の完全な燃焼が死だ」という言葉に呼応するかのようだ。

わたしが地上を去るとき、別れのことばに、こう言って逝かせてください。――「この世でわたしが見てきたもの、それはたぐいなくすばらしいものでした」と。

❖ラビン・ドラナート・タゴール（インドの詩人・思想家 一八六一－一九四一）『ギタンジャリ』より

『ギタンジャリ』は一九一〇年にベンガル語で書かれ、二年後にその一部が英訳された。タゴールはこの作品によりアジア人初のノーベル文学賞を受賞した。引用した詩句の後、次の言葉へと続く。「無数の形から成るこの劇場で、わたしは、自分の役を演じてきました、そしてここで、わたしは、形のないあのかたの姿を見たのです」。

◎辞世

つゆとおち　つゆときへにし　わがみかな　なにはのことは　ゆめのまた　ゆめ

❖豊臣秀吉（戦国時代の武将　一五三六／三七－九八）

秀吉の辞世の句。漢字が苦手だったので、すべてひらがなで書き残した。晩年の秀吉には、けっこう血なまぐさいエピソードが続く。一五九一年に甥の秀次を養子にし家督相続者とするが、一五九三年に側室の淀殿が秀頼を生むと、秀次の存在が邪魔になり、理由をつけて切腹を命じている。一五九二年と一五九六年には二度にわたって朝鮮に出兵している。この辞世は、自分の死後、息子秀頼の治世が長くは続かないことを予見しての言葉だったかもしれない。

つひにゆく道とはかねて聞きしかど　きのふけふとは思はざりしを

❖在原業平（平安時代初期の歌人　八二五－八八〇）

平城《へいぜい》天皇の皇子である阿保《あぼ》親王の五男として生まれる。六歌仙、三十六歌仙の一人であり、『伊勢物語』の主人公とされている。『古今和歌集』に三十首が採用され、勅撰和歌集に八十七首の歌が選ばれている。眉目秀麗で歌人としての才もあったが、政治的には不遇であった。百人一首には「ちはやぶる　神代もきかず　龍田川　からくれなゐに　水くゝるとは」が収録されてる。

あふ時はかたりつくすとおもへども　わかれとなればのこる言の葉

❖**大石主税**（赤穂浪士の一人　一六八八－一七〇三）

父、大石良雄に従い討ち入りに参加して、十六歳の若さで切腹した主税《ちから》の辞世の句。討ち入りののち、大高源五と共に松平邸に預けられ、最後の日々を送った。源五と語りつくしたはずが、いざとなるともっともっと話したかった、というのである。母の手作りの肌着を着て、冥土に旅立った。

母上よ消しゴム買ふよ二銭給へと　貧をしのぎしあの日懐かし

❖**石川誠三**（特攻隊員　一九二四－四五）

グアム島のアプラ港で、人間魚雷「回天」に乗り込み特攻。これは二十一歳で戦死した特攻隊員の辞世の句。幼い頃の母親との何気ない日常、それがいかにかけがえのない思い出となっていることか。

今日もまたすぎし昔となりたらば　並びて寝ねん西の武蔵野

❖**与謝野晶子**（歌人　一八七八－一九四二）

七年前に亡くなっている夫、与謝野鉄幹と共に武蔵野の墓で眠りにつきましょう、という一種の辞世の句。その鉄幹の辞世の句は、「知りぬべきことは大かたしりつくし　今何を見る大空を見る」だった。鉄幹は一八九八年に書いた『人を恋ふる歌』の中で「妻をめとらば才長けて、見目麗しく情けあり……」と歌っている。共に雑誌『明星』により短歌の革新運動を牽引した。

宗鑑は何処へと人の問ふならば　ちと用ありてあの世へといへ

これは宗鑑《そうかん》の辞世の句。何よりも滑稽味を重視した宗鑑にふさわしい句で、重厚な辞世の句が多い日本ではまさに異色の最期の言葉である。宗鑑は、それまでの貴族的な連歌に対抗して庶民的な俳諧連歌を始め、結果的に俳諧の祖と言われる。宗鑑の遊びの精神が新しい芸術の領域を開拓したわけだ。

❖**山崎宗鑑**（室町時代の連歌師・俳諧師　一四六五ー一五五三）

詩も歌も達者なときによみておけ　とても辞世のできぬ死にぎは

一種の辞世の句だが、この内容からすると、死ぬ間際に詠んだものではないだろう。そういえば、イギリスの作家、H・G・ウェルズは死に際して友人を遠ざけて、こう言ったという。「死ぬのに忙しいんでね」と。

❖**窓《まどの》叢竹《むらたけ》**（江戸時代の歌人・狂歌師　一七四二ー一八二四）

ごらん、なんて美しいんだ！　こんなすばらしい景色は見たことがない。

コローは裕福な織物商人の息子としてパリに生まれた。父親から画家になることを反対されたため商人になるが、二十六歳の時にようやく父親の許可を得て画家としての道を歩み始める。多くの風景画を描き、印象派のさきがけとなった。美しい風景画を描くために、生涯旅を続け、死の直前までフランス各地をまわって制作していた。同じフランスの作家、シャルル＝ルイ・フィリップ（一八七五ー一九〇九）は、死ぬ前にこう叫んだという。「ち

❖**カミーユ・コロー**（フランスの画家　一七九六ー一八七五）

きしょう！　なんて美しいんだ！」

❖グスタフ・マーラー（オーストリアの作曲家　一八六〇－一九一一）

これからは、誰がシェーンベルクのことを心配してやるのだろう。

マーラーは指揮者としても活躍し、一八九七年からはウィーン宮廷歌劇場の音楽監督も務めた。十二年務めた後、辞して作曲とコンサートに専念する。一九〇九年からはニューヨーク・フィルの指揮者を務め、十曲の交響曲と歌曲など多くの作品を残した。世の中に理解されないシェーンベルクの才能を高く評価していて、この言葉は臨終の時に涙しながら語ったとされる。

第2章 愛・男と女

◎愛

私は生きたいとは思わない。まず愛したい。そして、そのついでに生きればいい。

❖**ゼルダ・フィッツジェラルド**（アメリカの作家F・スコット・フィッツジェラルドの妻　一九〇〇－四八）

ミネソタ州で生まれ、ハイスクール卒業後F・スコット・フィッツジェラルドと出会い、一九二〇年に結婚する。作家として成功し社交界の寵児となった夫と共にゼルダも自由奔放な才女として注目された。一九二四年にリヴィエラに移住、フランス人男性と恋愛関係となり自殺未遂。その後は精神を病みながらも短編の執筆や絵画などに才能を見せる。一九四八年に入院先の火事にて焼死した。

愛の第一の義務は、相手の話に耳を傾けることだ。

❖**パウル・ティリッヒ**（アメリカの神学者　一八八六－一九六五）

ティリッヒはドイツ生まれのルター派の神学者。マルブルク、ドレスデン、ライプチヒ、フランクフルト大学の教授を務めたが、ナチス政権の確立と共に、アメリカに移住した。愛は何かを与えることではなく、相手の存在を全面的に認め、相手の言うことに耳を傾けることだという。白水社から十一巻の『ティリッヒ著作集』が刊行されている。

スタイリッシュに生きるというのは、バランスのとれた人生を送るという意味もある。そしてバランスのとれた人生の最も重要な要素は、愛する誰かがいて、誰かに愛される自分がいる、というものである。

◆ジム・ローン（アメリカの講演家・著述家　一九三〇－二〇〇九）『ジム・ローンの億万長者製造法』より

億万長者になるための本と思いきや、意外に泥臭いことが書かれている。この後、「もし君に愛する人がいるとするならば、それ以上価値のあるものはない。ある人間がほかの人間を愛するということは、その人生がとても豊かで愛にみちあふれているものであることを意味する」と続く。ジム・ローンは貧しい青年だったが、二十五歳の時にアール・ショアフというメンター（師）にめぐり会い、以後の人生が一変してしまった。

愛は幻想の子であり、幻滅の親である。

◆ミゲル・デ・ウナムーノ（スペインの思想家・詩人・小説家・劇作家　一八六四－一九三六）

ウナムーノはキルケゴールの哲学に深く傾倒し、キルケゴールを研究するために、デンマーク語を習得した。「南欧のキルケゴール」と呼ばれ、スペインでは先駆的な実存主義的思想家であった。生まれたばかりの息子を脳水腫で失ったことが、彼に究極まで生と死について考えさせる契機になったという。日本では、法政大学出版局から全五巻の『ウナムーノ著作集』が刊行されている。

愛情と呼ばれるものはたいてい、勇気をもって終止符を打つことができなくなった習慣か義務である。

たしかに状態としての愛情は、習慣か義務の側面が強いだろう。モンテルランは没落貴族の家に生まれ、中学校は下級生との同性愛を理由に退校処分となる。常に新天地を求めて移動しながら、自分の文学スタンスを切り開いていく行動的な作家となった。この言葉に関連して、次のような句も残している。「夢想は不満足から生まれる。満ち足りた人間は夢想しない」。一九二六年に書いた『闘牛士』などが邦訳されている。

❖アンリ・ド・モンテルラン（フランスの作家　一八九六－一九七二）

真に愛する心の中では嫉妬が愛情を殺すか、愛情が嫉妬を殺すかのいずれかである。

ブールジェは詩人・随筆家として活動を始めたが、彼の名を世に高く知らしめたのは十九世紀の作家についての『現代心理論集』（一八八三年）である。従来の批評とは違い、作家の背景などを切り離して作品自体に焦点を絞って解析し、高い評価を受けた。小説作品としては一八八四年の『戻り得ぬもの』、一九〇二年の『宿駅』、一九〇四年の『離別』などがある。

❖ポール・ブールジェ（フランスの作家・文芸評論家　一八五二－一九三五）『近代恋愛の生理』より

愛することの反対は、憎み合うことではありません。無関心になることです。

❖永六輔（エッセイスト　一九三三－）

タレントとしてご存じの方も多いだろう。放送作家として大学時代から活躍し、ラジオパーソナリティや作詞家などマルチな才能を放送業界で生かした。一九九四年に刊行された『大往生』は、二〇〇万部を超える大ベストセラーとなった。『無名人名語録』など、一般人への聞き書きという新ジャンルを開いた。坂本九が歌った『上を向いて歩こう』の作詞者でもある。

愛と憎しみはまったく同じものである。ただ、前者は積極的であり、後者は消極的であるにすぎない。

❖**ハンス・グロース**（オーストリアの法学者　一八四七―一九一五）『犯罪心理学』より

グラーツに生まれる。犯罪捜査学を創始し、グラーツの犯罪学研究所の初代所長となった。犯罪学のグラーツ学派を形成し、二代目は『犯罪生物学原論』のアドルフ・レンツ、三代目は『犯罪学』のエルンスト・ゼーリッヒへと脈々と受け継がれている。なお、グロースの一人っ子の息子オットーは、父親に抗してフロイトの弟子となり、頭角を現したという。

愛の表現は惜しみなく与へるだろう。しかし愛の本体は惜しみなく奪ふものだ。

❖**有島武郎**（作家　一八七八―一九二三）『惜しみなく愛は奪ふ』より

十九歳で農学者を志して札幌農学校に進学し、内村鑑三の指導を受けクリスチャンとなった。一九〇三年アメリカに留学。歴史、経済などを学ぶが次第に信仰に疑問を抱き、なおかつクロポトキンの著書によって社会主義に傾倒した。帰国後母校の教師となるが、一九一一年に信仰を捨て、一九一五年には教職も辞して小説家となった。『白樺』同人として活躍。人妻であった波多野秋子と軽井沢の別荘で情死した。

愛は喪失であり、断念である。愛はすべてのひとに与えてしまったときに、もっとも富んでいる。

❖**カール・F・グッコー**（ドイツの作家・劇作家　一八一一－七八）『全集』より

グッコーはジャーナリストとしても活躍した青年ドイツ派の代表的作家である。ベルリンに生まれ、大学では神学・哲学を学んで学者を志したが、フランス七月革命をきっかけに文学活動に入った。一八三五年に書かれた『疑う女ヴァリー』で、女性の解放・信仰の問題を扱って国粋主義のヴォルフガング・メンツェルに批判され、ドイツ連邦議会が青年ドイツ派の作品の出版禁止令を出す原因となった。

私の愛人は人類である。

❖**フリードリヒ・ヘルダーリン**（ドイツの詩人・思想家　一七七〇－一八四三）

チュービンゲン大学で神学を、イェーナ大学で哲学を学んだヘルダーリンは、ルター派の牧師となるべく訓練を受けたが、牧師にはならず、家庭教師をしながら詩作に励んだ。哲学小説『ヒューペリオン』などを執筆、シラーの助けを借りて刊行した。三十代で精神を病み、一時期は精神病院に入院、その後はチュービンゲンのツィンマー家の建物に付属した塔の中で生涯を過ごした。

私は人類をこよなく愛している。嫌いなのは人々だ。

シュルツは言わずと知れた『ピーナッツ』の作者で、人気キャラクター、スヌーピーの生みの親である。漫画家としての教育は通信教育で受けたそうだ。『ピーナッツ』は一九五〇年にユナイテッド・フィーチャー社によって、全国八紙で始まった。現在ではアニメ、ミュージカルにも翻案され世界各国で愛されている。

❖**チャールズ・M・シュルツ**（アメリカの漫画家　一九二二―二〇〇〇）

神は汝の敵を愛せとは言ったが、好きになれとは言わなかった。

ニーバーはミズーリ州で生まれ、デトロイトで労働者階級の牧師になり、その後ニューヨークのユニオン神学校のキリスト教倫理学教授となった。トルーマン政権下の国務省で、大きな影響力のあった人物である。『道徳的人間と非道徳的社会』、『アメリカ社会のアイロニー』などの著書がある。

❖**ラインホルド・ニーバー**（アメリカの神学者　一八九二―一九七一）

聖書は「隣人を愛し、また、敵を愛しなさい」と教えている。おそらくこれは、両者がおおむね同一人物だからである。

ロンドンに生まれ、スレイド美術学校で美術を学ぶ。その後文筆に転じ、処女作は一九〇〇年の『戯れる白髪』、『野生の騎士』の二冊の詩集である。多くの作品を雑誌記事として発表しており、評伝、文芸批評、社会評論を手がけた。推理小説「ブラウン神父シリー

❖**ギルバート・K・チェスタトン**（イギリスの作家・評論家　一八七四―一九三六）

ズ」の作者としてもよく知られている。

人類を全体として愛することのほうが、隣人を愛するよりも容易である。

❖**エリック・ホッファー**（アメリカの沖仲仕・思想家　一九〇二－八三）『情熱的な精神状態』より

ホッファーは港湾労働者をしながら思索を重ね、数々の著書を世に出した異色の思想家。「沖仲仕の哲学者」と呼ばれた。学校には一切通わず、図書館などでの読書により、数学、物理学、植物学などをマスター。モンテーニュの『エセー』を読んだことから触発されて思索を始める。カリフォルニア大学バークレー校の教授になったのちも、しばらく沖仲仕を続けていた。

愛は、貧乏と歯痛を除けば、あらゆるものに打ち勝つ。

❖**メイ・ウェスト**（アメリカの女優　一八九三－一九八〇）

ウェストはニューヨーク生まれで、子役でデビュー。一九三〇年代に出演したコメディシリーズでは、検閲の圧力にもめげずにアドリブによるきわどい冗談で活躍した。この句にも見られる鋭い舌鋒とユーモアセンスは、長年にわたる舞台経験で磨かれたものだろう。愛に関する名句が多い。たとえば、「私は二種類の男が好きだ。国産の男と外国産の男」。

恋愛には独特きわまる性質がある。人はある恋を隠すこともできなければ、ない恋を装うこともできない。

❖**サブレ夫人**（フランスの貴族夫人　一五九八－一六七八）

十六世紀のフランスで代表的なサロンを形成したランブイエ侯爵夫人の死後、その跡を継いだのがサブレ夫人だった。パリのポート・ロワイヤル修道院の地続きに居をかまえていた。箴言《しんげん》で有名なラ・ロシュフコーもこのサロンに出入りしており、サブレ夫人の機知に富む言葉が『箴言集』のヒントになっているとも言われる。この言葉にも彼女の才知が表れている。

恋は悪魔であり、火であり、天国であり、地獄である。快楽と苦痛、悲しみと悔いがそこに住んでいる。

❖**リチャード・バーンフィールド**（イギリスの詩人　一五七四－一六二七）『羊飼いの満足』より

スタフォードシャー州ノーブリーで生まれ、シュロップシャー州ニューポートで育つ。オックスフォード大学を卒業後、二十一歳で、最初の作品を匿名で出版した。一五九九年に刊行された、シェイクスピア作とされる詩集『情熱の巡礼者』の二十の詩編のうち、八番と二十番はバーンフィールドが一五九八年に発表した作品であることがわかっている。

恋愛は男の生涯では一つの挿話にすぎないけれども、女の生涯では歴史そのものである。

❖**スタール夫人**（フランスの作家・評論家　一七六六－一八一七）『ドイツ論』より

スタール夫人は財界人ジャック・ネッケルの娘としてパリに生まれ、文学者である母親のサロンで自由主義思想に親しんで成長した。二十歳でホルスタイン男爵と結婚するが二年後に別居して文筆活動に入る。一八〇七年ロマンチックな小説『コリーヌ』がヨーロッパ全土で好評を博した。代表作は一八一三年の『ドイツ論』。余談だが父親のジャック・ネッケルはルイ十六世の赤字財政処理にあたり財務総監を務めた。

私はこれまでに会ったどんな女性よりも、ミッキー・マウスを愛している。

❖ウォルト・ディズニー（アメリカの映画製作者　一九〇一―六六）

ミッキー・マウスの生みの親であるディズニーの句。イリノイ州シカゴ生まれで、商業美術家を経てアニメ映画を製作する。ミッキー誕生は一九二八年で、最初は自ら声を担当したという。『白雪姫』、『ダンボ』などのアニメ作品を生み出し、実写映画のジャンルでも幅広い成功を収めた。最初のディズニーランドは一九五五年カリフォルニアで開園。まだ未完成の状態での開園だったが、多くの人が殺到した。

◎男と女

神は男を作り、彼が十分孤独でないと見ると、女という伴侶を作り、男がより強く孤独を感じるようにしむけた。

❖ポール・ヴァレリー（フランスの作家・思想家・評論家・詩人　一八七一―一九四五）

ヴァレリーは青年時代、マラルメに強い影響を受け、詩人を目指して多くの詩を書いた。モンペリエ大学卒業後マラルメに師事したが、数学・科学に興味を抱き、自らの才能にも疑問を抱いて文筆から遠ざかる。一八九四年から「カイエ」と呼ばれる私的な思索記録をつけ始め、二十年間の沈黙に入る。一九一七年に友人ジッドの勧めで再び文筆に立ち返り、『若きパルク』、『魅惑』、『テスト氏』などを発表した。

男は恋を恋することからはじめて、女を恋することに終わるけれども、女は男を恋することからはじめて、恋を恋することに終わる。

❖レミ・ド・グールモン（フランスの文学評論家　一八五八－一九一五）『砂上の足跡』より

グールモンはカーン大学で法律を学んだが、講義よりも図書館を好んだため、その後パリで国立図書館の司書となった。その傍ら文筆活動にいそしみ、『メルキュール・ド・フランス』創刊に参加する。一八九一年『メルキュール・ド・フランス』誌上に反愛国的な記事を書いたという理由で、国立図書館での職を失い、以降は隠遁生活を送りつつ雑誌へ評論、小説、詩などの寄稿を続けた。

ファースト・キスは、女にとっては始まりの終わりにすぎないが、男にとっては終わりの始まりである。

❖ヘレン・ローランド（アメリカのジャーナリスト・ユーモア作家　一八七五－一九五〇）

この人は、特に男女関係についての名句が多い。たとえば、(一)「結婚する娘は、多くの男の関心を一人の男の無関心と交換する」、(二)「恋愛は探索、結婚は獲得、離婚は審問」。(一)は attention と inattention の対比が鮮やかであり、(二)は quest, conquest, inquest の対比が絶妙である。ローランドは男女関係を語らせたら誰も太刀打ちできない言葉の魔術師である。

私が女より男のほうが好きなのは、彼らが男であるからではない。彼らが女でないからである。

❖クリスティーナ女王（スウェーデンの女王　一六三二―一五四）

クリスティーナ女王はグスタフ二世アドルフの娘で、父の死後王位を継承した。幼少時は父の命により王子として教育を受けたという。即位後しばらくは宰相アクセル・オクセンシェルナが後見したが、一六四四年ウェストファリア条約交渉に臨み、三十年戦争（一六一八―四八）に終止符を打った。一六四九年にフランスの哲学者デカルトを招聘したが、デカルトは半年足らずで肺炎に罹り、ストックホルムで生涯を終えている。

私は男性の体が好きだ。心よりは体のほうがうまくデザインされているからだ。

❖アンドレア・ニューマン（イギリスの作家　一九三八―）一九八八年九月三十日の『トゥデイ』紙より

人によってデザインは多少異なると思うが……。ニューマンはドーバーで生まれる。一九六九年の著書 *Bouquet of Barbed Wire* がイギリスでテレビドラマ化され好評となる。以降、小説家としてだけでなく、脚本家としても活躍する。日本でも大人気のテレビドラマ『24』に脚本家として参加するなど、活動の輪を広げている。

危険な女などいない。感じやすい男がいるだけだ。

❖**ジョゼフ・ウッド・クルーチ**（アメリカの批評家・ナチュラリスト　一八九三－一九七〇）

してみると、感じやすい女と危険な男は、関心外だったのだろうか。クルーチはテネシー州の出身。著書が多いが、『みごとな生命の連鎖』は邦訳がある。批評家としての作品は『たかが探偵小説』が邦訳されている（『推理小説の美学』所収）。

多くの女は男を変えようとする。そして、変えることに成功すると、その男が好きでなくなる。

❖**マレーネ・ディートリッヒ**（ドイツの女優・歌手　一九〇四－一九二）

ディートリッヒは一九三〇年公開のドイツ映画『嘆きの天使』で女優として成功した。同年アメリカに渡り、ゲイリー・クーパーと共演した映画『モロッコ』で、さらに名声を手に入れた。第二次世界大戦直前、ヒトラーからの帰国要請を蹴って一九三九年アメリカの市民権を獲得。前線の慰問にも出かけ、彼女の歌った『リリー・マルレーン』は敵対するどちらの戦線の兵士からも愛された。

男というものは嘘の国の庶民であるが、女はそこの貴族でもある。

❖**アベル・エルマン**（フランスの作家　一八六二－一九五〇）『嘘礼讃』より

庶民よりは貴族である女性のほうが高貴な嘘をつく、ということか。エルマンは文学の道に入って最初は詩作、次に小説、その後劇作、そして小説と活躍の場を次々に変えていった。代表作に小説『仲たがい』がある。六十五歳になってアカデミー・フランセーズの会員になることができた。

女は深く見、男は遠くを見る。男にとっては世界が心臓、女にとっては心臓が世界。

グラッベは若干二十一歳で二作の戯曲を書き、一八二三年にはティークによってその才能を認められ、劇場に紹介されるものの成功せず挫折した。いったんは法律を学んで弁護士になったが、あきらめきれず再び劇作に熱中し、歴史劇の力作を書いた。彼の劇形式が当時の演劇の形から外れていたため、生前上演されたのは『ドン・ジュアンとファウスト』一作のみだったが、多くが没後数十年経ってから上演された。

❖**クリスチャン・D・グラッベ**（ドイツの劇作家　一八〇一－三六）『ドン・ジュアンとファウスト』より

女がいなかったら、男は神のように生きていくだろう。

生粋のロンドンっ子で多くの戯曲と小冊子を書いた作家である。一五九八年頃には興行師ヘンズローの傘下に入り、合作で仕上げた作品が海軍大臣一座などで上演された。代表作に市民喜劇の傑作『靴屋の休日』などがあり、これは単独作品である。ユーモラスな挿絵と共に世相を描いた小冊子も数多く出版されたが、生涯を通じて借金で苦しんだ。ちなみに、ビートルズのアルバム「アビー・ロード」に収録されている「ゴールデン・スランバー」の歌詞はマザーグースの子守唄をもとにしているが、デッカーの作詞だという。

❖**トーマス・デッカー**（イギリスの劇作家・散文家　一五七〇－一六三二）『正直な売春婦』より

何をやるにせよ、女は男の二倍やってはじめて、男の半分の力があると認められる。幸いにして、これは難しいことではない。

❖シャーロット・ホイットン（カナダのオタワ市長　一八九六－一九七五）

ホイットンはカナダの大都市における最初の女性市長。一九五一年から五六年と、一九六〇年から六四年の二期市長を務めた。クイーンズ大学の学生だった時に、女子ホッケー・チームのスターで、リーグ最速のスケーターだった。大学新聞の編集長を務めたが、女性編集長は彼女が最初だった。若い時から、男の二倍の仕事をするのはお手のものだったようだ。

男同士の相違は、せいぜいのところ天と地くらいだが、極悪の女と最善の女の相違は、天国と地獄の隔たりがある。

❖アルフレッド・テニスン（イギリスの詩人　一八〇九－九二）『メルランとヴィヴィアン』より

テニスンはリンカンシャー州サマズビーに牧師の子として生まれた。早くから詩才を発揮し、一八二六年に兄弟で『二人の兄弟詩集』を刊行している。ケンブリッジ大学で〈使徒会〉というサークルに属す。この会で親友となったアーサー・ハラムが妹と婚約した後、急死してしまう。この心痛が、十七年後の傑作『イン・メモリアム』に結実した。一八五〇年にワーズワースの跡を継いで桂冠詩人に任命された。

私は、もらったダイヤモンドを突っ返すほど、男の人を嫌いになったことはない。

ガボールはハンガリーのブダペストで生まれた。十五歳でオーストリアの舞台に立ち、十九歳でミス・ハンガリーに輝く。一九四一年にアメリカに移住し、女優として人気を博す。私生活では九回の結婚歴がある（そのうち一回は無効）。この奔放な結婚歴は、こんな言葉を生んでいる。「私は凄腕のハウスキーパーよ。離婚するたびに相手の男のハウスをキープするの」。二〇一一年にUCLAの病院で右脚下を切断して、話題になっている。

❖**ジャ・ジャ・ガボール**（アメリカの女優　一九一七－）

ものを売ろうと思ったら、女性にはお買い得だと言いなさい。男性には値引きしますと言いなさい。

ウィルソンはオハイオ州ロックフォード生まれ。オハイオ州立大学卒業。一九四二年から『ニューヨーク・ポスト』紙にコラムを寄稿し、一九八三年まで続いた。原文は、To sell something, tell a woman it's a bargain; tell a man it's deductible.

❖**アール・ウィルソン**（アメリカのジャーナリスト　一九〇七－八七）

聡明な女性は生まれながらに数百万の敵を持っているが、それはみなおろかな男たちだ。

騎士たちは、生まれながらの愚かさを脱するために遍歴修業をしたのだろうか。エッシ

❖**ヴォルフラム・フォン・エッシェンバッハ**（ドイツの詩人　一一七〇？－一二二〇？）

エンバッハはバイエルンの騎士で多くの宮廷に仕えた、中世ドイツの詩人である。聖杯を主題とした叙事詩『パルツィヴァール』は、ワーグナーの歌劇『パルジファル』の歌詞に引用されている。

女性は愚かだというのはそのとおりだと思う。全能の神は、男に似せて女を作られたのだから。

❖**ジョージ・エリオット**（イギリスの小説家　一八一九―一八八〇）

本名はメアリ・アン・エヴァンズ。もちろん女性である。『ウェストミンスター・レビュー』誌の記者、副編集長を経て文学サークルを主催し、『ミドルマーチ』などの作品を生み出した。この言葉の真意は、作者が女性か男性かでずいぶん印象が違ってくると思うのだが、いかがだろうか。私は中学時代に、夏休みの宿題でジョージ・エリオットの『フロッス湖畔の水車小屋』の抜粋版を読まされた覚えがある。

女をよく言う人は、女を十分知らない者であり、女をいつも悪く言う人は、女をまったく知らない者である。

❖**モーリス・ルブラン**（フランスの作家　一八六四―一九四一）

ご存じ『怪盗アルセーヌ・ルパン』の生みの親、ルブランの言葉。もともとは純文学の心理小説を書き、文壇では評価されていたが、商業的には成功しなかった。四十代になって友人の編集者に依頼され、シリーズ最初の『ルパン逮捕される』を発表し、これが大当たりした。ルパンはコナン・ドイルのホームズとしばしば対比されるが、実際ルブランもドイルの影響を強く受けていたという。

大疑問……三十年にわたって女性心理を研究してきたにもかかわらず答えられない難問は、「女性が何を求めているか」である。

◆ジークムント・フロイト（オーストリアの精神病理学者　一八五六―一九三九）

モラヴィアのフライベルグのユダヤ人家庭に生まれ、ウィーン大学で医学を学んだ。フロイトは、現在では一般的である精神分析という手法を初めて確立し、性行動をタブーから解放して科学の対象にした。タブーに踏み込んだことで多くの批判も受けたが、二十世紀の多くの芸術家・作家に多大な影響を与え、文化の転換期の大きなファクターとなった。カール・ユングと親しかったが、やがて「無意識」の解釈で決定的に決裂し、別々の道を歩むことになった。

女は服従するようにみせかければみせかけるほど、主権を握れることをよくわきまえている。

◆アルフレッド・D・ミュッセ（フランスの詩人・作家・劇作家　一八一〇―五七）『戯れに恋はすまじ』より

『戯れに恋はすまじ』は、女流作家ジョルジュ・サンドとの一年間の熱烈な交際後に書かれた散文劇である。早熟の天才ミュッセは、その鋭い感受性を生かして最初は詩で認められ、その後戯曲・小説などを書いた。サンドとの破局を経て、自伝的な作品『世紀児の告白』、『戯れに恋はすまじ』をはじめとする優れた作品を生み出した。

女性の推測は男性の確信よりもはるかに正確である。

逆に言うと、男の確信は妄信にすぎないということだ。キップリングはイギリス領だったインドのボンベイ生まれ。インドで過ごした少年時代の体験から生まれた『ジャングル・ブック』や詩集『兵舎のバラード集』、『7つの海』など人気の高い作品が多い。一九〇七年に四十一歳でノーベル文学賞受賞。ちなみに、これはノーベル文学賞の最年少受賞記録である。

❖**ラドヤード・キップリング**（イギリスの作家・詩人　一八六五－一九三六）

女の想像力は一時もじっとしていない。感嘆は一瞬にして愛に転じ、愛は結婚へと舞い上がる。

『高慢と偏見』の第六章より。オースティンはイギリスのハンプシャー州生まれの女流作家である。代表作のうち四作品は存命中に匿名で発表され、残り二作品は死後に彼女の名で発表された。サマセット・モームの作品評、「大した事件が起こらないのに、ページを繰らずにはいられない」はその作品の魅力をよく伝えている。世の中には『高慢と偏見』の熱狂的なファンがいるようで、私は五十回読んだという人を知っている。

❖**ジェイン・オースティン**（イギリスの作家　一七七五－一八一七）『高慢と偏見』より

恋よりも虚栄心のほうが、より多くの女を堕落させる。

シャンロン伯の娘でデファン侯爵と一七一八年に結婚。社交界でも才媛として知られ、

❖**デファン夫人**（フランスの侯爵夫人　一六九七－一七八〇）

そのサロンにはモンテスキューをはじめ、チュルゴー、ダランベールなど、百科全書派の哲学者たちが出入りした。ヴォルテール、ホラス・ウォルポールらとの文通が有名で、多くの人々との書簡集がある。一七五三年に失明したが、晩年ウォルポールを熱愛した。「女がいちばん強くなるのは、自分の弱さで武装することです」という句も有名。

美人なるものは、目には極楽、心には地獄、財布には煉獄である。

❖**ベルナール・フォントネル**（フランスの思想家　一六五七－一七五七）『断片』より

フォントネルは、宗教批判に徹し、新しい科学の分野に関心を持ち、十七世紀と十八世紀をつなぐ役割を担う優れた啓蒙家として活躍した。パリの文壇でデビューし、数々のサロンに出入りした座談の名手と言われる。劇作、詩、批評などの分野で作品を発表した後、一六八三年に『新編・死者の対話』で注目を浴びた。代表作は『神託の歴史』、『世界の複数性についての対話』など。

君たちは女を口説いてものにしようとするが、順序がまちがっている。ものにしてから口説くのがほんとうだ。

❖**東郷青児**（画家　一八九七－一九七八）

一九一六年に『パラソルさせる女』で二科賞に選ばれ、一九一九年から二八年までフランスに留学しリヨン美術学校で学んだ。独特な曲線と色調の女性像で有名である。作家、宇野千代と結婚していた時期があり、宇野千代の著書『色ざんげ』は東郷がモデルだと言われる。一九三〇年にはジャン・コクトーの『恐るべき子供たち』を邦訳し、白水社から刊行している。

女に関してできることは三つしかない。彼女を愛し、彼女のために苦しみ、そして彼女を文学にすることである。

❖ロレンス・ダレル（イギリスの作家・詩人　一九一二－一九〇）

ダレルはインドのダージリン生まれ。最初の作品は一九四五年『プロスペローの庵』。その後キプロスに定住し、代表作『アレクサンドリア四重奏』を発表した。生涯で五回の結婚歴があった。日本の作家、倉橋由美子が、ダレルの文体を真似るほどに『アレクサンドリア四重奏』が気に入っていると告白している。

美貌は匂いのようなものである。その効果は僅かの間しか持続しない。人は、それに慣れ、もはやそれを感じなくなる。

❖ランベール侯爵夫人（一六四七－一七三三）

美貌よりも知性のほうが長持ちする、と言いたかったのか。七歳年上のサブリエール夫人のサロンには、貴婦人以外にモリエール、ラシーヌ、ラ・フオンテーヌなどの文人が集まっていたが、このサブリエール夫人の後継者となったのがランベール侯爵夫人だった。彼女には、次のような言葉も残っている。「女たちの美徳はむずかしい。なぜならその実践のために栄誉心は助けにならないからです」。

女は年老いる術を早くから学ぶべきである。しかもそれは並大抵な才能でできることではない。

日本ではセヴィニエ夫人の名で知られている。一六四四年セヴィニエ候と結婚し一男一女を得るが、わずか七年で夫と死別した。溺愛する長女が結婚し、夫の任地に赴いたのを機に、当時整備されたばかりの郵便制度で文通を始めた。八百通足らずの書簡が現在伝えられているが、当時の貴族生活の日常を細やかに描写し、書簡という形式ならではの文章術が駆使されている。

❖**マリー・D・R・C・セヴィニエ**（フランスの書簡文学者　一六二六－九六）『書簡』より

最初から、女性であることを負い目ではなく強みとして利用すべきだと直感していました。

ブランド化粧品会社エスティ・ローダーの創設者。ニューヨークで東欧系ユダヤ人の家庭に生まれ、皮膚科学の専門家であった叔父の開発したフェイス・クリームの営業・販売で化粧品業界に進出した。一九四六年に夫ジョゼフ・ローダーとエスティ・ローダー社を設立し、その後香水「ユース・デュー」で大成功を収めた。

❖**エスティ・ローダー**（アメリカのエスティ・ローダー創業者　一九〇六－二〇〇四）

元始、女性は実に太陽であった。真正の人であった。今、女性は月である。他に依って生き、他の光によって輝く、病人のような青白い顔の月である。

❖**平塚らいてう**（思想家・作家　一八八六－一九七一）

本名は、平塚明《はる》。一九一一年（明治四十四年）九月に雑誌『青鞜《せいとう》』を創刊し、その時から「らいてう（雷鳥）」という号を使うようになった。その創刊号では、長沼智恵（のちの高村智恵）が表紙を描き、与謝野晶子が「山の動く日」という一文を寄せている。『青鞜』は女性だけによる月刊誌で、一九一六年（大正五年）二月まで五十二冊発行された。平塚は創刊号に「元始女性は太陽であった—青鞜発刊に際して」という創刊の辞を書き、女性の素晴らしさを高らかに宣言した。

女には子供を生むことだけが人生の目的だと思っている人もいるが、実際には子供を生む以外に能のない女は、子供を育ててもろくな子供を育てられない。

❖**大庭みな子**（作家　一九三〇－二〇〇七）

言われてみれば、「子育てにしか能がない」というのはおかしな言い方である。大庭みな子は小説、エッセイ、詩、翻訳で活躍し、数々の賞を受賞している。東京出身だが父親の転勤で愛知、広島で育った。終戦後、原爆に破壊された広島の市街に救援隊として動員され、その体験が作品の原点となったという。一九六八年、群像新人賞に選ばれた『三匹の蟹』で芥川賞も受賞。以後、作家生活に入る。代表作は『啼く鳥の』など。

◎結婚

結婚は夫によって、または妻によって創り出されるものではなく、逆に夫と妻とが結婚によって創られるのだ。

❖マックス・ピカート（ドイツの医者・作家　一八八八－一九六三）『ゆるぎなき結婚』より

ピカートはフライブルク大学やベルリン大学などで医学を学び、ミュンヘンで医師資格を取得して医師となった。一九一八年より著述活動を開始する。一九五二年にヨハン・ペーター・ヘーベル賞受賞。『沈黙の世界』、『神よりの逃走』などが邦訳されている。私が手にしている『沈黙の世界』は、一九七二年十月刊行の第十七刷である。このような思索の書が多くの日本人に受け入れられていたことに今さらながら驚きを感じる。まさに学生運動激しき頃の書物だった。

幸福な結婚とは、婚約してから死ぬまで全く退屈しない長い会話のようなものである。

❖アンドレ・モーロア（フランスの作家・伝記作家　一八八五－一九六七）『幸福な結婚』より

モーロアのデビュー作品は『ブランブル大佐の沈黙』で一九一八年の作品である。シェリー、ディズレーリ、ヴォルテール、プルーストなどの伝記を手がけた。最初の妻を敗血症で一九二四年に亡くしているが、作家カイヤヴェの娘であるシモーヌと再婚している。『英国史』、『アメリカ史』、『フランス史』の三部作がある。

その女が、もし男であったら友に選んだであろうような女でなければ、これを妻として選んではならない。

❖**ピート・ジュベール**（現南アフリカの軍人・政治家　一八三一－一九〇〇）

ジュベールは現在は南アフリカの一部となっているトランスヴァール共和国の最高司令官であった人物。第一次ボーア戦争でイギリス相手に勝利を収めた。一八八六年、ヨハネスブルグで金が発見されたことから第二次ボーア戦争が勃発、ジュベールは再び最高司令官となるが、一九〇〇年、戦中に腹膜炎を起こして死亡した。

結婚の契約をしてからでなければ恋をしないというのは、小説を終わりから読みはじめるようなものだ。

❖**モリエール**（フランスの劇作家　一六二二－七三）

ただし、小説を終わりから読むのには技術がいる。本名はジャン・バティスト・ポクラン。法律を学んだ後俳優となり、一六四三年に劇団を結成。パリで三年活動し、その後地方巡業の日々を送り、劇団のために喜劇作品を執筆した。フィリップ・ドルレアンがパトロンになって一六五八年に国王の前で上演する機会を得、人気が高まった。古典派の三大作家の一人といわれる。

人間は成人を過ぎて結婚すべきだ。というのは、それより若くとも、また年取っていても考えすぎるからだ。

❖ジェフリー・チョーサー（イギリスの詩人　一三四三－一四〇〇）

チョーサーは中世イギリス最大の詩人にして、『カンタベリー物語』の作者である。ロンドンに生まれ、一三五七年にアルスター伯爵夫人、一三五九年からエドワード三世に仕えた。十四世紀イギリス宮廷ではフランス文学が流行しており、当初チョーサーの作品はその模倣と翻訳であったが、次第に優れた人間観察と風刺的文章による人間喜劇の世界を完成させた。『カンタベリー物語』は、あらゆる階層、職種の人間が大聖堂に詣でる巡礼として語る物語の集成であり、いわば中世のパノラマ的作品である。

三週間互いに研究し合い、三か月間愛し合い、三か年間喧嘩をし、三十年間我慢し合う。そして、子供たちが同じことをまた始める。

❖イポリット・テーヌ（フランスの哲学者・評論家　一八二三－一九三）『トマ・グランドルジュの生活と意見』より

テーヌは実証主義の哲学者で、代表的な著書は『英国文学史』、『芸術哲学』など。フランス北部ブージェ生まれ。パリで学び、文筆生活に入って批評作品で評価された。自然科学的見地から人間あるいは作品の考察を行い、文化は「人種・環境・時代」の三要素で決定されると主張するなど、実証的文芸批評の確立に努めた。

結婚に成功する秘訣は、あらゆる災難を事故とみなし、どんな事故も災難とみなさないことだ。

❖ハロルド・ニコルソン（イギリスの外交官・作家　一八八六－一九六八）

ニコルソンは父親が代理大使として駐在していたテヘランで生まれた。オックスフォード大学を出て、父親と同じく外務省に入省し、一九二九年まで勤め、その後は下院議員となった。外交官として大変評価の高かった人物だが、文芸評論家としても名高い。妻は詩人で作家のヴィタ・サックヴィル＝ウェスト。

よい夫の資格があるのは独身を通している人々だけである。彼らは相手を思いやるあまり結婚できずにいるのだ。

❖フィンリー・ピーター・ダン（アメリカのジャーナリスト・ユーモア作家　一八六七－一九三六）

イリノイ州シカゴに生まれ、十七歳で『シカゴ・テレグラム』紙の編集記者になった。『シカゴ・ポスト』紙の論説委員長の時に、架空の人物 Mr. Dooley（ドゥーリー氏）がアメリカの政治や社会の出来事を語るという設定の記事を書き、人気を博する。このシリーズはセオドア・ルーズベルト大統領にも気に入られ、大衆の意見を探るために、ホワイトハウスでも毎週読まれ、参考にされたという。

妻は夫の権力下にある。亭主は女房の所有下にある。

❖ギョーム・ブーシェ（フランスの物語作家　一五一三?－一五九四?）

ポワチエで生まれ、家業の出版業をしながら、作品を発表した。代表作は『夜話』。一晩に一つずつテーマを決めて、酒、女、音楽などについての話を披露するというオムニバス作品だった。この言葉は、夫婦の微妙な力のバランスを巧みに表現している。

結婚をしないで、なんて私は馬鹿だったたんでしょう。これまで見た中で最も美しかったものは、腕を組んで歩く老夫婦の姿でした。

スウェーデン生まれで十六歳の時に水着美人コンテストで優勝し、ストックホルムの王立演劇学校の奨学金を得て女優の道に入った。一九二五年に渡米して『クリスティーナ女王』、『アンナ・カレーニナ』などに出演、大きな成功を収めた。一九四一年に映画界を引退し、十年後にアメリカの市民権を得た。引退後はひっそりと隠遁生活を送った。

❖**グレタ・ガルボ**（アメリカの女優　一九〇五－一九九〇）

◎子供

世の中に思ひあれども子をこふる。思ひにまさる思ひなき哉。

醍醐天皇の勅命により、『古今和歌集』の編纂にあたり、仮名序文を執筆した。「やまとうたは、人のこころをたねとして、よろづのことのはとぞなれりける」で始まる流麗な序文である。九三〇年から三四年、土佐守《とさのかみ》に任ぜられ、任期を終えて京に帰る五十五日間を

❖**紀貫之**（平安時代前期の歌人　？－九四六）『貫之集』より

『土佐日記』として書き綴った。『土佐日記』は女性の日記という形で仮名で書かれ、日本文学史上初めての日記であるだけでなく、当時の歴史的資料としても大変優れたものである。

子どもは食う権利がある。子どもは遊ぶ権利がある。子どもは寝る権利がある。子どもはしかられる権利がある。

❖賀川豊彦（キリスト教社会運動家・政治家　一八八八－一九六〇）

少年時代からキリスト教に触れ、中学時代に洗礼を受けた敬虔なキリスト教徒。イエスの教えを体現しようと貧民街にて社会改善に努め、プリンストン大学へ留学後、帰国した賀川は、アメリカでの経験を生かして労働組合を結成。労働者の生活改善といった社会運動に身を投じる。戦前から戦後にかけては、政治家として貧しい人々のために尽力した。

僕らが子どもの頃、世界は新鮮だった。やりたいことはなんでもできた。（中略）だが、大人になるとみんな疲れて夢を失っていく。だけど、僕はいつまでも子どもの心を失わずに、不思議なもの、美しいものを見るために生きてきた。

❖植村直己（探検家　一九四一－一八四）

植村直己が遭難する直前にアメリカの野外学校で子供たちに話した内容だという。野口健著『１００万回のコンチクショー』に引用されている。一九八四年二月十二日に世界で初めてマッキンリーの厳冬期単独登頂を成功させたが、その後消息を絶った。遺体は発見されていない。世界初の五大陸最高峰登頂者であり、亡くなった年に国民栄誉賞を受賞した。

子供たちに何ができるのか知りたければ、彼らにものを与えるのをやめるべきだ。

❖ノーマン・ダグラス（作家・旅行家　一八六八―一九五二）

オーストリア生まれのダグラスはイギリスで育ち、教育はドイツで受け、一八九三年に外務省に入省した。一八九六年に退職し、以後イタリアに拠点を置いて執筆生活に入る。ヨーロッパ各国を巡って一九一七年の『南風』で、快楽主義を賛美した内容である。代表作は旅行記や随筆も多く残している。他の作品に『彼らは去っていった』、『初めに』、『サイレンの島』など。

子はあなたを通して生まれるが、あなたから生まれるのではない。あなたと共に過ごしても、あなたのものではない。

❖カリール・ジブラーン（アメリカの詩人・画家　一八八三―一九三一）『預言者』より

ジブラーンは十二歳の時に一家でレバノンからアメリカのボストンに移住し、ニューヨークで没した。『預言者』は三十数か国語に訳され、全世界で二〇〇〇万部以上売れた。この後、「子に愛を注ぎなさい。だが、考えを押しつけてはいけない。（中略）あなたは弓。その弓は、生きた矢として、あなたの子を放つ」と続く。『預言者』の中でも最も有名な一節。

人生の前半は親に台無しにされ、後半は子によって台無しにされる。

親と子の関係は連鎖するので、この句はこうも言い換えられる。すなわち、「人生の前半は親を台無しにし、後半は子を台無しにする」。ダローには、次のような抱腹絶倒の名句もある。「人が産児制限の話をしているのを聞くたび、私は自分が第五子であったことを思い出す」。

❖**クラレンス・ダロー**（アメリカの弁護士　一八五七ー一九三八）

育ち盛りの子供たちのいる家を掃除するのは、雪がやむ前に歩道の雪かきをするようなものだ。

ディラーはオハイオ州リマに生まれる。一九五二年よりラジオやテレビ、映画などで活躍。おそろしく多才な女性で、ピアニストとしても百以上のオーケストラと共演している。子供に関しては、こんな言葉も。「子供が生まれると最初の十二か月は歩くことと話すことを教えるが、次の十二か月は黙ることと座ることを教える」。

❖**フィリス・ディラー**（アメリカの喜劇役者・女優　一九一七ー）

子供らしさが死んだとき、その死体を大人と呼ぶ。

われら大人は可愛い子供の死骸なんだと思えば、死ぬのも楽になるというものだ。オールディスはイギリスの代表的SF作家で、J・G・バラードらと共にニューウェーブSFの旗手といわれる。多彩な作風で一般的な読者にも人気が高い。スティーブン・スピルバ

❖**ブライアン・オールディス**（イギリスのSF作家　一九二五ー）

ーグ監督の大ヒット映画『A.I.』は彼の短編『スーパートイズ』を原案としている。

子供なんか持つものじゃない。持つなら孫にしろ。

◆**ゴア・ヴィダール**（アメリカの劇作家・エッセイスト　一九二五－）

子供を通り越していきなり孫を持つにはどうしたらいいのか、というジョークである。ヴィダールはアメリカ陸軍予備隊での経験をもとに処女作『ウィリウォー』（一九四六年）を発表、好評を博した。その二年後に発表した作品が同性愛を主題にしたものだったため、アメリカでは強い非難にさらされたが、イギリスを中心とした批評家たちから高い評価を受ける。戯曲、短編、映画脚本、エッセイ、批評などその活動は多岐にわたっている。

◉友人

一切のことを忘れて陶酔するのが愛人同士であるが、一切のことを知って喜ぶのが友人同士である。

◆**アベル・ボナール**（フランスの詩人・小説家・随筆家　一八八三－一九六八）

ボナールはポワティエで生まれ、一九〇六年最初の詩集『なじみの人々』で全国詩作賞を受賞。他の作品には『恋と愛』、『友情論』などがある。ナチスドイツによるパリ陥落後に成立したヴィシー政権で、一九四二年から二年間文部大臣を務めた。戦後はスペインへ逃亡し、亡命中に死刑を宣告された。『友情論』には、次の言葉も。「恋愛は何か本当のことを聞かされたために滅びることがある。友情が何かの嘘によって滅びるように」。

友人とはあなたのすべてを知っていて、それでもあなたを好いてくれる人のことである。

❖エルバート・ハバード（アメリカの作家・思想家・教育者　一八五六―一九一五）

ハバードはイリノイ州生まれ。工芸製作コミュニティー、ロイクロフターズを一八九三年に設立した。同時に出版社ロイクロフターズも設立し、雑誌『ペリシテ人』、『時代』を発行。代表的著書は一八九九年の『ガルシアへの手紙』である。

われわれは絵を愛するように友人を愛するべきだよ。たとえその額縁がどうあろうともさ。

❖藤田嗣治（画家　一八八六―一九六八）

東京美術学校（東京芸大）卒業後、一九一三年パリに留学し、モンパルナスに住む。隣の部屋はモディリアーニで、のちに「親友」と呼ぶ仲となる。ほかにもピカソ、スーティン、ルソーらと親交を結び、第一次大戦下のパリに留まって製作を続けた。一九一九年、白色で描いた裸婦をサロン・ドートンヌに出品、一躍パリ画壇の注目を集めた。一九三三年に帰国するが第二次大戦後パリに戻り、一九五四年にフランス国籍を取得した。

人間のいちばんの友は、自分の十本の指である。

イギリスのヨークシャー州に生まれたコリャーは、一八五〇年にアメリカへ移住し、ハンマー職人として生活しつつ、自力で勉強して聖職者となったメソジスト派からユニテリアン派に改宗、シカゴで布教活動に従事する。一八七九年にはシカゴを離れ、ニューヨークのメシア教会の牧師に、一九〇三年には名誉牧師になる。現在もシカゴには彼にちなんでコリヤー・パークという公園があり、市民の憩いの場となっている。

❖**ロバート・コリャー**（アメリカの聖職者　一八二三－一九一二）

肖像画を一枚描いてやるごとに、友達が一人ずつ減っていく。

サージェントはフィレンツェ生まれだが父親はアメリカ人であった。フィレンツェとパリで絵画を学び、一八七七年から作品をサロンに出展した。極めて写実的な画風で、風景画、風俗画も描いたが、作品として有名なのは一八八五年の『マダムX』という肖像画である。これはゴートロー夫人をモデルにしており、人妻を描いたのに官能的過ぎるという理由で激しい非難を受け、これが原因でパリを去った。あまりにも写実画の腕がよかったために、友達を失ったというのである。

❖**ジョン・シンガー・サージェント**（アメリカの画家　一八五六－一九二五）

他人は目的として遇し、決して手段とみなしてはならない。

ハマーショルドは一九五三年から六一年の間、第二代国連事務総長を務めた。スウェー

❖**ダグ・ハマーショルド**（スウェーデンの第二代国連事務総長　一九〇五－六一）

デン首相ヤルマル・ハマーショルドの四男として生まれ、ストックホルム大学で教鞭を執ったのち、一九三六年から大蔵次官、国立銀行総裁、外務大臣を歴任した。国連では中東和平に尽力した。没年である一九六一年にノーベル平和賞を受賞している。九月十八日に北ローデシアで墜落死しているので、授賞式には出られなかったわけだ。

◎会話・手紙

他人を指さす時は、残りの四本の指が自分を指していることを忘れてはならない。

❖**ルイス・ナイザー**（イギリスの弁護士・作家　一九〇二－一九九四）

他人を非難する時は、その八割は自分にも当てはまることを自覚せよ、というのである。ロンドン生まれのナイザーは三歳の時、家族でアメリカに移住した。コロンビア大学で学び、弁護士となって一九二六年にフィリップス・ナイザー・ベンジャミン&クリム弁護士事務所を開設。映画業界や芸能関係の多くの顧客を持ち、イラスト・作詞作曲・司会などでも活躍する多彩な才能の持ち主である。

私は声をあげて賞賛し、声をやわらげてとがめる。

北ドイツ生まれ。一七四五年ロシア皇太子ピョートルと結婚し、一七六一年先帝の死去に伴って夫ピョートルが皇帝に即位し、皇后となる。しかしピョートルは人望がなく失脚し、エカチェリーナは軍隊の支持を得て、クーデターを起こして一七六二年女帝となった。女帝として三十四年の長きにわたって君臨したが、晩年にフランス革命が起き、次第に時代の思潮から取り残されていった。

❖**エカチェリーナ二世**（エカチェリーナ・アレクセーエヴナ　ロマノフ朝第八代女帝一七二九－九六）

会話上手とは、人の言ったことを憶えておく人ではなく、他人が憶えておきたくなるようなことを言う人。

ブラウンは一九四四年から没年まで『ザ・サタデー・レビュー』でSeeing Thingsと題するコラムを書き続けた。ピュリツァー賞の演劇部門の審査員だったが、一九四四年に自分の推した作品が却下されたために辞任した。ラジオでコミックを攻撃して話題になったことも。会話については一家言の持ち主だったのだろう。

❖**ジョン・メーソン・ブラウン**（アメリカの演劇批評家・作家　一九〇〇－六九）

聞き上手は、話し上手に劣らずコミュニケーションと影響力の強力な手段である。

マーシャルはアメリカ史上最も有名な連邦最高裁判所長官であり、憲法上の重要な判決

❖**ジョン・マーシャル**（アメリカの最高裁首席判事　一七五五－一八三五）

によっていまだに尊敬されている。バージニア州生まれ。独立戦争に従軍し、一七八八年に憲法制定会議の議員、九九年に連邦会議の議員に就任した。ジョン・アダムズ大統領の下で一八〇〇年より一年ほど第四代合衆国国務長官も務めている。

平均的なアメリカ人の大人は、一日に約五千語話す。(中略)言葉はあふれるように出てくる。しばしばその勢いは猛烈なものになり、他人の言葉はもちろん、自分自身にも耳を傾ける時間がなくなってしまう。

❖**リチャード・J・ライダー**(アメリカのコンサルタント)『人生に必要な荷物いらない荷物』より

一日に約五千語話す、という指摘は新鮮である。ライダーはこの言葉の洪水から意識的に離れ、ふだん聞こえない音に耳を澄ます時間が必要である、と説く。この本には、平均的な人は一日に十五回ほほえむ、というデータも紹介されている。『フォーブス』誌から、全米ベスト5のコーチに選ばれ、ベストセラーの著者でもある。なお、『人生に必要な荷物　いらない荷物』は、ディビッド・A・サピーロとの共著。

鋭い舌は、使えば使うほど尖《とが》る唯一の刃物である。

❖**ワシントン・アーヴィング**(アメリカの外交官・作家　一七八三―一八五九)

ペンネーム「ジェフリー・クレイヨン」で多くの著作がある。法律を学び、弁護士となったが一八〇七年から執筆活動を開始、その後ヨーロッパに住みスペイン語を習得、のちに駐スペイン大使となった。ドイツ語、オランダ語にも通じており、語学に堪能な人物であったが、言葉を使うタイミングを心得ていたことが、この句からもわかる。

噂を広めるのは好きじゃない。でも、噂についてそれ以外にやれることってある？

❖アマンダ・リア（フランスの歌手・画家・タレント　一九四六―）

リアは香港で、イギリス系フランス人の父親とロシア人と中国人のハーフの母親から生まれたという。エキゾチックな顔立ちで長身、実は性別についてもいろいろな噂がありはっきりしない。活動拠点はイタリアで、パリでモデルを務め、サルバドール・ダリのミューズ、デビッド・ボウイの愛人だった時期もあるそうだ。歌手としても活動し、テレビで司会者も務めている。

いかにうまくコミュニケートできるかは、いかにうまく話せるかではなく、うまく理解してもらえるかで決まる。

❖アンドリュー・S・グローブ（アメリカの実業家・インテル初代CEO　一九三六―）

いかに熱弁をふるっても、相手に理解されなければ意味がない。グローブはハンガリーのブダペスト生まれ。ハンガリー動乱のさなかにオーストリアに脱出し、難民支援組織の手を借りてアメリカに移住した。一九六八年インテル社に三番目の社員として入社、七九年社長に、八七年には会長兼CEOに就任した。部下の能力を最大に引き出す「ハイ・アウト・マネジメント」でその手腕は高い評価を得ている。

わたしは、伝えたいんです。みんなが生きているこの一時間半は、誰かが生きたかったかもしれない一時間半かもしれないということを。

❖**大谷由里子**（講演家 一九六三－）講演ビデオより

女子大を卒業後、吉本興業に入り、故横山やすしのマネージャーに抜擢される。現在は、研修会社を運営する傍ら、年間三〇〇回を超える講演を行っている。阪神淡路大震災の爪あとを自分の目で確かめ、たった一メートルの道一本が人の運命を分けた事実を目の当りにして、この言葉が生まれた。

現場で活動しているうちに、思いがためられていく。人々に伝えたい、訴えたいことが次々に湧いてきます。この思いを語ろうとすれば、自然と自分の言葉になる。それが聴衆の心に届く言葉だと思います。

❖**野口健**（登山家 一九七三－）

一九九九年、三回目のエベレスト挑戦で登頂に成功し、七大陸最高峰最年少登頂記録を樹立する。しかし、エベレストを汚しているのが、日本、中国、韓国などアジアの登山者であると非難されて、山岳のゴミ拾いを始める。このゴミ拾いの「現場」からの思いを人々に発信し、多くの協力者を得ている。

「AさせたいならBと言え。」Aのことをさせたいときは、させたいことをそのまま口に出して言うのでなく、聞き手が「おや？　はて？　なるほど！」と思えるような、ひねりの利いたBの言葉を使うとよい。

❖**岩下修**（小学校教師　一九四九－）『教師の言葉が生きる瞬間』より

名著『AさせたいならBと言え』の続編より。岩下は「Aという状況とBの言葉の間に生じる落差が、（子供の）心を動かす」と言う。たとえば、「ゴミを拾いなさい」と言っても見向きもしない子供が、「ゴミを十個拾ってごらん」と言うと嬉々として拾い出すという。「十個」という言葉が、いやなゴミ拾いをゲーム化してしまうのだ。ベテラン教師による示唆に富んだ書物である。

助言を求めるとき、人は共犯者を探している。

❖**ラ・グランジュ侯爵**（フランスの作家　一七九六－一八七六）

この句に関連して、こんな言葉を言っている人もいる。「誰かが助言を求めてやって来たら、私は彼が望んでいる助言を探し当てて言ってやることにしている」（ジョシュ・ビリングス）。こうして、助言者はあえて一時的な共犯者となるのである。たしかに非難や批判では反感を買うばかりで助言にならない。

忠告を求めて人がやってくると、私は本人がほしがっている忠告が何かを聞き出して、あたえることにしている。

❖**ジョシュ・ビリングス**（アメリカのユーモア作家　一八一八－一八八五）

本名は、ヘンリー・ウィーラー・ショー。マーク・トウェインに次いで、十九世紀前半で最も人気のあったユーモア作家だった。マサチューセッツ州で生まれ、農夫、鉱山労働者などさまざまな職に就いたのち、ニューヨークでジャーナリストとなる。つまり、忠告を求める人は、実は答えを知っていて、それを自分以外の人の口から言ってほしいだけなのだ、というひねくれた洞察。

忠告はたいてい歓迎されない。それを最も必要とする人々がそれを好まないのだ。

❖フィリップ・ドーマー・スタナップ・チェスターフィールド卿（イギリスの政治家・文筆家　一六九四－一七七三）

ロンドン生まれ。ケンブリッジで学び、一七一五年に国会議員となり、一七二六年父の跡を継いで四代伯爵となった。オランダ大使を経て再び国政に乗り出し、ペラム内閣に入閣してアイルランド総督や国務大臣を歴任した。一七七四年に書かれた『息子への手紙』（竹内均が邦訳している）はジェントルマン教育の教科書として有名である。

ここは自由の国だ。誰でも私に手紙を書く権利はあるが、私には読まない権利がある。

❖ウィリアム・フォークナー（アメリカの作家　一八九七－一九六二）

フォークナーはヘミングウェイと共に二十世紀アメリカ文学の巨匠と称される。第一次世界大戦中はイギリス空軍に所属し、大戦後に最初の作品となる『兵士の給与』で作家となった。『八月の光』、『アブサロム、アブサロム』などの作品がある。一九四九年にノーベル文学賞を受賞したが、この時のスピーチは名演説として有名である。

手紙とは、封筒に込められた期待である。

❖シャナ・アレキサンダー
（アメリカのジャーナリスト・作家　一九二五－）

映画『命の紐』（一九六六年、シドニー・ポワチエ主演）の原作となった『死の決意』という実話を『ライフ』誌に掲載した。『ライフ』誌初の女性記者がシャナ・アレキサンダーである。『死の決意』は自殺しようとする主婦が自殺防止協会に電話し、そこでアルバイトをする学生が一本の電話線を通じて何とか彼女の命をつなぎとめようと奮闘するストーリー。「電話とは一本の電線に込められた期待」とも言えようか。

第3章

お金・仕事

◎お金・経済

お金は世界に君臨する神である。

原文は、Money is the God of the World.。言われてみれば、おおかたの宗教はお金の前にひれ伏すのが常である。宗教法人からは、むしろ税金をたくさん徴収してはいかがだろう。フラーは著作にたけ、ウィットに富んだ才物だった。名句を多く残しているが、「陰で私のことを良く言うのが、友人である」という言葉も。

❖**トマス・フラー**（イギリスの牧師・歴史家　一六〇八－一六六一）『金言とことわざ』より

お金は貧乏人のクレジットカードである。

『マクリーンズ』という本に引用されたマクルーハンの炯眼《けいがん》。たしかにお金とは、何の特典もつかぬ、使い捨てのクレジットカードである。その唯一の利点は、どこでも使えることと、デノミでもない限り使用期限がないことだろうか。「メディアはメッセージである」という言葉が有名だが、自ら言葉を置き換えた『メディアはマッサージである』という本も世に出している。

❖**マーシャル・マクルーハン**（カナダの思想家　一九一一－一九八〇）

金持ちになるには、貧しい家に生まれることである。

❖**アンドリュー・カーネギー**（アメリカの鉄鋼製造業者　一八三五－一九一九）

スコットランド生まれのカーネギーは一八四八年に両親と共にアメリカに移住し、十二歳から紡績工場で働いた。幾度かの転職のあとペンシルバニア鉄道に入社。時代を先取りする優れた感覚で投資を成功させ、アメリカ最大の鉄鋼会社の経営者となった。億万長者となってからは、慈善家として社会貢献した。その意味で、現代のビル・ゲイツやウォーレン・バフェットのお手本になっている。

金を愛するだけではダメだ、金に愛されるようにならないと。

❖ネーサン・ロスチャイルド（イギリスの銀行家　一七七七―一八三六）

ドイツのフランクフルトで生まれた、イギリスのロスチャイルド銀行、ロスチャイルド財閥の創始者である。当時経済状況の鍵はナポレオンの勝敗で、株式市場は勝てば売り、負ければ買いというのが常道だったが、ロスチャイルドはその裏をかいて巨額の富を手に入れたという。潤沢な富を駆使してイベリア半島戦争時の軍資金や英国銀行への貨幣供給などを行い、まさにロンドン金融街のボスとなった。

成功を金で計るというのも芸がないが、残念ながら、金の他に万国共通のものさしがないのだ。

❖チャールズ・プロティウス・スタインメッツ（アメリカの発明家　一八六五―一九二三）

ドイツに生まれる。ブレスラウ大学在学中、社会主義運動に参加したために政府に追われ、一八八九年にアメリカに移住し、アイケマイヤー＝オスターヘルト社に入社した。一八九三年に同社がゼネラル・エレクトリック社に吸収され、スタインメッツは計算部門の一員として研究を続けて交流回路理論を確立した。わかりやすく言えば、彼のおかげで発電所から各家庭に電気を送ることが可能になった、ということらしい。

金はたいしたものだ。愛と同じく、人間に喜びを与える最大の源となる。それでいて死と同様、人間に心配を与える最大の源ともなる。

❖ジョン・K・ガルブレイス（カナダの経済学者　一九〇八－二〇〇六）

ハーバード大学経済学教授（のちに名誉教授）であり、ケネディ、ジョンソン両大統領の顧問を務めたことでも有名なガルブレイスの言葉。身長が二メートル以上だったこともあり、経済学の巨人と称される。ケネディ大統領の就任演説の草稿を書いたが、あまりにも学者的な生硬な文章だったので、これでは演説に向かないと何度もケネディから突っ返されたエピソードがある。

金は希少な資源ではない。希少なのは想像力である。

❖リンダ・イエーツ（アメリカの事業家　一九六三－）

ついでに言えば、やる気と根気も現代の希少資源である。イエーツはペインティド・ウルフの共同創業者。原文は、Money isn't the scarest resource — imagination is.。数多くの会社を立ち上げた創意に富む事業家で、夫との共著で、*Non Linear Living: A Lifestyle for the 21st Century* という本を書きつつある、という情報がある。

私は常に、お金というものは、時間を買うためにあるとみなしてきた。

逆に言うと、時間ほど高くつくものはないということである。ストッパードはチェコ生まれで、幼い頃はシンガポール在住、一九四六年にイギリスに移住した。ジャーナリスト、演劇評論家、ラジオドラマの脚本家として脚光を浴びた。一九九八年『恋に落ちたシェークスピア』でアカデミー脚本賞を受賞。『スターウォーズ・エピソード3』にも参加している。

❖**トム・ストッパード**（イギリスの劇作家・脚本家　一九三七－）

お金を持っているからお金について平然と構えていられるのではなく、お金に対して自然体でいられるからこそ裕福なのです。

『ザ・シークレット』への出演で日本でも有名になったアメリカの著述家プロクターの言葉。金持ちに関する、こんな名句もある。「金持ちとは、『もっと安いものを見せてくれ』とセールスマンにさらりと言える人」。お金に対して自然体になれれば、裕福への道は開けるということか。

❖**ボブ・プロクター**（アメリカの著述家）

貧乏人や中流階級はお金のために働く。金持ちは自分のためにお金を働かせる。

日本でも大ベストセラーとなった『金持ち父さん 貧乏父さん』（一九九七年）の著者。

❖**ロバート・T・キヨサキ**（アメリカの事業家・著述家　一九四七－）『金持ち父さん 貧乏父さん』より

キヨサキはハワイ生まれの日系四世で、一九七七年に会社を設立し、いくつかの会社を経営したが九四年にビジネス界から引退した。三年後に『金持ち父さん 貧乏父さん』を執筆し、世界的な大ベストセラーとなった。この本の冒頭は、I had two fathers. という印象的な書き出しで始まる。

金とは、常に受け取る前か、又はつかった後からの観念である。

❖**内田百閒**（作家　一八八九－一九七一）『百鬼園新装』より

岡山市の造り酒屋に生まれる。夏目漱石の門下生となり、漱石本の校正などをしていたが、漱石の『夢十夜』にならい、夢幻的な作品を書くようになり、『冥途』でデビューし、名作『旅順入城式』を発表する。『冥途』の初版本は、ノンブルが一切なく、読者は目次を見ても、どこを開いたらよいかわからない奇妙な造本であった。

お金を嫌う者は多いが、それを人にやってしまえる者は少ない。

❖**フランソワ・ラ・ロシュフコー**（フランスのモラリスト・作家　一六一三－八〇）

ロシュフコーは貴族の名門の出身で、リシュリューと敵対し、多くの政治的陰謀に巻き込まれ、亡命生活を経験し、フロンドの乱でマザランとも対立したうえ負傷し、引退して執筆生活に入るという驚くほど波乱万丈の人生を送った。代表作『箴言《しんげん》集』は現代でも十分に通じる人間観察の書であり、フランス文学の一角をなす「箴言」というジャンルの第一人者となった。

金がないから何も出来ないという人間は、金があっても何も出来ない人間である。

❖**小林一三**（実業家・政治家　一八七三－一九五七）

肩書きがないと仕事ができないという人と同類である。現在の阪急阪神東宝グループの創業者で、商工大臣、国務大臣、戦災復興院初代総裁を務めた。一八九三年に三井銀行に入行し、一九〇六年に退職して箕面有馬電気軌道専務取締役となり、沿線開発によって業績を伸ばして阪急電鉄と改称し、社長となった。百貨店、ホテル、宝塚歌劇場を次々と開業し、さらに東宝映画を設立。その後政界に進出し、経済人として政界でも活躍した。

わずかしか金のない人が貧乏なのではない。もっと欲しがる人が貧乏なのだ。

❖**ルキウス・アンナエウス・セネカ**（ローマの哲学者・政治家・著述家　前五頃－六五）

スペインのコルドバ生まれで、一般に父を大セネカ、ルキウスを小セネカと表記する。皇帝ネロの幼少期の教育係であり、ネロから執政官に任命された。しかし道徳的に非常に厳格で、次第にネロに疎まれるようになり、ネロ暗殺計画に手を貸したと疑われて自害した。妻も一緒に自害しかけたが、兵士によって遮られ、その後数年生きながらえたという。

金がないのだから、頭を使わなくては。

❖**アーネスト・ラザフォード**（ニュージーランドの物理学者　一八七一－一九三七）

ラザフォードはニュージーランド出身でクライストチャーチ大学、ケンブリッジ大学で学んだ。その後カナダのマッギル大学の物理学教授となり、原子の崩壊から放射能が生ずるという理論を提唱、原子の現代的概念を確立した。一九一九年にはケンブリッジ大学教授となり、一九〇八年にノーベル化学賞を受賞。原文の主語はWeなので、研究費の不足についての言葉か。

座って仕事をする者のほうが立って働く者よりペイがいい。

◆オグデン・ナッシュ（アメリカのユーモア詩人　一九〇二－七一）

コーチよりも監督のほうがはるかにペイが高い所以《ゆえん》である。ナッシュは同時代の作家ジェームズ・サーバーと同様、『ザ・ニューヨーカー』誌を作品発表の舞台とした。ユーモアに富んだ自由詩を得意とした。私が笑ったのは、「子ネコでいやなのは、しまいにはネコになるところだ」という一句。

私は余生を送るのに十分の蓄えがある。ただし、買い物さえしなければね……

◆ジャッキー・メーソン（アメリカのコメディアン　一九三一－）『ジャッキー・メーソンのアメリカ』より

言うまでもないが、お金はものを買うためにある。買い物をしない人には、お金は無用の長物である。メーソンはウィスコンシン州のユダヤ人の家庭に生まれる。ニューヨーク市立大学シティカレッジを卒業し、二十五歳の時にペンシルベニア州でラビ（ユダヤ教の聖職者）となるが、コメディアンになるため三年で辞職。数々のコメディショーやトーク番組の司会などを務める。一九九二年にアニメ『ザ・シンプソンズ』でラビ役の吹き替えをし、エミー賞を受賞。

死ぬ時に一万ドル残すようなやつは、人生の失敗者さ。

フリンはタスマニア州ホバートに生まれる。学生時代は、素行の悪さから学校を次々と退学させられる。一九三三年にオーストラリア映画で映画デビューを果たし、三〇年代、四〇年代はハリウッドの剣劇映画で活躍する。主な出演作に『ロビンフッドの冒険』(一九三八年)や『カンサス騎兵隊』(一九四〇年)、『壮烈第七騎兵隊』(一九四一年)など。この三作で共演したオリヴィア・デ・ハヴィランドに恋するが素行の悪さで相手にされなかったという。

❖**エロール・フリン**(オーストラリアの俳優 一九〇九—五九)

おそらく私には経済学はわかるまい。しかし、経済学もまた私がわかるまい。

『生活の発見』は林語堂独特のユーモアと辛らつな批評が充溢した随筆の傑作。この言葉のあとは、「経済学が今日なお焦燥をつづけ、科学として一本立ちできないのはそのためである。すなわち人間というものから離れているからである」と続く。経済学が人間的活動に踏み込まなければ科学とはいえず、踏み込めば科学からは遠のくだろう、とユーモラスに語る。

❖**林語堂**(評論家・言語学者 一八九五—一九七六)
『生活の発見』より

銀行とは、あなたがお金を必要としていないという十分な証拠があれば喜んで融資してくれるところ。

シカゴの銀行の副頭取にして、著名な著述家プロクナウの一句。引用句の本、スピーチに関する本などを数多く世に出した。「経済学者とは、自分の知らないことについてしゃべり、聞く人を自分は何も知らないのだという気にさせる名人」というユーモラスな句も。私の本棚には、プロクナウ親子の編纂したジョーク集が並んでいる。

❖ハーバート・V・プロクナウ（アメリカの銀行家・著述家　一八九七－一九九八）

私の最大の課題は、人々の固定概念を変えることだ。固定概念は奇妙ないたずらをする。私たちは、物事を、われわれの心が目に命じたように見ているものなのだ。

アメリカの大学に留学し、コロラド大学経済学部教授となる。一九七〇年、バングラデシュ独立を機に帰国し、大学教授となるが、一九七六年の大飢饉で百五十万人が餓死するのを見て、貧困者の救済のためマイクロクレジットの実験を始める。貧困にあえぐ四十二人の女性にわずかずつの資金を融資することで、彼女らの生活が改善されるのを見て、ユヌスは確信を得、グラミン銀行を創設する。二〇〇六年にノーベル平和賞を受賞。

❖ムハマド・ユヌス（バングラデシュのグラミン銀行元総裁　一九四〇－）

労働者は富を生産すればするほど、彼の生産が力と量をませばますほど、ますます貧しくなる。

労働者が富を生産すればするほど、その富は資本家に蓄積され、労働者に還元されることはない、とマルクスは考えた。もともとはヘーゲルを研究する哲学徒だったが、ヘーゲル左派の影響を受け、無神論的、革命的な傾向を強めていき、大学教師の道を断念。エンゲルスと出会ったのはパリであり、晩年を過ごしたのはロンドンだった。

❖**カール・マルクス**（ドイツの政治哲学者　一八一八―一八三）『パリ手稿―経済学・哲学・社会主義』より

倒産のない資本主義なんて、地獄のないキリスト教みたいなもんさ！

ボーマンはジェミニ7号での宇宙空間耐久飛行、アポロ8号での史上初の月周回有人飛行を成し遂げ、人類で月を訪れた二十四人のうちの一人となった人物である。一九七〇年までNASAに勤務し、その後イースタン航空で一九七五年から八六年まで最高経営責任者を務め、一九七九年まで大幅に黒字を計上した。しかし、その後航空業界の規制緩和などによってイースタン航空は経営が悪化し、一九九一年には倒産している。

❖**フランク・ボーマン**（アメリカの宇宙飛行士・イースタン航空元CEO　一九二八―）

◎経営・会社

政府にできないことの一つは経営だ。政府が運営しているものと言えば、郵便局と鉄道だけだが、どちらも破産しているではないか。

❖リー・アイアコッカ（アメリカの経営者　一九二四－）

アメリカ産業界の英雄といわれるアイアコッカは、フォード社でマスタングを生み出し、フォードと決別したのち、経営不振のクライスラー社を立て直した。その豪腕とも独善的とも言われる経営手法は自伝『アイアコッカ―わが闘魂の経営』（一九八五年）に語られている。この言葉には、大きな企業体を生き返らせた経営者の自負がみなぎっている。

他の人に一生懸命サービスする人が、最も利益を得る人間だ。

❖カーネル・サンダース（アメリカのケンタッキーフライドチキン創業者　一八九〇－一九八〇）

利益のことを考えるより先にサービスすることを考えよ、というアドバイスだ。サンダースは早くに父親を亡くし、働く母親を助けてたった六歳の時から料理をしていたという。十歳からは農場で働き、その後は多くの職業を経験しつつ独学で経営のノウハウを学んだ。三十代後半でガソリンスタンドを始め、片隅で利用者のためのカフェを始めたのが世界規模のフランチャイズチェーンの元となった。

他の企業なら鉛筆やクリップを倹約するときに、タイムズ社は椅子の上のむだをなくす。

❖ウィル・ウェング（アメリカのジャーナリスト　一九〇七－九三）

これほど文学的にリストラを表現した言葉はないだろう。ウェングはクロスワード・パズルの製作者として有名。一九六九年から七七年まで『ニューヨーク・タイムズ』紙のパズルを連載し続けた。「椅子の上のむだをなくす」と書いているから、リストラの対象になったのかもしれない。死後も彼のクロスワード・パズル集が続々と出版されている。

私はGM経営陣に対し、人がつくったもので四半世紀以上も有効なものはなく、GMの経営も例外ではないとの考えを示した。しかし、彼らにとってはGMの経営は恒久的に有効な原理によって成り立っており、それを変えられないのは重力の法則を変えられないのと同じであった。

❖ピーター・F・ドラッカー（アメリカの経営学者　一九〇九－二〇〇五）『知の巨人　ドラッカー自伝』より

ウィーンに生まれ、ナチスドイツに追われて一九三九年にアメリカに移住した。一九四三年にゼネラルモーターズ（GM）の経営方針や構造についての調査を依頼され、一九四六年に調査結果を『会社という概念』という著書にまとめる。GM経営陣からは厳しい批判を浴びたが、この書によってドラッカーは「マネジメントの発明者」と称されるようになる。

経営方針のマニュアルが必要なら、十戒を印刷することだ。

❖**ロバート・タウンゼンド**（アメリカの事業家　一九二〇－一九八）

アメリカン・エキスプレスからエイヴィスに移り、同社のCEOとして手腕を発揮したタウンゼンドは、一九七〇年に *Up the Organization* というビジネス本を書き、ベストセラーとなった。「経営者の最重要任務の一つは、部下の失敗の弁解を聞かぬことである」という警句も。なお、モーセの十戒には、偶像崇拝の禁止、偽証の禁止、隣人の家をむさぼってはいけないことなどが含まれている。

金にしか興味のない人間には、どこか病的なところがある。同じことが、利潤のみを追い求める会社にも言えるだろう。

❖**リチャード・J・ハイエン**（アメリカの経営者・実業家　一九二四－）

「金にしか興味のない人間」とは、ものの価値を数値でしか測れない人間である。ハイエンは一九八九年に引退したオールステート保険会社のCEO。三十七年間、同社のために力を注いだ。これに関連してココ・シャネルはこんな名言を吐いている。「ただの金持ちと真に豊かな人がいる」。

企業の上層部を蝕む最悪の病は、案に相違してアルコール依存症ではなく、自己中心癖である。

❖**ハロルド・ジェニーン**（アメリカの実業家　一九一〇－一九七）

上層部の人間たちが自己中心で動けば、会社は空中分解のリスクを負うことになる。イギリスのボーンマス生まれで、幼少時にアメリカに移住したジェニーンは、十六歳からニューヨーク証券取引所のボーイとして働きながらニューヨーク大学で会計学を学んだ。さまざまな職業を経験し、一九五〇年にアメリカ五位の鉄鋼会社の副社長に、一九五九年からITT社の社長となり、十四年半連続増益という記録を打ち立てた。

概して言えることだが、お客はいい思いをすると三人にその話をする。いやな思いをすると十人に話すものだ。

❖**レジス・マッケンナ**（アメリカのPR専門家　一九三九－）

たしかに、よい噂よりも悪い噂のほうが大きな翼を持っている。インテル、アップルなどのハイテク企業をクライアントに持つアメリカを代表するマーケティング・コンサルタント、マッケンナの言葉。これに関連して思い出すのは、レオポルド・フェクトナーの次の苦情だ。「苦情処理係に関する苦情は、一体どこに持っていけばいいんだ？」。

最も不機嫌なカスタマーは、そこから学ぶことのできる貴重な存在である。

❖**ビル・ゲイツ**（アメリカの実業家　一九五五－）

言わずと知れたビル・ゲイツはマイクロソフト社の創業者で、現在は会長。すでに第一線から離れ、ビル・アンド・メリンダ・ゲイツ財団の活動を中心にしている。盟友の投資家、ウォーレン・バフェットは個人資産の多くをゲイツの財団に寄付している。ゲイツには、次の警句もある。「成功を祝うのも結構だが、もっと大切なのは失敗の教えに耳を傾けることだ」。バフェットと共に大学生たちの質問に答えているトークショーがDVD付きの書物として刊行されており、二人の素顔に存分に触れることができる。

広告費の半分はムダだということはわかっている。ただ、どっちの半分なのかを見極めることができないだけだ。

❖ジョン・ワナメーカー（アメリカのデパート経営者　一八三八－一九二二）

ワナメーカーは一八六一年にフィラデルフィアに最初の店をつくって成功し、六九年に二号店、一九七五年には廃駅を改造して「ザ・グランド・デポー」と名づけて創業。その後は、八六年にニューヨークに進出。やがて「アメリカのデパート王」と目されるようになる。「近代広告の父」、「マーケティングのパイオニア」などの異名の持ち主である。母の日を商業ベースに乗せたのも彼である。

自分で事業を起こすというのは、他人のために週四十時間働かずにすむように、週八十時間働くこと。

❖ラモーナ・E・F・ラモット（アメリカの実業家）

この句は、自らラモーナ・エンタープライズを立ち上げた時の言葉。一九八六年にはBEAエンタープライズを創設し、政府や民間セクター相手にさまざまなサービスを提供している。辣腕女性事業家の一人。それでも自分の会社を持つのが多くの人の夢である。

会社が潰れる時は、馬鹿が仲良くしているか、利口が喧嘩をしている時だ。

❖磯田一郎（住友銀行元会長　一九一三－一九三）

京都舞鶴で生まれ、京都大学卒業後住友銀行に入行した。一九六〇年に取締役、一九七一年に副頭取、一九八三年に会長に就任した。マツダ、アサヒビールなどの企業再建に尽力し、住友銀行を全国展開した。徹底した高収益を追及し、「住友銀行中興の祖」とも言われるが、少々強引な方法もあったことから「バブルの張本人」という声もなくはない。

私には口論などに費やすエネルギーも時間もない。

❖リチャード・ブランソン（イギリスのヴァージン・グループ会長　一九五〇－）

ブランソンはイギリスの中流家庭に生まれ、十七歳でパブリック・スクールを退学し、雑誌を刊行した。中古レコードの通信販売事業を経て、一九七〇年、ヴァージン・レコードを立ち上げる。一九八四年にはヴァージン・アトランティック航空を設立し、携帯電話事業、飲料メーカー、世界規模の映画館グループや鉄道など、コングロマリット・ヴァージングループを創業した。気球探検が有名だが、最近は深海探検に挑戦して話題となった。

既存の大企業は、ほとんどが報告社会で、報告と承認の繰り返しである。報告上手の人の出世は早いし、そんな部下に上司がだまされることもある。われわれの会社では、実際に仕事をしている人を評価し、報告上手なだけの人にだまされないようにしている。本来の意味の実力主義が大事だと思う。

❖柳井正（経営者　一九四九－）『一勝九敗』より

ユニクロ創業者による体験的経営論。「実力主義以外で人を評価することはできない」

という持論を展開した部分である。柳井は言う。「努力した人もしなかった人も、成果を上げた人も上げなかった人も、全員が同じ給料であれば、誰も働く気はしなくなるだろう」と。ただし、人事考課制度の運用法や、フィードバックの透明性なども不可欠であると説く。

ネズミレース（出世競争）でいやなのは、たとえそれに勝ったとしても、相変わらずネズミであることだ。

「伊藤さんちのお父さんは課長補佐になった」とか「加藤さんちのお父さんは部長代理になった」などというのが、ここで言うネズミレースである。トムリンはミシガン州立ウェイン大学の医学部に進学したにもかかわらず、選択科目で取った演劇に夢中になって女優の道に入った。数多くのコメディ作品に出演しており、一九八〇年の『九時から五時まで』や、二〇〇五年の『X－ファイル』（ゲスト出演）などで日本でも知られている。

❖**リリー・トムリン**（アメリカの女優　一九三九－）

◎仕事

私の生き方は至ってシンプルだ。朝には起きる、夜は寝る。その間は、最善を尽くして仕事する。

❖ケーリー・グラント（イギリスの俳優　一九〇四－八六）

ケーリー・グラントはハリウッドの名優として名高いが、イギリス生まれである。ハリウッドでの活躍は一九二八年から。マレーネ・ディートリッヒとメイ・ウェストの相手役を務め、俳優としての頭角を現す。ブロードウェイで喜劇役での成功を収めその後多くの映画に出演、ヒッチコックの映画などで確かな演技派として評価された。一九三三年に『街の灯』で共演した女優と結婚したが、わずか二年で離婚した。この時に、「離婚とは弁護士たちに弄《もてあそ》ばれるゲームである」という名文句を吐いている。

休暇なんて嫌いだ。ビルを建てられる人間が、なぜ浜辺なんぞで座っていなければならないんだ。

❖フィリップ・ジョンソン（アメリカの建築家　一九〇六－二〇〇五）

哲学を専攻してハーバード大学に在学中、父親から譲られた株が高騰して巨額の富を手に入れた。その後、ジョンソンはニューヨーク近代美術館のキュレーター（学芸員）となり、近代建築展を開催。一九四〇年に再びハーバード大学院で建築を学び、コネティカットに自宅「グラス・ハウス」を建てる。モダニズム様式の建築家として有名。

払いが足りないと思えるだけの仕事をしろ。

ウォッツはロサンゼルスの商工会議所で、全米初の専属アナリストとなった。原文は、Make sure you are underpaid. つまり、常に「給料以上の仕事をするよう心がけよ」というのだ。日本語の「役不足」（能力に対して役割が軽すぎること）という言葉に一脈通じるものがある。しっかり仕事をして、九十五歳で妻、子供、孫、ひ孫に惜しまれながら他界した。

❖V・オーバル・ウォッツ
（カナダの経済カウンセラー　一八九八－一九九三）

僕には仕事しか楽しみがない。僕は紙の上でしか幻想を見ることを自分に許さないのだ。

ビアズリーは夭逝した天才の見本のような人物である。母親からピアノの手ほどきを受け、学校に上がる前にはショパンを弾いていた。恐るべき読書家で、作家として成功したかったが、バーン＝ジョーンズという画家に絵の才能を激賞され、挿絵を描くようになった。幻想に満ちた挿絵を多く描いたが、たえず病魔にさらされ、死を連想させる黒を大きな要素として絵の中に取り込むのが常だった。

❖オーブリー・ビアズリー
（イギリスの挿絵画家　一八七二－一八九八）

仕事が楽しみなら、人生は楽園だ！　仕事が義務なら、人生は地獄だ！

大事なのは、仕事自体には何の罪もないことだろう。社会小説、社会劇で有名なロシア

❖マクシム・ゴーリキー
（ロシアの小説家　一八六八－一九三六）

の作家ゴーリキーの句。地方新聞の記者を経て『チェルカシュ』、『記録と物語』などで人気を得る。一九〇二年の社会劇『どん底』は代表作である。ボリシェビキ運動を通じてレーニンとも交流があったが、イタリア亡命後スターリンの求めに応じて帰国。名声と富を得たが、粛清によって軟禁され、謎の死を遂げた。

ダイヤモンドは粘り強く仕事をした一片の石炭である。

❖トーマス・A・エジソン（アメリカの発明家　一八四七－一九三一）

エジソン自身、燃え尽きるということを知らない仕事の鬼だった。八十歳を越えても、一日十六時間のペースで働き続けたという。電球を発明したとしてあまりにも有名な発明家エジソンは、数々の名句を残している。中でも「天才とは一パーセントのひらめきと九九パーセントの努力である」がよく知られているが、この言葉の真意は「どんなに努力してもほんのわずかなひらめきがなければ無に帰する」という意味だという。ひらめきこそが天才の真髄だ。

どんな仕事でも「得意です！」と答えて、受けてから勉強するようにしていました。

❖リリー・フランキー（日本の作家・俳優　一九六三－）

北九州市小倉に生まれ、武蔵野美術大学で学んだ。雑誌『ぴあ』の連載で人気を得て、二〇〇五年の単行本『東京タワー～オカンとボクと、時々、オトン～』が二〇〇万部を超すベストセラーとなり、テレビドラマ化、映画化、舞台化され、一躍時の人となった。ミユージシャンとしても活動し、作詞作曲も手がける。演出家・アートディレクターとしても活躍中。

何事も小さな仕事に分ければ、とりたてて難しいことではなくなる。

フォード・モーターズの創業者であり、「組み立てラインによる大量生産」という工業製品の量産化システムを開発した人物である。フォード社のT型フォードは、それまで一部の金持ちの娯楽でしかなかった自動車を、一般家庭の必需品に変えた。学問はなかったが、知識を持つ人の活用に長けていた。

❖**ヘンリー・フォード**（アメリカのフォード創業者　一八六三－一九四七）

多くのことをする最短の方法は、一度に一つずつ片付けていくことだ。

主著『自助論』は明治維新直後に『西国立志編』として日本に紹介され、近代化を急ぐ日本で広く読まれたものである。スマイルズは、エディンバラ大学で医学を学び、開業医として生活していたが、その後ジャーナリストに転向した。伝記、教訓的な著書を多く残した。この本も、多くの偉人のエピソード集である。

❖**サミュエル・スマイルズ**（イギリスの作家・医者　一八一二－一九〇四）『自助論』より

一．仕事を重要なことに制限すると、仕事時間が短くなる。
二．仕事時間を短くすると、仕事が重要なことに制限される。

❖**ティモシー・フェリス**（アメリカの起業家　一九七七－）『なぜ、週4時間働くだけでお金持ちになれるのか？』より

この本の中には、妻への謝罪の手紙の原稿をインド人の女性にアウトソーシングして成功したという、信じがたいようなエピソードも紹介されている。フェリスは八分の一の労働時間で二倍の成果を上げるという驚くべき方法を説く。この手の本の著者は、常に成功しているふりをしていなくてはならないから大変だと思う。

自分の仕事を成し遂げるのに、他人の脳ミソを使える者こそ、大物と言える。

❖ドン・パイアット（アメリカのジャーナリスト　一八一九－九一）

パイアットは『この国を救った男の思い出』と題するリンカーンの伝記の著者。このほか、「偉大であるためにはポジティブでなくてはならず、敵中にあって力を蓄えなくてはならない」という言葉も残している。

二人の男が同じ仕事をしていて、四六時中意気投合しているとすれば、一人は不要なのだ。逆に、四六時中張り合っているようなら、二人とも不要なのだ。

❖ダリル・フランシス・ザナック（アメリカの映画プロデューサー　一九〇二－七九）

原文では、agree（意見が合う）とdisagree（意見が合わない）が対になっている。ザナックは『史上最大の作戦』や『サウンド・オブ・ミュージック』などを手がけた名プロデューサー。優れた映画は、監督と助監督のほどよい緊張関係から生まれる、と言いたかったのか。

私は堅く信じている。創造力のあるビジネスマンにコンピュータのことを教えるほうが、プログラマーにビジネスを教え込むよりははるかに楽だろうと。

❖**ピート・ローソン**（アメリカの経営者）

ローソンはブレントン・マネジメントのCEO。ツールに振り回されるビジネスマンは意外と多い。たとえば、パワーポイントに依存したプレゼンテーションを好むケース。これによって多くのプレゼンが個性を失い、内容と関係ないテクニックのオンパレードになっている。真に想像力のあるビジネスマンなら、電源のない場所でも仕事はできるはずだ。

スキルというのは仕事で毎日実践してこそ血肉となります。つまり、「再現性」がないスキルは、なんの足しにもなりません。

❖**高橋政史**（コンサルタント　一九六七－）『すべての仕事を紙1枚にまとめてしまう整理術』より

自分の能力を高めようと思うあまり、手当たり次第にいろいろなスキルを試す人がいるが、こういう人は一つのスキルを深化させ、血肉化させることができない。この本の著者も、「まず一つでもいいからシンプルなことを実践してみなさい」というアドバイスで道が開けたという。

仕事は、それに使える時間いっぱいまで膨張する。

❖**C・ノースコート・パーキンソン**（イギリスの政治学者・ジャーナリスト　一九〇九－九三）

この名句は「パーキンソンの法則」として有名である。原典は、『エコノミスト』誌に掲載した風刺コラムの最初の一文である。歴史、政治、経済各分野で多くの著作があり、マラヤ大学、ハーバード大学、イリノイ大学などで教授となった人物。なお、パーキンソンの法則には続きがあり、第二法則は、「支出は収入いっぱいまで膨張する」。納得である。

トラブルとは、作業着をまとったチャンスにほかならない。

❖ヘンリー・ジョン・カイザー（アメリカの事業家　一八八二－一九六七）

原文は、Problems are only opportunities in work clothes. といたって簡潔である。カイザーは若い時は写真家を目指したが、二十歳の時に会社を興し、やがて建設業で成功し、フーヴァー・ダム建設の一翼を担う。その後、造船業にも手を出し、造船王の地位を得る。まさにチャンスを逃さない眼力の持ち主だった。

罪の告白は、魂にとってはよいかも知れぬが、評判にとってはよくない。

❖トマス・デュアー卿（スコットランドの酒造業者　一八六四－一九三〇）

商売にとって真っ正直であることが、必ずしも成功には結びつかない。デュアー卿同時期に生きたアメリカの作家、キャロリン・ウェルズは罪について、こう書き残している。「罪の意識は発明の母」と。人は自分の失敗を隠そうとする時、または挽回しようとする時に最も頭を働かせるというわけか。

自分で自分を評価する仕事に堪えられる者は、きわめて少数だ。

シェリダンはアイルランドのダブリン生まれで、ロンドンで法律を学ぶが作家に転身し、一七七五年に風俗喜劇『恋がたき』で大好評、一七七七年『悪口学校』で更なる成功を収めた。その後、ドゥルリー・レーン劇場の支配人となり、のちにホィッグ党の下院議員も務めた。ちなみに妻は有名な歌姫リンリーで、フランスに駆け落ちしたのち、二度ほど決闘して、結婚に至ったという。

❖**リチャード・シェリダン**（イギリスの政治家・劇作家　一七五一－一八一六）『批評家』より

公共奉仕、それがおれのモットーさ。

イタリア系アメリカ人でニューヨーク生まれ。禁酒法時代にシカゴで酒の密売で暗黒街に絶大な権力を持った、かの有名なアル・カポネの言葉。警察は全力で逮捕しようと画策したが、有力な証拠がなく、結局は脱税によって一九三一年に逮捕された。カポネを逮捕するために設置された特捜班は、のちに「アンタッチャブル」と呼ばれ、テレビドラマ化された。冷酷なギャングである一面、貧しい家庭に援助することもあったという。

❖**アル・カポネ**（アメリカのギャングのボス　一八九九－一九四七）

おおかたの人は、クビにならない程度に働き、辞めたくならない程度の稼ぎを得る。

鋭い政治・社会批判で人気を博した。カーリンの言葉としては珍しく、放送禁止用語が

❖**ジョージ・カーリン**（アメリカのコメディアン　一九三七－二〇〇八）『頭脳の落し物』より

使用されていない。原文は、Most people work just hard enough not to get fired and get paid just enough not to quit.。これほど巧妙な英文も珍しい。

やらねばならぬ仕事が山ほどなければ、サボる楽しみが減じてしまう。

❖ジェローム・K・ジェローム（イギリスの作家　一八五九－一九二七）

ジェロームはスタフォードシャー州の貧しい家庭に生まれる。ロンドン・ユーストン駅の駅員、教師、俳優などの職を経て、作家となる。代表作『ボートの三人男』（一八八九年）で一躍文筆家として名を上げ、一八九二年には友人たちとユーモア雑誌『アイドラー』を編集、マーク・トウェインなどをイギリスに紹介した。エッセイ集『怠け男の怠け心』など、ユーモアにあふれた著作が多い。

ゆとりは一種の投資である。ゆとりを無駄と考えず投資と考えることが、ビジネスを理解している組織と、単に忙しがっているだけの組織の違いである。

❖トム・デマルコ（アメリカのコンサルタント会社社長　一九四〇－）『ゆとりの法則』より

デマルコによると、ゆとりは変化のための潤滑油である。優良な企業はゆとりを有意義に使う能力を持ち、悪い企業はゆとりを排除することにばかりこだわるという。同書には「人間は時間的なプレッシャーをいくらかけられても、速くは考えられない」というデマルコの同僚ティム・リスターの言葉も紹介されている。

肩書きが長くなるほど、仕事の重要性が減る。

そういえば、日本の政党にも「代表代行」のような奇怪な肩書きの人物がいたような気がする。これは、私の経験だが、かつて会社員時代に、課長がいないのに課長代理の辞令を受けて、しょげている男がいたのを思い出した。マクガバンは民主党から出馬し、一九五六年から六〇年に下院議員、六三年から三期上院議員を務めた。

❖**ジョージ・S・マクガバン**（アメリカの政治家　一九二二－）

◎行動

お前の道を進め、人には勝手なことを言わせておけ。

アリギエーリはフィレンツェの貴族の家に生まれた。ダンテの代表作『神曲』は、死後の世界を題材とした壮大な作品である。その中に登場する永遠の恋人ベアトリーチェと初めて出会った時に、二人は共に九歳であったという。その後、ダンテの恋心は絶えることがなかったが、互いに別の人と結婚し、ベアトリーチェは若くして亡くなった。

❖**ダンテ・アリギエーリ**（イタリアの詩人・哲学者・政治家　一二六五－一三二一）

他人の後ろから行くものは、けっして前進しているのではない。

❖**ロマン・ロラン**（フランスの作家　一八六六－一九四四）

小説『ジャン・クリストフ』で有名な、ロマン・ロランの一句である。パリの高等師範学校で勉学中、トルストイの『戦争と平和』を読んで感動し、トルストイと文通したという。生涯を通じて戦争反対の立場を明確にしており、シュヴァイツァーやリヒャルト・シュトラウスとも交流があった。一九一五年ノーベル文学賞受賞。ロシア革命を支持し、ナチス政権には批判的で、ドイツから贈られたゲーテ賞を辞退している。

人のやったことは、まだやれることの百分の一に過ぎない。

❖豊田佐吉（実業家　一八六七－一九三〇）

現在のトヨタ・グループの創始者。大工の修業をしていた十八歳の頃に、発明で身を立てることを決心し、機織機《はたおり》の改良に取り組む。一八九〇年に「豊田式木製人力織機《しょっき》」を発明。一九〇六年に豊田式織機会社を創立する。同じ発明家のエジソンは、次のように言っている。「われわれは何事についても一パーセントの百万分の一も知らない」と。発明家の発想には似たところがあるらしい。

あなたには翼がある。それを使うことを学び、飛びなさい。

❖ジャラール・ウッディーン・モハンマド・ルーミー（トルコの詩人　一二〇七－一二七三）

イラン人のイスラーム神秘主義者。少年の頃にモンゴル軍の襲来を受け、小アジアのルームに逃れ、そこで生涯を過ごしたので、雅号をルーミーという。信奉者が多く、一時は一万人もの弟子に囲まれていたという。代表作の神秘主義叙情詩集には三万六〇〇〇句が収められている。この句の英訳は、You have wings. Learn to use them and fly.。

決意は遅くとも、実行は迅速なれ。

❖ジョン・ドライデン（イギリスの詩人・劇作家　一六三一－一七〇〇）

ただし、あまり決意に時間がかかると、やはり実行が遅れるので注意が必要だ。ドライデンは多くの風刺的な詩や劇作で、王政復古時代のイギリス文学界に強い影響力を持った人物である。一六六八年には桂冠詩人に、七〇年には修史官となったが、八八年ウィリアム三世即位の際に桂冠詩人の地位を失った。晩年には多くの批評文を書いた。

時間をかけて熟考せよ。だが、行動に移すときがきたら、考えるのをやめて飛び込んでいけ。

❖ナポレオン・ボナパルト（フランスの皇帝　一七六九－一八二一）

一八〇四年から十年間フランス皇帝として君臨したナポレオンは、一度は失脚するものの流刑先のエルバ島を脱出し、一八一五年に再び皇帝の座に着いた。二度目の帝位はたった九十五日間で、ワーテルローの戦いで破れてイギリス軍に投降、大西洋のセントヘレナ島に幽閉され、そこで死去した。死因については暗殺説もある。

優柔不断は、えてして、まちがった行動より始末に負えない。

❖ジェラルド・R・フォード（アメリカの第三十八代大統領　一九一三－二〇〇六）

一九四九年に共和党から出馬して下院議員となり、一九七三年当時の副大統領スパイロ・アグニューの辞任を受けて副大統領に就任。一九七四年、ニクソン大統領の辞任後、大統領選挙を経ずに第三十八代合衆国大統領となった。同年ニクソンに特赦を与えたことで人気を失い、一九七六年現職で臨んだ大統領選ではジミー・カーターに敗北した。

まず考えて、それから行動することなどできない。われわれは生まれた瞬間から行動にどっぷり浸っており、時折ふっと思い出したように考えて、行動の軌道修正をするのがせいぜいだ。

❖アルフレッド・N・ホワイトヘッド（イギリスの数学者・哲学者　一八六一－一九四七）

ホワイトヘッドはケンブリッジ大学で学び、その後ケンブリッジ大学、ロンドン大学のインペリアル・カレッジで数学を教え、ハーバード大学で哲学の教授となった。教え子のバートランド・ラッセルと共著で『数学定理』の著書がある。「イヌが膝に乗ってくるのは親愛のしるし。ネコが膝に乗るのは、そこのほうが温かいから」という、なんとも心温まる名句も残している。

前に進む唯一の方法は、行く手をさえぎっているものを意識することである。

❖マイケル・ヘッペル（イギリスのコンサルタント）『90日間で人生を最高にする方法』より

恐怖は、行く手をさえぎっているものから目をそらす時に生まれると言いたいのだろう。この本には、「私たちが怖がっているものの九九パーセントは、にせの根拠にすぎません」という言葉もある。ヘッペルは、恐怖（fear）とは、本物に見えるにせの根拠（False Evidence Appearing Real＝FEAR）だと巧妙に説明する。

世の人は我を何とも言わば言え　我が成す事は我のみぞ知る

❖坂本龍馬（幕末の志士　一八三五－六七）『龍馬の手紙』より

おそらく、最も人気のある幕末の志士だろう。よく知られているように、土佐藩郷士であったが、脱藩して貿易会社・政治結社である亀山社中を結成。薩長同盟の中に立ち、大政奉還のために尽力し、たった三十一歳の若さで暗殺された。幕末の風雲児といわれるほど、その短い生涯に多くのことを成し遂げた。

勇断なき人は事を為すこと能《あた》はず。

❖島津斉彬《なりあきら》（薩摩藩主　一八〇九－五八）『斉彬公言行録』より

薩摩藩の第十一代藩主である。薩摩藩の富国強兵に成功した幕末の名君の一人で、殖産興業政策に尽力し、溶鉱炉・反射炉の建設や大砲・ガラス・アルコールの製造、電信・ガス灯・写真技術の実験を行った。のちにそれらの技術を集めたのが集成館である。ちなみに、日本の大名で最も早く写真撮影に挑んだ殿様であり、自ら城の撮影も行ったという。

為せば成る、為さねば成らぬ成る業を、成らぬと捨つる人のはかなき。

❖武田信玄（戦国時代の武将　一五二一－七三）

甲斐武田家第十九代当主。風林火山を印した軍旗を掲げ、信濃をはじめとし近隣諸国を侵攻し領地とした。戦国の一大勢力である今川・後北条の対立を仲裁し、三国同盟を成し遂げる優れた政治的手腕も持ち合わせる。信濃国をめぐっては宿敵の上杉謙信とは川中島で五度にわたって激戦を繰り広げたことで有名である。戦国の乱世において、冷静に攻める時は攻め、引く時は引くことを貫いた名将である。

一事を必ずなさんと思わば、他の事の破るるをもいたむべからず。人はあざけりをも恥ずべからず。万事をかえずしては、一の大事成るべからず。

❖**吉田兼好**（鎌倉時代後期、南北朝時代の随筆家　一二八三－一三五〇?）

本名は卜部兼好《うらべのかねよし》。京都の吉田神社の神官の家に生まれたことから、のちに吉田兼好と呼ばれた。若くして後二条天皇の下で蔵人、左兵衛佐《さひょうえのすけ》となり、三十歳過ぎに出家したという。その後、洛北の修学院、比叡山横川《よかわ》に隠棲、のちに洛北仁和寺《にんなじ》近くの双ヶ丘《ならびがおか》に草庵を結んだ。歌人としても高名だった。日本三大随筆の一つとされる『徒然草』は四十八、九歳頃の著作だという。

ときには踏みならされた道を離れ、森の中に入ってみなさい。

❖**グラハム・ベル**（アメリカの発明家　一八四七－一九二二）

電話の発明をしたのはアメリカでだが、生まれはスコットランドのエディンバラ。カナダを経由してアメリカに移住した。ロバート・フロストの有名な詩『たどらなかった道』を思い出させる句。ベルが設立した電話会社は、紆余曲折を経て、ＡＴ＆Ｔ（American Telephone and Telegraph Company）となっている。

できるうちは、できることをする。ついにできなくなったら、その次にやりたいことをやる。一歩後退だが、ギブアップとは違う。

❖**チャールズ・チャック・イーガー**（アメリカの空軍テストパイロット　一九二三－）

イーガーは世界で初めて公式に音速を超える飛行を成功させた、米軍のパイロットである。退役時の階級は空軍准将《じゅんしょう》。一度の出撃で五機の敵機を撃墜し、米軍初のエースパイロットの称号も持っている。一九四七年十月、XS－1に搭乗したイーガーは高度一万メートル超でマッハ一・〇六を記録した。当時各国で音速の壁を突破することが競われており、この記録の前後にも音速を突破したという記録が幾つかあるが、公式の記録ではイーガーが世界初、ということになっている。

適性があると言われたからといって、それをする必要もなければ、好きになる必要もない。しかし、適性がなくてもワクワクすることなら、やったほうがいい。

❖**マイク・マクマナス**（アメリカの上院議員　一九三三－一九九九）『ソース』より

人為的なテストの結果、ある職業に適性があると言われたとしても、それが自分の天職であるとは限らない。たとえ今は不得手でもワクワクすることを選んだほうがいい、とマクマナスは言う。適性があるというだけで職業を選んでも、結局は心が満たされないケースがあるというのである。

繰り返し自分に問うべきことは、ただ、「なぜこれをするのだろうか」ということだ。（中略）今やっていることをかつては愛していたのに、現在の動機が内的なもの（愛）から外的なもの（お金）に移り変わろうとしていることに気づいたら、立ち止まるべきであり、深呼吸をして燃え尽きのサイクルを止めることである。

❖マイケル・ラーデン（アメリカの医学博士　一九六〇ー）『「ゾーン」はここだ!』より

ラーデンはアメリカで有名なスポーツ精神科医。若い時は卓球の選手だった。十七歳の時に専修大学の集中訓練合宿に参加し、日本の選手の精神鍛錬の方法に感銘を受けた。スポーツで、ここ一番というときに優れたパフォーマンスをするために、富や名声は動機となり得ないことを強調している。オリンピック選手、プロゴルファー、フットボール選手などのメンタル面の指導をしている。

皆さんのやっていることのせいで、私たちは夜ごとに泣いています。あなたたち大人は私たちを愛していると言います。しかし、あえて言わせてもらいます。どうか口で言っていることを行動で示してください。

❖セヴァン・カリス＝スズキ（カナダの環境問題研究家　一九七九ー）

十二歳の時の有名なスピーチの締めの言葉。カリス＝スズキは幼い時に両親と訪れたアマゾンで環境問題への関心が芽生え、九歳の時に環境学習グループＥＣＯを設立。一九九二年、ブラジルのリオデジャネイロで開かれた世界環境サミットに飛び入り参加し、感動的なスピーチを行った。彼女がこの言葉でスピーチを終えると、列席した各国の首脳たちから熱烈な拍手がわき上がった。

◎変化・選択

要は、変化できるか否かではない。十分なスピードで変化しているかどうかである。

❖アンゲラ・メルケル（ドイツの政治家・ドイツ連邦第八代首相　一九五四―）

キリスト教民主同盟党首で、ドイツ初の女性首相であるメルケルの言葉。ハンブルグで生まれ、生後まもなく牧師である父の赴任先、東ドイツに移住した。ライプツィヒ大学で物理学を専攻、科学アカデミーで理論物理学の研究に従事した。ベルリンの壁崩壊後、東ドイツ最後の政権の副報道官に就任し、その後第四次コール政権で閣僚に抜擢される。

人生は常に変化しています。ですから何か新しいものがあなたの人生に転がり込んできたなら、それも満喫してうまく使い、そして時期が来たら手放しましょう。（中略）何かを所有しているからといって、一生それを持っていなければならないということはありません。

❖カレン・キングストン（イギリスの著述家）『ガラクタ捨てれば自分が見える』より

キングストンは一九九〇年からバリ島に住み、風水とスペースクリアリング（空間の浄化）について研究。日本にも熱心な読者を持つ。最近話題になった「断捨離」の先駆者と言ってもいいだろう。身体すら自分の所有物ではないことの気づきから出発して、物や財産との関係もすべて変化するものであることを主張する。

万物は変化しつつある。君自身も絶えざる変化の中にあり、ある意味で分解しつつある。然り、宇宙全体がそうなのである。

❖マルクス・アウレーリウス（ローマの皇帝　一二一―一八〇）『自省録』より

賢帝として名高いアウレーリウスは、一六一年から没するまで皇帝の座にあった。ハドリアヌス帝の跡を継いだアントニヌス・ピウスの養子となった時は弱冠十七歳。皇帝の娘婿となって執政官を務め、アントニヌス・ピウスの跡を継いで皇帝となった。穏やかな気質でストア哲学などの学識も深かったが、帝国の辺境での他民族との争いや、疫病、天災などに見舞われ、自身も戦場で没した。

変化は存在するが、変化するものは存在しない。

❖アンリ・ベルグソン（フランスの哲学者　一八五九―一九四一）『直感の哲学』より

すべてのものが変化するとすれば、変化を担う不変の実体などないはずである。ベルグソンはポーランド系ユダヤ人の父とイギリス人の母のもと、パリで生まれた。一八八九年に文学博士となり、学位論文『意識に直接与えられたものについての試論』（日本では『時間と自由』として有名）を発表。その後、『物質と記憶』、『創造的進化』、『道徳と宗教の二源泉』と名著を書き続けた。一九二七年にノーベル文学賞を受賞している。

変えるにはリスクが伴う。変えなければもっと大きなリスクが伴う。

❖ジョン・ヤング（アメリカの宇宙飛行士　一九三〇－）

最初のミスが発覚して、それを隠蔽することに躍起となる企業の醜態がしばしば報道されている。しかし、ミスを隠すことによって企業の病弊は、ますます治療困難となる。リスクを冒してでも変えることによって、より大きな危険を回避できるということがよくあるものだ。

何もリスクをおかさなければ、すべてをリスクにさらすことになる。

❖ジーナ・デイヴィス（アメリカの女優　一九五六－）

デイヴィスはマサチューセッツ州の出身。女優、プロデューサー、モデルとして活躍し、さらにアーチェリーの名手で、オリンピック選考会で準決勝まで勝ち進んだ。そんな彼女にふさわしい名句である。『偶然の旅行者』（一九八九年）でユニークな犬の調教師の役を演じてアカデミー助演女優賞を受賞している。何もリスクを冒さない人は、自分の能力を野放しにしている人である。

たとえささいな選択であっても、頻繁に行うことで、「自分で環境をコントロールしている」という意識を、意外なほど高めることができる。

❖シーナ・アイエンガー（コロンビア大学教授　一九六九－）『選択の科学』より

カナダ生まれで、両親はインドからの移民。厳格なシーク教の教えに従って育てられたアイエンガーは、個人の選択に興味を持つようになり、「選択」を研究課題にする。選択の習慣を身につけることで、外部にコントロールされている受動的な状態から脱することができると説く。

人生には二つの大切な選択がある。一つは状況を受け入れること、もう一つはその状況を変える責任を受け入れることである。

❖デニス・ウェイトリー（アメリカの人間行動学者　一九三三―）

受動的な選択と積極的な選択がある、という洞察。南カリフォルニア大学客員教授で能力・モチベーション開発の専門家。オリンピック選手や宇宙飛行士の指導にも携わっている。状況をそのまま受け入れることができず、状況を変えようとする者は、変える責任を受け入れなければならない、というのだ。『成功の心理学』その他の著書が邦訳されている。

情報を持たない人間は責任を負うことができない。そして、情報を与えられた人間は責任を負わざるをえない。

❖ヤン・カールソン（スウェーデンのスカンジナビア航空CEO　一九四一―）

まして情報を売ったり、流出させたりする人間に責任の意識は皆無である。カールソンは三十九歳でスカンジナビア航空のCEOに就任した。『真実の瞬間―SAS航空のサービス戦略はなぜ成功したか』の著書でも有名である。当時三千万ドルにも上る赤字を抱えていたスカンジナビア航空を一年で黒字に転換した。

自分を待っている仕事や愛する人間に対する責任を自覚した人間は、生きることから降りられない。まさに、自分が「なぜ」存在するかを知っているので、ほとんどあらゆる「どのように」にも耐えられるのだ。

❖ヴィクトール・フランクル（オーストリアの精神科医　一九〇五‐九七）『夜と霧（新版）』より

フランクルは第二次世界大戦中、ナチスによって強制収容所に送られ、家族の多くを失った。この絶望的な状況の中でも、彼は収容所から生還し、大きなホールで収容所での経験について講演するというビジョンを持つ。明確な未来のビジョンを持つことで、彼は精神的危機を脱し、収容所の生活に絶望して自殺しようとする多くの人々の命を救ったのだ。

リーダーは、人々が行きたいと思う場所に導く。偉大なリーダーは、人々が必ずしも行きたいと思う場所ではなく、行かなければならない場所に導く。

❖ロザリン・カーター（アメリカの第三十九代大統領夫人　一九二七‐）

人々が行きたいところに連れていくのでは、リーダーではなくただのガイドにすぎない。ロザリンはジョージア州出身で、一九四六年にのちに大統領となるジミー・カーターと結婚した。一九六二年夫がジョージア州議会議員に選出されて以来、政界で活動して夫を手助けし、一九七七年夫の大統領就任と共にファーストレディーとなる。歴代の大統領夫人の中で、初めてホワイトハウス内の執務室に書類鞄を持ち込んだといわれている。

リーダーの仕事は、信奉者を増やすことではなく、リーダーを増やすことだ。私の前提はそこにある。

❖ラルフ・ネーダー（アメリカの弁護士・社会運動家　一九三四―）

ネーダーは三十代で自動車の安全性についての本を書き、全米に衝撃を与えた。自動車メーカーから訴えられたが、結果的に裁判に勝利し、その後消費者運動のリーダー的存在になる。彼の周囲には「ネーダー・レイダーズ（ネーダー突撃隊）」という若い運動家のグループが形成された。大統領選に二〇〇〇年、二〇〇四年、二〇〇八年と三回連続して出馬している。

指導者は一貫した姿勢を装わなくてはならないが、必ずしも中身までそうである必要はない。

❖ジェームズ・キャラハン（イギリスの首相　一九一二―二〇〇五）

逆に言うと、一国の指導者にとって一貫した姿勢をとることがいかに大事かということだ。キャラハンは一九七六年から七九年の間イギリスの首相を務めた。一九四五年サウス・カーディフ選出の労働党の国会議員となり、ウィルソン内閣で大蔵大臣、内務大臣、外務大臣を歴任、ウィルソン辞任後首相となった。一九八七年に男爵の爵位を受けた。

◎未来・目的

未来を予測するいちばん確実な方法は、現在を理解することだ。

❖**ジョン・ネイスビッツ**（アメリカのトレンド分析家・未来学者　一九二九―）

ネイスビッツはユタ州ソルトレイク生まれ。アメリカの未来を予測する『メガトレンド』を出版し、一躍名声を得た。現在は中国天津のネイスビッツ中国研究所で所長を務め、二〇〇九年には『中国のメガトレンド』を出版した。『メガトレンド』がヒットした後、『サクセストレンド』、『ニューメガトレンド』などが相次いで邦訳された。

未来を予言するのはたやすい。難しいのは、今起こっていることをきちんと理解することだ。

❖**フリッツ・R・S・ドレスラー**（アメリカのFRS・ドレスラー・アソシエーツ社長）

金融コンサルタント会社の社長ドレスラーの名言。原文は、Predicting the future is easy. It's trying to figure out what's going on now that's hard.。後半を語順通りに訳すと、「今起きつつあることを理解しようとすることこそ、難しい」。現実の理解を抜きにして未来を語るのは安易なやり方だと言いたいのだろう。今の積み重ねが未来を作る。

未来は準備中の過去である。

❖**ピエール・ダク**（フランスの作家　一八九三―一九七五）

ダクが自ら編集していたユーモア雑誌の中に出てくる言葉。英語で書くと、The future is the past in preparation. である。とすると、「過去は使用済みの未来である」ということにでもなろうか。

未来とは、現在によって条件づけられた追憶の投影にほかならない。

❖ジョルジュ・ブラック
（フランスの画家　一八八二—一九六三）『語録』より

ブラックは初期はロートレック風、フォーヴィスムと画風を変えて、その後キュビズムの画家となった。キュビズムの創始者の一人であり、ピカソと共にキュビズムを広め、第一次世界大戦後には独特の非幾何学的・半抽象的様式を発展させた。一九五三年にルーヴル美術館の「アンリ二世の間」の天井に、彼の好んだモチーフである鳥の画を描いた。

人生は常に一回きりのプロセスだ。それゆえ、未来は過去の反復ではありえない。

❖ウォルター・リップマン
（アメリカのジャーナリスト　一八八九—一九七四）『政治序説』より

ありていに言えば、今日食べるパンは昨日のパンとは違うし、明日見る空は今日見ている空とは違う。リップマンはアメリカで最も著名なジャーナリストの一人。生涯にピュリツァー賞を二度受賞した。代表作は第一次世界大戦の直後に刊行した『世論』で、日本でも三度邦訳が刊行されている。ベトナム戦争に反対し、ジョンソン大統領と真っ向から対立。この時の論争は「リップマン戦争」と呼ばれている。

未来を予測する最良の方法は、未来を創り出すことである。

いかにも現代のIT産業のトップランナー、アラン・ケイらしい気概と自信に満ちた言葉である。コンピュータがとてつもなく大型で数人で共用する機械だった時代に、パーソナルコンピュータという概念を提唱した人物。ゼロックスのパロアルト研究所の創設に加わり十年間かかわった後、一九八四年から九七年までアップルコンピュータのフェローとなった。ジャズギタリストでもあるそうだ。

◆アラン・ケイ（アメリカの計算機科学者・アップルコンピュータのリサーチ部長　一九四〇－）

私は未来を描こうとしているのでない。未来をくい止めようとしているのだ。

ブラッドベリは長編『華氏四五一度』、『タンポポのお酒』などで有名だが、短編小説にも珠玉の作品が多い。『スーパー・サイエンス・ストーリーズ』に投稿した作品が掲載されたのをきっかけにプロの作家となり、一九四七年には処女短編集を刊行。同年と翌四八年にO・ヘンリー賞を二年連続で受賞した。代表作『華氏四五一度』は一九六六年にフランソワ・トリュフォーによって映画化された。

◆レイ・ブラッドベリ（アメリカのSF作家　一九二〇－）

未来がどうなるか、あれこれ詮索するのをやめよ。しかして、時がもたらすものが何であれ、贈り物として受けよ。

◆クイントゥス・ホラティウス（ローマの詩人・風刺作家　前六五－前八）

ホラティウス解放奴隷の息子としてイタリアのウェヌシアに生まれた。官吏となったが生活に窮乏して詩を書き始めたという。初期の作品は個人を嘲笑する風刺文だったが、マエケナスに庇護されるようになってからは創作に専念。叙情詩人として揺るぎない地位を得た。こんなユーモラスな詩句も残っている。「卵から林檎まで歌いつづけることだろう」。卵は前菜、林檎はデザートの意だという。

どんな人も、それ自身の未来の建築家である。

❖**サルスティウス**（ローマの歴史家　前八六－前三五？）『断片』より

『カティリナ戦記』、『ユグルタ戦記』といった歴史書の作者、サルスティウスの句。著書『歴史』は後世のタキトゥスに大きな影響を及ぼした。カエサルの時代に財務官、護民官を歴任し、従軍してアフリカ統治を行い、その後さらに法務官、アフリカ・ノヴァ属州監督となった。カエサルの死後は引退して著述に専念するが、アフリカ統治時代の豊富な資金でサルスティウス庭園を作ったことでも有名である。

肝心なのは、私たちが今どこにいるかではなく、どの方向に進みつつあるかだ。

❖**オリヴァー・ウェンデル・ホームズ**（アメリカの医師・作家　一八〇九－一九四）

詩を書き、エッセイを書き、本を出し、医療改革にも力を注いだ。作家としては「朝の食卓」シリーズが有名。息子のオリヴァー・ウェンデル・ホームズ・ジュニアは法律家で、アメリカ合衆国最高裁の名判事として知られる。この言葉で思い出されるのは、L・クローネンバーガーの「われわれの時代でやっかいなのは、道しるべばかりで、目的地がないことである」という名句だ。

だが、未来のことをそんなに心配しても始まらない。人生はリハーサルではないのだ。

❖**ビリー・コノリー**（イギリスのコメディアン・俳優　一九四二ー）

たしかに、心配性のあまりリハーサルにあけくれ、どれが本番かわからなくなった人をよく見かける。コノリーはスコットランド出身で、アイルランド系移民の家に生まれた。コメディアンを志望していたが、十五歳から造船所で働き、その後フォーク・シンガーとして活動した。テレビ司会者、俳優として『刑事コロンボ』や『ラスト・サムライ』など多くの番組・映画に出演している。

人間の頭の中で、Possibleな事柄の実現性を「Possibleだ」と判断するか「Impossibleだ」と考えるかによって、未来もその通りになってくる。

❖**小野良太**（未来学者　一九五八ー）『未来を変えるちょっとしたヒント』より

物事が実現しないのは、それ自体がそもそも実現されえないImpossibleなものだからではなく、「実現はImpossibleだ」という間違った判断を先にしてしまうからだ、と説く。可能性には一パーセントから一〇〇パーセントまでの広がりがある。私は、よほどのことがない限り「不可能」という判断は、可能性をゼロと断定することなのだ。Impossibleという言葉は使うべきではないと考えている。やりもしないで「不可能」と決めつけるのは不可能である。

今日一日の重荷に、潰される者はいない。今日の重荷の上に、明日の重荷が積み重ねられた時に、人はその重みに耐えきれなくなる。

◆ジョージ・マクドナルド（イギリスの聖職者・作家　一八二四－一九〇五）

明日は今日の二倍の重量を持つということか。マクドナルドは『北風のうしろの国』、『リリス』など、児童文学やファンタジー作品で日本でもよく知られている。スコットランドのアバディーンで生まれ、アバディーン大学卒業後ロンドンにて会衆派教会の聖職者となるための教育を受けた。ルイス・キャロルやディケンズとも交流を持ち、C・S・ルイスやトールキンにも多大な影響を与えた。

私の主義はこうだ。明日と昨日はスケジュールでいっぱいでも、今日だけはあけておく。

◆ルイス・キャロル（イギリスの童話作家　一八三二－一八九八）

いかにも数学者が言いそうな、パラドックスに満ちた名言である。ルイス・キャロルは『不思議の国のアリス』、『鏡の国のアリス』で有名な作家である。本名はチャールズ・ラトウィッジ・ドジソンで、長年にわたりオックスフォード大学クライスト・チャーチ・カレッジで数学を教え、数学者としての著作もある。当時、時代の最先端だった写真を趣味とし、少女を被写体とした写真が多く残っている。

来週は、危機など起こるはずがない。私のスケジュールが、もういっぱいだから。

❖ヘンリー・A・キッシンジャー（アメリカの国務長官・政治学者　一九二三－）

キッシンジャーはドイツのフランクフルト生まれで、ナチスの迫害を逃れてアメリカに移住した。一九六九年にニクソン大統領の国家安全保障問題担当の補佐官としてベトナム戦争終結交渉のアメリカ側の代表を務め、一九七三年ノーベル平和賞受賞。ニクソン、フォード両政権の国務長官として活躍した。大変な自信家で、自分の回想録について、「八五〇ページ目に、私の最初の失敗について言及している」という言葉を残している。八五〇ページまではすべて成功譚というわけだ。

過去の危険は、人間が奴隷になることだった。未来の危険は、人間がロボットになるかもしれないことだ。

❖エーリヒ・フロム（アメリカの心理学者　一九〇〇－一八〇）『正気の社会』より

フロムはユダヤ系のドイツ人。一九三三年にアメリカに亡命し、四〇年に帰化。その直後に刊行した『自由からの逃走』が有名。自由であるがゆえに孤独であるという近代人の疎外について深く論及し、この孤独からの逃避のメカニズムとしてナチズムの大衆心理を分析した。問題は、奴隷を使役する人間がおり、ロボットを操る人間がいることだと思う。

いかなるバッジも、制服も、勲章も無用となる日がやって来るだろう。

❖ラルフ・ウォルドー・エマーソン（アメリカの思想家・詩人　一八〇三－一八八二）

この燃えるような理想主義の吐露は、自由信仰のため教会を追われて渡欧し、ワーズワース、カーライルらと交わって帰国したエマーソンによる。一九六九年に社会学者ルイス・マンフォードが『アメリカン・ヘリテージ』誌に寄稿した、「勇気を出せ！」という文章の中に引用されている。『森の生活（ウォールデン）』で有名なソローの師であったソローが住んだウォールデンの湖畔の土地も、実はエマーソンのものだった。

行く価値のある場所には近道など一つもない。

❖**ビヴァリー・シルズ**（アメリカのオペラ歌手　一九二九－二〇〇七）

シルズは驚異的なコロラトゥーラの技能を持った、アメリカを代表するオペラ歌手だった。結婚して二児をもうけたが、二人とも障害を持っていたため、一時的に育児に専念。このような回り道を経て、世界的な名声を獲得した。引退後は慈善事業にも力を注いだ。

人間の目的は、生まれた本人が、本人自身でつくったものでなければならない。

❖**夏目漱石**（作家　一八六七－一九一六）『それから』より

英語教師であった漱石は、一九〇〇年から三年のイギリス留学後一高・東大の講師となり、正岡子規らと交流を持ちつつ俳句や評論を発表。一九〇五年に『吾輩は猫である』を連載して小説家としての活動に入った。病弱であったことはよく知られているが、一九一〇年修善寺で吐血して危篤状態になり、それ以降の作品の転機となった。『それから』はちょうど、その一九一〇年の作品である。

人生に目標があるなら、堂々と口に出して言うべきだ。

ベンチはメジャー史上最強の捕手といわれる。一九七〇年と七二年に、本塁打王と打点王の二冠に輝き、MVPを受賞している。デビューした年は振るわなかったが、名打者テッド・ウィリアムズがベンチの才能を認め、「将来、野球殿堂入りが確実なジョニー・ベンチ君へ」と書いてサインボールを渡した逸話は有名。

❖ジョニー・ベンチ（アメリカの元大リーグ選手　一九四七－）

人間にとって最大の危険は、目標が高すぎて達成できないことではなく、低すぎる目標を達成することである。

ミケランジェロはかなり強情な性格だったらしい。レオナルド・ダ・ヴィンチやブラマンテとぶつかったばかりでなく、法王ユリウス二世とも悶着を起こしている。法王がシスティーナ礼拝堂の壁画がいつ完成するのか尋ねた時に、「できた時に」と答えて不興を買っているのだ。しかし、自分の目標に忠実だったミケランジェロにとって、これは正直な返答だったのだろう。

❖ミケランジェロ・ブオナローティ（イタリアの芸術家　一四七五－一五六四）

第4章

幸福・宗教

◎幸福

成功は幸福のカギではない。幸福が成功のカギなのだ。自分のやっていることが好きなら、きっと成功するだろう。

ドイツ出身のアルザス人シュバイツァーは、ドイツとフランスの大学で学び、一八九九年ストラスブールで司祭となり、音楽と神学で宗教的著作を著し、国際的な評価も高かった。にもかかわらず「三十歳以降は人類への奉仕に人生を捧げる」という若き日の決意を実行し、医学を学んで赤道アフリカのフランス領コンゴ（現ガボン共和国）のランバレネに病院を設立し、生涯をその地で病気の撲滅のために尽くした。一九五二年ノーベル平和賞受賞。

❖**アルベルト・シュバイツァー**（フランスの医者・神学者・哲学家・音楽家　一八七五―一九六五）

幸せになるためには、ただ楽しさを感じるだけでなく、楽しさを感じていると気づく必要がある。

シャハーはハーバード大学で幸福をテーマにゼミを開き、最初八人しかいなかった聴講生が数年で百倍に増え、ハーバード史上最大の学生数を記録するまでになる。仕事や勉強は辛いものという思い込みに支配されていると、実際には仕事や勉強で楽しい体験をしても、それを打ち消してしまうようになると説く。こうして、人は自ら幸せになる可能性を

❖**タル・ベン・シャハー**（ユダヤ系の大学教授）『ハーバードの人生を変える授業』より

狭めているというのである。

人間は、意欲し創造することによってのみ幸福である。

❖**アラン**（フランスの哲学者　一八六一－一九五一）『幸福論』より

『幸福論』第四十四編「ディオゲネス」の冒頭の句。このあと、「どんな職業も、自分が支配しているかぎりは愉快であり、自分が服従しているかぎりは不愉快である」と語り、こんなユーモラスな例をあげている。「電車の運転手は、バスの運転手よりは幸福ではない」。決められたレールの上を走る運転手には意欲や創造の余地が少ないというのである。

幸福は幸福の中にあるのではなく、幸福を手に入れた瞬間にある。

❖**フョードル・ミハイロヴィチ・ドストエフスキー**（ロシアの作家　一八二一－一八八一）『作家の日記』より

ドストエフスキーは一八四六年に『貧しき人々』で作家としてデビュー。十九世紀後半のロシア文学を代表する文豪で、代表作は『罪と罰』、『悪霊』、『カラマーゾフの兄弟』など。一八四九年十二月二十日、思想犯として収監されていた彼は、処刑場に連れていかれ、いきなり死刑宣告を受ける。しかし、銃が発射される寸前に恩赦の報が届いて一命を取りとめた。この極限的な経験は、後年『白痴』の中に描かれている。

幸福というものは受けるべきもので、求めるべき性質のものではない。求めて得られるものは幸福にあらずして快楽だ。

❖志賀直哉（小説家　一八八三－一九七一）

一九一〇年に武者小路実篤らと雑誌『白樺』を創刊し、次々と作品を発表、白樺派の代表的作家となった。代表作に『暗夜行路』、『城の崎にて』、『小僧の神様』、『和解』などがあるが、『暗夜行路』を除いては短編で、独自の文体と鋭敏な感性で短編作家として高い評価を得ている。終戦後間もない時期に、日本の公用語をフランス語にすべきだと発言して話題になったが、志賀自身は一言もフランス語を話せなかったという。

幸運には翼がある。つないでおくことは難しい。

❖フリードリッヒ・シラー（ドイツの歴史家・劇作家・詩人　一七五九－一八〇五）『メッシナの花嫁』より

ベートーヴェンの交響曲第九番の合唱曲『歓喜の歌』の作詞者、シラーの句。ゲーテと並んでドイツ古典主義の代表的存在であり、革命的思想にあふれた処女作『群盗』で大成功を収めた。『ヴィルヘルム・テル』をはじめとして多くの作品を残した。自由をテーマとした彼の作品は、ドイツ国民にとって大きな精神的支えとなった。

最大の幸福は、幸福など必要ないと知ることにある。

❖ウィリアム・サローヤン（アメリカの作家　一九〇八－八一）

サローヤンはアルメニア移民の子としてカリフォルニア州フレズノに生まれた。幼い時に父を亡くし、早くから生計を助けるために働いた。処女作『空中ブランコに乗った若者』は一九三四年に発表されて大成功を収めた。多くの独創的な小説や戯曲を残した。代表作は『わが名はアラム』、『人間喜劇』。一九四三年に結婚し、二人の子供をもうけたのち離婚し、再び同じ女性と結婚し、再び離婚している。

幸福とは健康に恵まれ、記憶力に恵まれていないこと。

❖イングリッド・バーグマン（スウェーデンの女優　一九一五－八二）

バーグマンはストックホルムに生まれ、王立演劇学校に学んだ。一九三四年に映画デビューし、一九三九年『別離』でアメリカ映画に初出演。一九四二年の『カサブランカ』は大ヒットし、二年後の『ガス灯』でアカデミー賞主演女優賞を受賞した。ロッセリーニ監督とのスキャンダルで一時アメリカを離れたが、のちにハリウッドに復帰した。生まれたのも亡くなったのも奇しくも同じ日付（八月二十九日）だった。

真の幸福を手に入れるためには、自分の大切にしている価値と実際の生活とのあいだにある隔たりを埋めなければならない。

❖ドナルド・ロフランド（アメリカの物理学者・著述家）『こころのウイルス』より

書名『こころのウイルス』のウイルスとは、「自分の考え方に取り憑いてしまったマイナスの思考様式」のことだという。ロフランドはこの心のウイルスが、実は病気の致死性ウイルスよりもはるかに多くの人々を死に至らしめているとし、このウイルスからの治療法を説いた。個人の潜在能力を引き出す学習法「パワーラーニング・システム」の指導者でもある。

最も身近な人を幸せにすることは最も難しいことであり、それ故に最も価値のあることである。

明治から平成を駆け抜けた小説家、宇野千代の言葉である。多くの有名芸術家と結婚する奔放な生活でも知られる。『色ざんげ』は芸術家の東郷青児との恋愛をモデルにした作品である。次々と結婚を繰り返した宇野ならではの言葉。中村天風の弟子でもあり、『天風先生座談』という著書もある。

❖**宇野千代**（小説家　一八九七―一九九六）『人生学校』より

幸福はあなたが独自で行くところではなく、あなたの周りが連れて行ってくれるところなのです。

人が自分で生きていると思うのは錯覚である。なぜなら、最新の脳科学によれば、意識は無意識の信号を〇・五秒遅れて受信するので、いくら意識が自分が「原因」であると主張しても、意識は「結果」に過ぎないからだ。こうして、森田は「自力」を捨て「他力」で生きようではないかと提言する。大企業に勤めたのちにソフト会社を経営し、その傍ら不思議研究所を立ち上げた。

❖**森田健**（著述家　一九五一―）『運命におまかせ』より

過ぎし世もくる世もおなじ夢なれば　けふの今こそ楽しかりけり

古希（七十歳）の時に書いた歌。玄白は「九幸《きゅうこう》」という号を使っていたが、これは、

❖**杉田玄白**（江戸期の医者　一七三三―一八一八）

(一)平和な世に生まれた幸、(二)都で育った幸、(三)上下に交わった幸、(四)長寿に恵まれた幸、(五)俸禄を得ている幸、(六)貧乏しなかった幸、(七)名声を得た幸、(八)子孫に恵まれた幸、(九)老いてなお壮健である幸、の九つであった。「今」を楽しむ余裕が江戸人としては珍しい長寿を可能にしたのだろう。八十三歳の時に『蘭学事始』を著し、八十五歳で亡くなっている。

空っぽのクリケット場で極上の紅茶を飲むこと。これこそ人間に残された究極の楽しみだと思う。

❖チャールズ・パーシー・スノー(イギリスの小説家・物理学者　一九〇五―八〇)

このいかにも英国人らしい心情の吐露は、二十世紀初頭のイギリスの生活を描いた連作小説で成功したスノーによる。レスター、ケンブリッジ両大学に学び、イギリス政府の役職にも就いた。科学と文化の対立と関係について一九五九年『二つの文化と科学革命』という著書を著し議論を呼んだ。一九六一年からはウェールズ大学のフェローであった。

この二週間、私の不運について読んでいたことでしょう。しかし、今日、私は、自分自身のことを、地球上で最も幸運な男だと思っています。

❖ルー・ゲーリッグ(アメリカの元大リーグ選手　一九〇三―四一)

一九二五年六月一日から一九三九年五月二日までの約十四年間にわたり二一三〇試合連続出場(当時の世界記録)を果たしたゲーリッグは、筋萎縮性側索硬化症という難病に襲われ一九三九年七月四日に引退セレモニーが行われた。この言葉は、長い沈黙の後に彼が発した第一声。この後、ファンたちに感謝の意を述べ、チームメートを讃えて、彼らとたった一日でもかかわることができたのは自分の選手生活の中で最も輝かしい出来事だった、と語った。

あなたが探し求めているものは、あなたを探し求めています。

❖フローレンス・スコヴェル・シン（アメリカの著述家　一八六九－一九四〇）『人生を開く心の法則』より

シンは美術学校を卒業し、イラストレーターとして成功したのち、著者・講演家として人気を得、カーネギーホールでも講演を行った。最近話題になった「引き寄せの法則」の先駆者の一人であり、この短い言葉だけでも彼女の才能をうかがい知ることができる。この本の中の、「宇宙にお願いをしてしまったら、あとは喜びに驚く準備をしていなければなりません」など、現代の自己啓発本を読んでいる錯覚を与える言葉である。

◎不幸・貧乏

人生には本質的な不幸と怠惰による不幸と、二種類ある。

❖石川達三（作家　一九〇五－八五）

言い換えれば、自己責任のない不幸と自己責任の不幸ということになろうか。一九三五年に『蒼氓《そうぼう》』で第一回芥川賞を受賞した。この作品は、移民の監督者としてブラジルに渡った自らの体験に根ざして書かれており、一九三七年に書かれた『日蔭の村』と共に時事的社会問題に眼を向けたものである。その後も社会派の作家として多くの作品を発表し、日本ペンクラブ会長を務めた。

不幸に屈することなかれ、否、むしろ大胆に、積極果敢に、不幸に挑みかかるべし。

❖プブリウス・ウェルギリウス・マロ（ローマの詩人　前七〇－前一九）『アエネイス』より

ウェルギリウスは北イタリア、マントヴァに近いアンデスで生まれ、ローマで修辞学・哲学を学ぶ一方、カトゥッルスのサークルで詩作に励んだ。その後、宮廷詩人となって前三七年に『詩選』を発表し、熱狂的支持を得た。続いて『農耕詩』を書き、皇帝の依頼で『アエネイス』に着手。残りの生涯のほとんどをその執筆に費やした。

自分自身の不幸によってよりは、他人の不幸によって学ぶ方がずっといい。

❖アイソポス（イソップ　ギリシャの寓話作家　前六世紀頃）

他人の不幸は無料の教材である。古代ギリシャの伝説的寓話作家で、奴隷であったと伝えられる。優れた語り手だったので奴隷の身分から解放されたという伝承がある。イソップ寓話として知られるものは、おそらくはいろいろな民話や伝承を集積したもので、後年イソップ寓話の中に編纂されたものもあるという。一世紀頃ローマの詩人ファエドルスによって広められ、一六六八年にラ・フォンテーヌにより美しい詩文に書き換えられた。

親も無し妻無し子無し板木無し　金も無ければ死にたくも無し

著書『海国兵談』で海防の重要性を説いたが、幕府によって事実無根の売名行為と断ぜられ、十六巻の版木・製本すべて没収の上、子平は蟄居《ちっきょ》を命ぜられた。この時に詠んだのがこの歌である。以降、子平は「六無斎」と号し、頑なに蟄居を守って一年後に没した。後に『海国兵談』は尊皇攘夷《じょうい》の志士を刺激・啓発する書として広く読まれ、死後五十年経って幕府にも認められた。

❖林子平（経世家　一七三八－九三）『六無の歌』より

「貧乏人のほうが金持ちより楽しみが多い」と言う人がいる。しかし、そう言っているのはいつも金持ちだということに、私は気がついた。

貧乏人が同じことを言ったら、好きで貧乏していると思われても仕方ないだろう。パーはオハイオ州キャントンで生まれ、ミシガン州ジャクソンで育つ。ラジオのアナウンサーとしてデトロイトやインディアナポリスなどで働き、その後は司会者役として映画出演を果たす。一九五七年から六二年まで『ザ・トゥナイト・ショー』のホストを務めた。

❖ジャック・パー（アメリカのコメディアン・トークショーホスト　一九一八－二〇〇四）

名をなすは貧苦のときにあり、ことの破れるは得意のときに因《いん》す。

埼玉の豪農の家に生まれ、尊皇攘夷論に共鳴して勤皇の志士となったが、一橋家に仕官し幕臣となる。一八六七年に徳川昭武《あきたけ》の随行員としてパリの万国博覧会を視察し、ヨーロ

❖渋沢栄一（実業家　一八四〇－一九三一）

ッパ各国を歴訪して産業・商業・金融について多くの知識を得た。帰国後、明治政府の大蔵省に入省し、諸制度の制定にかかわり、退官後は銀行や各種産業分野で五百を超える会社を創立した。

貧乏ってのはするもんじゃねえ。「たしなむ」もんです。

❖古今亭志ん生（落語家　一八九〇－一九七三）『びんぼう自慢』より

借金の催促を逃れるために十六回も改名している。すなわち、盛朝、朝太、円楽、馬太郎、武松、馬さん、志ん馬、馬生、芦風、ぎん馬、東三楼、甚語楼、馬石、再び甚語楼、志ん馬、馬生、そして最後に五代目古今亭志ん生を襲名した。いかに貧乏に取り憑かれていたか、いかにしぶとく生きていたかが髣髴とするエピソードである。『びんぼう自慢』のほか、『なめくじ艦隊―志ん生半生記』も長屋の貧乏話満載である。

◉運

人間の一生を支配するものは運であって、知恵ではない。

❖マルクス・トゥリウス・キケロ（紀元前ローマの政治家・哲学者　前一〇六－前四三）

紀元前六三年に執政官となり、カティリナの陰謀を未然に阻止し、暗殺を免れた。その後クロディウスに対して讒言《ざんげん》、クロディウスが護民官に就任すると追放の憂き目にあった。

紀元前五七年には追放を解かれるがカエサルとポンペイウスのどちらに味方するかはっきりしなかったため両派から信頼を失った。確かに運命に翻弄された人物だといえる。

偶然は準備のできていない人を助けない。

微生物と腐敗や発酵の関係を明らかにし、ワクチンによって病気を防ぐ方法を確立した。一八八八年パリにパスツール研究所が設立され、そこで狂犬病についての研究を行った。「科学には国境はないが、科学者には祖国がある」、「応用科学などというものはない。科学の応用があるだけだ」という言葉でも有名。

❖**ルイ・パスツール**（フランスの科学者・微生物学者　一八二二－一八九五）

幸運とは、チャンスに対していつでも準備ができていることである。

ドービはテキサス生まれ。民俗学者であり、コラムニストでもあった。若い頃はニューヨークのコロンビア大学で教鞭を執ったが、第二次世界大戦中はヨーロッパに渡り、ケンブリッジ大学でアメリカ史を教えた。この時の経験を『イギリスのテキサス人』という本に書いている。原文は、Luck is being ready for the chance. と至って簡潔である。

❖**ジェイムズ・フランク・ドービ**（アメリカの作家　一八八八－一九六四）

この世に生を受けたこと、それが最大のチャンスじゃないか。

一九八五年四月の初優勝から九年間の間に四十一回の優勝、ワールドチャンピオン三回、

❖**アイルトン・セナ**（ブラジルのカーレーサー　一九六〇－一九九四）

ポールポジション六十五回という輝かしい成績を残している。しかし、一九九四年五月一日のサンマリノ・グランプリ七周目の高速コーナー「タンブレロ」でコントロールを失い、コースアウトして壁に激突して帰らぬ人となった。そのセナにふさわしい名句がこれだ。

長い目で見れば、運のいい人間に生まれるほうが、賢く生まれたり金持ちに生まれるよりもいい。

❖W・サマセット・モーム（イギリスの作家　一八七四－一九六五）

松下幸之助が、入社試験で「自分は運がいい」と答えた若者だけを採用したエピソードを思い出す。モームはパリに生まれ、十歳で孤児となった。カンタベリー、ハイデルベルグ両大学で学び、ロンドンの聖トマス病院で医師の資格を得る。一八九七年に『ランベスのライザ』を執筆して評価され、文筆に専念し、多くの作品を残した。代表作は『月と6ペンス』、『人間の絆』、短編集『木の葉のそよぎ』収録の『雨』など。第一次世界大戦中は諜報員であったらしい。

不運なら、運不運を忘れるほど仕事に熱中してみろ。

❖稲盛和夫（経営者　一九三二－）

京セラと第二電電（ＫＤＤＩ）の創業者。現在は日本航空会長として、経営再建に取り組んでいる。経営者としては破竹の勢いだったが、若い時には挫折も味わっている。旧制中学の受験に失敗し、医学部の受験にも失敗しているからだ。しかし、医者への道を断念したのが、今日の稲盛を可能にしたと考えると、幸か不幸かわからない。たしかに「運不運」にうつつを抜かしている限り、勉強にも仕事にも身が入っていない証拠といえる。

競争相手が強いのは幸運なことだ。われわれに、事業運営や商品を改善する、より多くのチャンスを与えてくれる。

❖**カルロス・ゴーン**（ルノー・日産CEO　一九五四―）

この句の通り、ゴーンはトヨタ、ホンダという強敵を相手に見事に業績を回復させた。レバノン人の両親のもとにブラジルで生まれ、フランスで育った。アラビア語、フランス語、英語、スペイン語、ポルトガル語の五か国語のマルチリンガルで、日産では日本語のスピーチもこなす。ミシュランに入社、頭角を現して北アメリカ・ミシュラン社CEOとなり、その後ルノー副社長を経てルノー傘下の日産の経営立て直しに成功した。

運というものを信じざるをえない。そうでなければ、嫌いな人間の成功をどう説明できるというのか。

❖**ジャン・コクトー**（フランスの文学者・芸術家　一八八九―一九六三）

はたから見れば、コクトーが嫌う人間が成功しても何の不思議もない気はするが……。作家、詩人、画家、劇作家であり映画監督でもあった多彩な人物。交友のあった人物も、作家のマルセル・プルースト、バレエダンサーのニジンスキー、デザイナーのココ・シャネルや作曲家のストラヴィンスキー、画家のピカソやモディリアーニなど、実に多彩である。映画『美女と野獣』の監督としてご存じの方も多いだろう。

運命に向かい喚き、罵りてなんの利益ありや、運命はつんぼなり。

❖**エウリピデス**（ギリシャの悲劇作家・詩人　前四八〇?－前四〇六）『ヘラクレスの子供たち』より

エウリピデスは生涯におよそ八十編の作品を書いたといわれる。現存しているのはそのうちの十九編で代表作は『メディア』である。古代アテナイの三大悲劇詩人の一人といわれる。『ポイニッサイ』という作品に、「真理の言葉は単純である」という名句が記されているが、オスカー・ワイルドがこの句を下敷きにして、「真理はめったに純粋であることはなく、単純であることは決してない」と言っている。二〇〇〇年という時間が、人間をすっかり複雑にしてしまった感がある。

日の輝きと暴風雨とは、同じ空の違った表情にすぎない。運命は、甘いものにせよ、にがいものにせよ、好ましい糧として役立てよう。

❖**ヘルマン・ヘッセ**（ドイツの小説家・詩人　一八七七－一九六二）『困難な時期にある友人たちに』より

『車輪の下』、『ガラス玉演戯』などの作品で高名な、二十世紀前半のドイツ文学を代表する作家ヘッセの言葉。十四歳で神学校に入学するが脱走し、自殺未遂事件を起こしたこともあるという。一九〇四年に初めての作品を発表するまでは、書店の店員などを経験した。ヒトラー政権の誕生後はドイツを離れ、スイスで執筆を続け、終戦直後の一九四六年にノーベル文学賞を受賞した。

運なんてものは、練習をたくさんやった奴のおまけなんだ。

ステンゲルはドイツ系のアメリカ人で愛称の「ケーシー」は、彼が生まれた町（Kansas City）から来ている。選手としてはハデな存在ではなかったが、監督として頭角を現し、一九六九年に前年最下位のニューヨーク・メッツをワールドシリーズ初制覇に導いた。ベーブ・ルースの最多本塁打記録を一九六一年に破ったロジャー・マリスの「ホームランは偶然じゃない、練習の成果さ」という言葉も思い出される。

❖**ケーシー・ステンゲル**（アメリカの元大リーグ選手 一八九〇－一九七五）

シンクロニシティは名前を明かしたがらない神である。

なかなかの名言である。ベリッツとジャーナリストのメグ・ランドストロムとの共著『パワー・オブ・フロー』の第三章「シンクロニシティがフローを招く」の中に引用されている言葉。「名前を明かしたがらない神」は、ある時は自分の家族であったり、同僚であったり、隣人であったりする。

❖**チャーリーン・ベリッツ**（アメリカの人間科学者）『パワー・オブ・フロー』より

われわれが織りはじめれば、神さまが糸を出してくださる。

『信念の魔術』に紹介されているこの魅力的な言葉は、英語の古い言い伝えだという。神様が糸を出してくれるかどうかはわからないが、とにかく人間が織り始めなくては神の加護を得ることはできない、というのだ。とにかく書き始めれば、あとは神様が続けてく

❖**クロード・M・ブリストル**（アメリカの著述家 一八九一－一九五一）『信念の魔術』より

れると信じている作家もいる。

◎成功・失敗

私の成功は単に勤勉だったからであり、一生の間一片のパンだにも、決して座食することはなかった。

❖ジョン・ウェブスター
（イギリスの劇作家 一五七八－一六三八）

ウェブスターの場合は貧乏暇無しとは一線を画している。父親は新興の馬車製造業者で、ジョンは幼い時から馬車に乗せられて刑場に向かう死刑囚の姿を見て育ったらしい。そのため、彼は死に取り憑かれ、「皮膚の下に頭蓋骨を見る」ようになった。死に追い立てられるように生きた結果、このような言葉が残されたのかもしれない。一六一二年から一四年に初演された二大悲劇『白魔』と『マルフィ公爵夫人』は、シェイクスピアの悲劇に比肩されるほどの出来栄えだった。

生涯における私のいっさいの成功は、時機より常に十五分早かったことにある。

❖ホレーショ・ネルソン
（イギリスの海軍提督 一七五八－一八〇五）

アメリカ独立戦争、フランス革命軍との戦争、一八〇五年のフランス・スペイン連合艦隊を相手にしたトラファルガー海戦の勝利など、ネルソン提督の活躍ぶりは枚挙にいとまがない。活躍の裏には、彼の思い切った奇襲作戦があった。トラファルガーでの勝利の目前、甲板上で致命傷を受け、戦いの終了と同時に息を引き取った。

早起きして遅くまで働き、ちゃんと税金を払っていれば、やがては成功するだろう——もしも君が石油を掘り当てれば。

❖ジーン・ポール・ゲティ（アメリカの石油王　一八九二—一九七六）

若くして石油産業に身を投じ、最初の二年間で二十五万ドルを稼いだゲティの言葉。一九三〇年同じく石油産業で成功した父親の死によって千五百万ドルの遺産を相続し、父親の会社と自分の会社を合併、世界的富豪の一人となった。膨大な美術コレクションでも知られているが、変人として有名で、邸宅には来客が使うための有料電話があったという。「お金を尊敬できないヤツは稼ぐことができない」の句も。

成功する方法は山ほどある。まずは、口にするのもとまどうような基本的なことだが、稼いだ額より使う額を減らすことである。

❖ポール・クリセロー（オーストラリアの経済アナリスト　一九五五—）

原文の冒頭は、There are plenty of ways to get ahead. である。get ahead は「出世する、成功する」。クリセローはイギリスに生まれ、オーストラリアで活躍している。私にも思い当たる節がある。銀行から一度に引き出す額を五万円から三万円に減らしてから、出費が減るようになった。少ない金額でやりくりする知恵がついたためだろう。

仕事（work）より成功（success）が先に来るのは、辞書の中だけだ。

サスーンはロンドンに生まれる。十四歳でシャンプーボーイとなり、二十六歳でロンドンに自分の店を持った。その後、正確なカット技術によって、セットしなくても形になるウォッシュ・アンド・ウェアーというスタイルを考案し、一世を風靡する。多くのファッションショーでヘアデザインを担当し、ヘアスタイリストの社会的地位を確立した。また、スクールを経営して後進の指導に当たり、世界中にサロンを展開している。

❖**ヴィダル・サスーン**（イギリスの美容師 一九二八—）

一夜にして成功を収めるには、二十年の歳月がかかる。

「歌って踊れて」ではないが、キャンターはコメディアンにしてダンサー、歌手、俳優、ソングライターであった。これだけ多才なら、一夜の成功のために二十年かかる、というのもよくわかる。けだし、一発芸だけで売り出した芸人は飽きられるのも早い。

❖**エディー・キャンター**（アメリカの万能コメディアン 一八九二—一九六四）

成功に秘訣などない。秘訣を探すことに時間を浪費してはいけない。準備、努力、失敗からの学習、仕える人への忠誠、粘り強さ、それらの結果が成功なのだ。

二〇〇一年から〇五年まで、ジョージ・W・ブッシュ政権の下で国務長官を務めたパウエルの言葉。ニクソン政権時代にホワイトハウス・フェロー、レーガン政権では国家安全

❖**コリン・パウエル**（アメリカの政治家・陸軍元帥 一九三七—）

保障担当大統領補佐官、ジョージ・H・W・ブッシュ政権下では米軍のトップである統合参謀本部長を務めるなど、まさに輝かしいキャリアの持ち主であるが、「イラクが大量破壊兵器を開発している証拠」という虚偽情報を信じたことを深く恥とした。

成功する人は錐のように、ある一点に向かって働く。

❖**クリスチャン・ネステル・ボヴィ**（アメリカの作家・弁護士　一八二〇－一九〇四）『断片』より

ボヴィはニューヨークで生まれ、若い頃は製粉店で働いたのち、弁護士となった。その後はニューヨークの文芸クラブを設立したり、ロングアイランド・カレッジ病院の理事として従事。一八五七年に*Thoughts, Feelings and Fancies*を出版して広く知られるようになる。「すべてが失われようとも、まだ未来が残っている」という言葉も知られている。

人生の悲劇は、目標が達成できなかったことにあるのではなく、達成すべき目標を持たなかったことにあるのだ。

❖**ベンジャミン・メイズ**（アメリカの教育者　一八九五－一九八四）

社会活動家でもあり、人権運動の先駆的な指導者で、マーティン・ルーサー・キング牧師のメンター（師）でもあったメイズの述懐。インドに行き、ガンディーと会ったことが彼の一生に大きな影響を与えたという。後半の原文は、The tragedy lies in having no goals to reach. 目的は一つとは限らないので、goals と複数形になっている。「夢」が dreams と複数形で書かれるのと同様である。

脳はただ単に、痛みを避けて快楽を得ようとしている。（中略）脳が自分の夢を実現することを完全に快楽と連想させ、その夢を阻むものすべてに苦痛を結びつけていれば、自動的に成功するようになる。

❖ジェームス・スキナー
（アメリカの著述家）『成功への9ステップ』より

スキナーは人生を変えるために「連想」の力をうまく使うことを勧める。「自分の連想をコントロールすることで、人生をコントロールできる」というわけだ。脳は痛みを避けて快を求める性質を持っているので、この力を夢の実現にうまく生かそうというのである。スキナーはコヴィー博士のベストセラー『7つの習慣』を日本に紹介した一人。

誰もが成功を愛するが、成功した人間は憎む。

❖ジョン・マッケンロー
（アメリカの元テニスプレーヤー　一九五九－）

マッケンローはドイツのヴィースバーデンに父親が軍務で赴任中に生まれた。ニューヨークのポート・ワシントン・テニス学院で訓練し、十八歳で史上最年少のウィンブルドン決勝進出者となった。その後数多くの優勝トロフィーを手にし、生涯通算で一三九一勝二九四敗だそうだ。強い選手であるばかりでなく、そのコート上でのマナーの悪さでも有名であった。一九九二年に引退。「成功した者は失敗を嫌い、失敗した者は成功（者）を嫌う」という名句があるのを思い出した。

成功していやなのは、かつて文句を言ってた人が大人しくなって、退屈することね。

アメリカ合衆国北東部のバーモント州出身で、一九一九年、夫であるウォルドーフ・アスターの跡を継いで保守党議員となり、イギリス初の女性下院議員となった。時の首相チャーチルとのウィットに富んだやり取りの中で、「あなたが私の夫だったら、コーヒーに毒を入れますわよ」という彼女の発言に対し、チャーチルが、「あなたが私の妻だったら、それを飲むでしょうな」と答えたというエピソードは有名である。

❖**アスター子爵夫人**（イギリスの政治家　一八七九−一九六四）

世の中には勝利よりももっと勝ち誇るに足りる敗北があるものだ。

逆に、惨めな勝利というものも、たしかにある。モンテーニュはペリゴールのモンテーニュ城で生まれ、六歳まで家庭教師によってラテン語のみを用いる教育を受けた。その後『自然神学』の翻訳を手がけて文学の世界に入る。トゥールーズで法学を学び、高等裁判所などに勤めるが、一五六八年父親の遺産として城と領地を受け継ぎ、一五八〇年に『随想録』を刊行した。堀田善衛が一九九四年にモンテーニュの伝記『ミシェル 城館の人』（全三巻）を刊行し、和辻哲郎賞を受賞している。

❖**ミシェル・ド・モンテーニュ**（フランスの哲学者・モラリスト　一五三三−一五九二）

すべての成功の秘訣は、すすんで失敗することにある。間違いは創造性を促進する。偉大なる発見の多くは、幸運なアクシデントの賜物である。

❖カール・P・ワージー
（アメリカのコンサルタント　一九四七―）『奇蹟の仕事術』より

実験の失敗から思いがけない大発見をするケースもある。一つの目的だけに縛られない柔軟な発想が、失敗の中にも成功の種を見出すのである。失敗を恐れるあまり、自分や部下にプレッシャーをかけるやり方は得策ではない。ワージーには「ストレスの下では、全脳で思考することはほとんど不可能である」の言葉も。

失敗と成功の違いは、物事をほとんどうまくやるか、完全にうまくやるかの差だ。

❖エドワード・シモンズ
（アメリカの画家　一八五二―一九三一）

シモンズはマサチューセッツ州コンコード生まれの印象派の画家。若くしてフランスの学校に学び、金メダルを受賞。原文は、The difference between failure and success is doing a thing nearly right and doing a thing exactly right.。九九パーセントの出来と一〇〇パーセントの出来の間には雲泥の差がある、と言いたかったのだろう。

成功の九九パーセントは、以前の失敗の上に築かれる。

❖チャールズ・ケタリング
（アメリカの発明家　一八七六―一九五八）

ケタリングは一九〇四年に電動のキャッシュレジスターを発明し、その後エドワード・A・デイズと共にデイトン技術研究所を設立した。バッテリーの電力による点火装置や自動車の電気式スターター、ディーゼルエンジンなど、自動車産業に革命的変化をもたらす発明を次々と生み出した。「問題をきちんと言い表せたら、もう半分解決したようなものだ」という彼の名句も忘れがたい。

失敗の九九パーセントは、のべつ言い訳ばかりする人々から生まれる。

❖ジョージ・W・カーヴァー（アメリカの農学者　一八六四－一九四三）

たしかに世の中には、言い訳ばかり熟達する人たちがいる。カーヴァーは奴隷制度下のミズーリ州で、黒人奴隷の家に生まれた。正式の教育を受けることなく野外を歩き回ってさまざまな植物を知ることで学び、のちにアイオワ州立農学校を卒業。ピーナッツ、サツマイモ、大豆などの加工品の研究で知られ、アメリカ南部の輪作の導入などに貢献した。

成功の秘訣は知らぬが、失敗の秘訣は、誰をも喜ばそうとすることである。

❖ビル・コスビー（アメリカの俳優　一九三七－）

いわゆる八方美人をユーモラスに戒めた句である。ビル・コスビーはフィラデルフィア生まれの黒人俳優。エミー賞を三回、グラミー賞を八回受賞した名優である。一九八四年に始まったテレビシリーズ『ザ・コスビー・ショー』では高い視聴率をあげ、一九八〇年代で最も人気のある番組と言われ、一九九二年まで放映された。

「私たちは、どうしてうまくいかないのか」という、絶えず繰り返される心の中の問いかけを、すぐにやめなければなりません。なぜなら、私たちは、失敗の理由を探しているだけだからです。

❖ピエール・フランク（ドイツの俳優・著述家　一九五三－）『宇宙に上手にお願いする法』より

いくら失敗の理由を探しても、それが成功の原因にはならない、とフランクは言う。また、われわれは願いがかなうことで幸せになるわけではないとも。幸せは心の安定であり、われわれが経験する出来事には関係がない。だから成功しても幸せになれない人がいる。一方、自分の人生に積極的に取り組む姿勢が幸せをもたらすのだという。

人は自分の犯した失敗から学ぶ。成功から学ぶことはめったにない。

❖ハロルド・ジニーン（アメリカの事業家　一九一〇－一九七）

成功からも学べる人は第一級の人物ということか。ジニーンは一九五六年から七七年まで、ＩＴＴの社長兼ＣＥＯを務めた著名な事業家。次の言葉も有名。「ビジネスは二つのコインで支払われる。現金と経験だ。まず経験を取れ。カネはあとから付いてくる」。ビジネスなど理論通りではうまくいかないよ、というのが持論だった。

失敗は、成功の味を引き立てる香辛料である。

❖トルーマン・カポーティ（アメリカの作家　一九二四－八四）

カポーティは二十一歳の時に最初の作品『ミリアム』でオー・ヘンリー賞を受賞。一九四八年に発表された長編小説『遠い声、遠い部屋』は大ヒットとなる。オードリー・ヘップバーン主演で映画化された『ティファニーで朝食を』の原作は、一九五八年に書かれた同名の短編集の中の一編である。

私はミスを犯したことはあるが、ミスを犯したことはないなどと断言するようなミスを犯したことは一度もない。

ベネット・ジュニアは『ニューヨーク・ヘラルド』紙を創刊した父親の跡を二十代で継ぎ、大富豪となった。アフリカ探検中に行方不明になっていたリヴィングストンを捜索するためヘンリー・モートン・スタンリーを派遣し、コンゴ踏査を後援したり、大規模の国際自動車レースを開催したり、その奇抜で斬新なアイデアで世間の耳目《じもく》を集めた。

❖**ジェームズ・ゴードン・ベネット・ジュニア**（アメリカの出版業者　一八四一－一九一八）

失敗には達人というものはいない。ひとは誰でも失敗の前には凡人だ。

あらゆる分野でロシア文学の基礎を築いたプーシキンだが、生涯は波乱に満ちていた。追放や流刑を経験し、最後は妻に言い寄る一士官との決闘で命を落とした。プーシキンによると、失敗の達人はいないということだが、失敗の名人はいるような気がする。

❖**アレクサンダー・S・プーシキン**（ロシアの作家・詩人　一七九九－一八三七）『大尉の娘』より

専門家とは、非常に狭い分野の中で、犯しうるすべてのミスを犯した人のことである。

❖**ニールス・ボーア**（デンマークの物理学者　一八八五－一九六二）

アインシュタインの「このやり方ではうまくいかないことがわかったのだから、今日の実験は成功だ！」という言葉を思い出す。ボーアはコペンハーゲン理論物理学研究所所長であり、原子構造の理論を飛躍的に発展させた。第二次世界大戦中、ユダヤ人の母を持つことからアメリカに渡り、原子爆弾の研究に協力した。社交的な人柄で、多くの物理学者をコペンハーゲンに招き、アインシュタインやシュレディンガーとの交流も有名。一九二二年にノーベル物理学賞受賞。

ビジネスにおける最悪のミスは、うまくいかない時ではなく、うまくいっている時になされる。

❖**トマス・J・ワトソン**（IBMの設立者　一八七四―一九五六）

ワトソンはインターナショナル・ビジネス・マシーンズ（直訳すると国際事務機器）社の初代社長である。現在は略してIBMと呼ばれている。IBM社長となるまでに、ミシンや楽器などのセールスマンとして働き、ナショナル・キャッシュレジスター・カンパニーにセールスマンとして入社した。強引とも言える販売方法の確立で販売数を伸ばし、その後IBMの前身C－T－R社に迎えられた。

新しいことは頭のいいやつにやらせてはだめだ。彼らは失敗しないから。

❖**大川功**（経営者　一九二六―二〇〇一）

CSKの創業者で、SEGAの会長も務めた。「頭のいいやつ」は小奇麗にまとめるので、大きな失敗もしなければ、大きな成功も期待できないということか。大川語録の中には「大ボラは成長の前ぶれ、目標を公言し、自らを背水の陣に追い込め」という言葉も見える。頭のいいやつに「大ボラ」は吹けないという思いがあったのかも。

◎宗教

人は〝ありえないこと〟は容易に信ずるが、〝ありえそうにないこと〟は決して信じない。

❖オスカー・ワイルド（イギリスの作家　一八五四－一九〇〇）『意向集』より

『意向集』が出版された一八九一年は、オスカー・ワイルドの人生において、爆発的生産の年だった。『アーサー・サヴィル卿の犯罪』、『ドリアン・グレイの肖像』を発表し、パリで戯曲『サロメ』をフランス語で書いている。この『サロメ』を英訳したアルフレッド・ダグラス卿と同性愛の関係に陥り、後年ワイルドが収監されるきっかけとなった。なお、『サロメ』はビアズリーの挿絵で世界的に有名になった。

不死不滅という希望は、いかなる宗教からももたらされないが、大半の宗教はその希望からきている。

❖ロバート・グリーン・インガソル（アメリカの法律家　一八三三－九九）

実のところ、人々が求めているのは不老不死であろう。インガソルはイリノイ州検事総長を務めた法律家だが、彼が有名なのはその卓越したスピーチによる。民主党員から共和党員に転じた後、選挙で支持したブレーンを推薦したスピーチは The "Plumed Knight" speech と呼ばれ、政治演説の模範とされた。彼は数時間の長いスピーチでも草稿を見ず暗記して演説を行った。父親は牧師だったが、反キリスト教講演者として知られている。

神、それは夢のゴミ捨て場である。

神社の絵馬に書かれたありとあらゆる願望を読むと、納得できる言葉である。ロスタンは科学的啓蒙書を数多く書いており、日本でも『生命この驚くべきもの』、『生物学の潮流』、『人間は改造されるか』などが邦訳されている。両親は共に詩人であり、兄のモーリスは作家という、文才に恵まれた家族を持つ。

❖**ジャン・ロスタン**（フランスの生物学者・思想家　一八九四―一九七七）

世界の事象をすべて神のわざとして表象すること、これが宗教である。

シュライエルマハーは現代プロテスタント神学の創立者といわれる。現在はポーランドとなっているブレスラウ出身で、ハレ大学、ベルリン大学で学び、のちに教鞭も執った。一八一七年のプロイセンのルター教会と改革派教会の合同につながる運動の指導者であった。『宗教論』、『独白』などが邦訳されている。

❖**フリードリッヒ・シュライエルマハー**（ドイツの神学者、哲学者　一七六八―一八三四）

神が実在しないことが証明されていたら、宗教は生まれなかったでしょう。（中略）また、神の実在が証明されていたら、やはり宗教は生まれなかったでしょう。

❖アーシュラ・K・ル＝グイン（アメリカの作家　一九二九－）『闇の左手』より

「立証不能であることが行動の基盤になる」という文に続くパッセージ。『闇の左手』、『ゲド戦記』などで広く世界中で愛されているファンタジー・SF作家、ル＝グインの言葉。『闇の左手』ではヒューゴー賞、ネビュラ賞を同時受賞して話題になった。父親アルフレッド・L・クローバーはアメリカ最後の生粋のインディアンの研究で名高く、その研究をまとめた『イシ』という作品を母親シオドーラが書いている。ル＝グインの作品が社会科学的、人類学的といわれるのもうなずける。

無神論者にとって最悪の瞬間は、心から「ありがとう」と言いたい時に、それを言う相手が誰もいない時である。

❖ダンテ・G・ロセッティ（イギリスの画家・詩人　一八二八－八二）

ロセッティはロンドンの王立美術院で学び、初期の有名な作品としては一八五〇年の宗教画『受胎告知』がある。後期には宗教画から離れた『ベアタ・ベアトリクス』などの作品がある。仲間であるウィリアム・モリスと結婚したジェーン・バーデンを生涯慕い続け、作品のモデルにもなっている。詩人クリスティーナ・ロセッティの兄である。

聖書のなかの奇跡で、その信憑性がもっとも疑わしく思われるのは、奇跡の目撃者がほとんど釣り人であることだ。

❖**アーサー・ビンステッド**（イギリスのジャーナリスト　一八四六－一九一五）

ピッチャーというあだ名で呼ばれたジャーナリストで、『ピッチャーのことわざ集』という著書がある。引用句の名編纂者ジョナサン・グリーンの『シニカルな引用句辞典』に取り上げられて有名になった句。ただし、釣り人が常に嘘をつくとは限らないが。

聖書は教義ではなく、文学である。

❖**ジョージ・サンタヤナ**（アメリカの哲学者　一八六三－一九五二）『スピノザ倫理学』より

そして、聖書は歴史上最大のロングセラーにして常にベストセラーの常連である。この伝で言うと、「仏典は経典ではなく、物語である」とでもいうことになろうか。サンタヤナはスペインのマドリードに生まれ、子供の時にアメリカに移住。ハーバード大学に学び、同大の哲学教授となる。のちにヨーロッパに戻り、フランス、イタリアに長く住んだ。詩集や小説も書いている。

イギリスには六十もの異なる宗教があるくせに、ソースはたった一種類しかない。

❖**フランチェスコ・カラッチョロ**（ナポリ提督　一七五二－一九九）

カラッチョロは各地の海戦で武勲をあげたが、最後はネルソン提督の怒りを買い、縛り首になった。もちろん、件《くだん》の発言が原因ではない。イタリア人のカラッチョロから見れば、イギリスのソースなどソースとも言えない代物だったのだろう。なお、イギリスは移民国家なので、数派のキリスト教のほか、ユダヤ教、ヒンドゥー教、仏教など多くの宗教が混在している。

ある人の信条は、別の人にとってのお笑い草。

❖ロバート・ハインライン（アメリカのSF作家　一九〇七-八八）

ハインラインはミズーリ州バトラーにてドイツ系の家庭に生まれた。借金返済のために小説を書き始める。一九四〇年代に自分の作品を一般紙に掲載することで、SF小説を大衆に広める。代表作は『夏への扉』（一九五六年）や『異星の客』（一九六一年）など。ハインラインは作品中で、携帯電話、動く歩道、太陽電池パネル、スクリーンセーバー、オンライン新聞などの出現を予知していたといわれる。

信じる者同士は、ささいな違いで争う。疑う者は、自分の中で葛藤するだけだ。

❖グレアム・グリーン（イギリスの作家　一九〇四-九一）

オックスフォード大学在学中にイギリス国教からカトリックへと改宗したグリーンは、ジャーナリストとして活躍した後、『スタンブール特急』（一九三二年）、『第三の男』（一九五〇年）などで成功した。カトリック信者でありながら、教会当局とのトラブルが絶えなかったグレアム・グリーンの、実体験に根ざした述懐。グリーンは日本でも人気が高く、早川書房から三度にわたって個人全集が刊行されている。

宗教のために死ぬのは、宗教を完全に生き抜くよりも簡単である。

いくら生きても、生きている間は決して終わらないのが生である。ボルヘスはブエノスアイレス生まれ。一九六〇年代の世界的なラテンアメリカ文学ブームで高い評価を受けた作家である。前衛的かつ幻想的な作風で、代表作は『伝奇集』、『エル・アレフ』など。宗教とは組織化された信念のことである。

❖**ホルヘ・ルイス・ボルヘス**（アルゼンチンの作家　一八九九－一九八六）

私は宗教に対して宗教を持っている。

これを真似して、「私は哲学に対して哲学を持っている」と言いたくなる句。ユゴーはまだ十代の時にアカデミーの懸賞論文に入賞し、活発に文学活動を開始。ロマン主義運動の口火を切った。のちに、ナポレオン三世のクーデターに反抗して、英仏海峡の孤島で十八年間の亡命生活を送った。自由、平等、ヒューマニズムの信条を守り通した国民的作家であり、パリで没したのち国葬となった。

❖**ヴィクトル・M・ユゴー**（フランスの小説家・詩人　一八〇二－一八八五）『レ・ミゼラブル』より

言ってみれば私は、ヌーディストキャンプの蚊だ。やるべきことはわかっているが、どこから手をつけていいものやら。

初代会長に選ばれた時の言葉がこれ。宗教者にふさわしからぬ発言内容が新鮮である。前半の原文は、I am rather like a mosquito in a nudist camp. で、表現は過激だが、バイン

❖**ステファン・バイン**（聖公会連合初代会長）

の意欲のほどがうかがい知れる。これを言うには勇気が必要だったことだろう。

夜中に目が覚めて、深刻な問題を考え始めてしまい、これは教皇にお話ししなくてはと思うことがよくあります。そのうちすっかり目が覚めて、自分が教皇だったことを思い出すのです。

❖**ヨハネ二十三世**（ローマ法王　一八八一－一九六三）

ヨハネ二十三世は一九五八年教皇に就任、一九六三年に死去した。イタリアのソット・イル・モンテに生まれ、一九〇四年に司祭となる。第一次世界大戦中は従軍司祭を務め、その後はブルガリア、トルコ、ギリシャの国々へ派遣された。一九五三年にベネチア総大司教となって、五年後教皇に選ばれる。全キリスト教徒の一体化を目指し第二バチカン公会議を召集したが、会議の終了を待たずに世を去った。

私は、世界中に愛の手紙を書き送る神の手に握られた、小さな鉛筆です。

❖**マザー・テレサ**（インドの宣教者　一九一〇－一九九七）

マケドニアのスコピエに生まれ、一九二八年からインドで活動したカトリック教会の修道女、マザー・テレサの句である。修道院付属学校の教師であったが、スラムの生活を知って改めて医学を学び、貧しい人々のために教育や医療の場を与える救済活動に終生を捧げた。三十六歳の時に走る列車の中で、「貧しい人々の中で暮らしながら彼らを助ける」という生き方の啓示を受けた、と彼女は語っている。

ヴェーダンタによれば、人間が苦しむ理由は五つしかない。(一)自分が誰かを知らないこと。(二)自分たちをエゴまたはセルフイメージで認知していること。(三)一過性のものや実在しないものにしがみついていること。(四)一過性のものや実在しないものを恐れてたじろいでいること。(五)死に対する恐れ。

❖ディーパック・チョプラ(インドの医学博士・著述家　一九四七―)『あなたが「宇宙のパワー」を手に入れる瞬間』より

インドに生まれる。チョプラは苦しみの理由を五つあげているが、実はすべての苦しみは(一)の「自分が誰かを知らないこと」に起因するという。「自分は誰か」という問いに対する答えは常に名前、国籍、職業など外側からのレッテルであり、われわれは自分を外側からしか把握していないというのである。しかし、意識としての自分は「すべての空間と時間の中心である」とチョプラは主張する。

自分の意見が正しいと思い込むことに一瞬でも疑念を抱き、これは単なる自分の意見に過ぎないことに気づくことで、無我への道が開けます。

❖ペマ・チュードゥン(チベット密教の尼僧)『すべてがうまくいかないとき』より

チベット密教をアメリカに紹介したチュギャム・トゥルンパの弟子、ペマ・チュードゥンの句。自分の意見が相対的なものであることに気づくと、世界は広がる。この本には、こんな名句も。「知性とは、思考を単に心に浮かんだこととして認め、そこに正しいとか正しくないとかいう意見を加えないことです」。非常に美しい英語を話し、アメリカ人にチベット式の瞑想法の指導をしている。

さとりから最も遠いところにいる人とは、人間にはさとりが必要だと固く信じている人です。

ゴラスはポーランド系の両親をもち、出版関係の仕事に長く従事。日本文化に興味を持ち、テレビで時代劇を楽しむという。悟りについて独自の視点から軽妙に説明する。たとえば、こんな感じ。「もし、私が自分の知識を愛している以上に、あなたが自分の無知を愛していれば、あなたは私よりも高いレベルにいます」。組織や教条を嫌う自由人である。

❖タデウス・ゴラス（アメリカの著述家　一九二四－）『なまけ者のさとり方』より

神仏を尊み、神仏を頼まず。

かの有名な江戸時代初期の剣豪である。諸国を遍歴し、吉岡道場との死闘で二刀流の奥義に開眼したという。一六一二年、豊前国舟島（巌流島）での佐々木小次郎との試合は特に有名である。この時、武蔵は二十八歳くらいだったと推定される。著書に『五輪書』があり、書画・工芸にも巧みであった。

❖宮本武蔵（江戸時代前期の武道家　一五八四－一六四五）

神道に書籍なし。天地をもって書籍とし、日月をもって証明となす。

室町時代に端を発する吉田神道の創始者である。吉田神道は唯一神道とも呼ばれ、吉田家所伝の唯一神道は固有の神道であるという趣旨で、吉田神社が全国の神社の中心となるべき、と主張するものである。吉田兼倶は、後土御門《ごつちみかど》天皇にご進講し、公家とも親しくし

❖吉田兼倶《かねとも》（室町時代の神道家　一四三五－一五一一）

て勢力拡大を図った。

世間は虚仮《こけ》にして、ただ仏のみこれ真なり。

◆聖徳太子（飛鳥時代の皇族・政治家　五七四－六二二）『上宮《じょうぐう》聖徳法王帝説』より

「目に見える世界はすべてかりそめのものだが、仏の世界だけが真実である」というのだが、仏教の「ぶ」の字も知らなかった当時の人々に与えた影響はさぞ大きかったであろう。政争の絶えない現実世界が「かりそめ」とは、どういう意味なのか。これだけが真実だという仏の世界とは、どこにどのように存在する世界なのか。聖徳太子が隋に送った「日出処の天子、書を日没する処の天子に致す」という文言は有名だが、世間を虚仮と言い切る太子は、この文言をいとも冷静に書き綴ったのではないかと思われる。

ほろほろと鳴く山鳥の声聞けば　父かとぞ思う母かとぞ思う

◆行基（奈良時代の僧侶　六六八－七四九）『玉葉集』より

仏教が国家宗教となり、まだ民衆への布教が一般的ではなかった時代に、行基はひたすら民衆に目を向けて、短期間に多数の寺院を建立し、孤児院や母子寮のような弱者救済のための施設を作り続けた。輪廻の考え方をわかりやすい歌の形に詠み、人々に仏教への関心をうながした。八十二歳の高齢で、奈良西郊の菅原寺で遷化したが、数千の弟子に囲まれていたというのは誇張ではないのかもしれない。

鳥と虫とは鳴けども涙落ちず　日蓮は泣かねど涙ひまなし

一二七一年（文永八年）、神奈川県の龍口寺《りゅうこうじ》で処刑されかけたが、刑死を免れて佐渡に流罪となる。『諸法実相抄』はその二年後、流刑の地で書いたものだが、「涙ひまなし」は悲しみの故ではなかった。自らを『法華経』従地涌出品《じゅうじゆじゅつぽん》の「地涌の菩薩」になぞらえ、その自負と歓喜のあまり涙があふれるというのである。いかにも日蓮らしい心情あふれる歌である。

❖**日蓮**（鎌倉時代の僧侶　一二二二－八二）『諸法実相抄』より

われは後世にたすからんといふ者にあらず。ただ現世に、まづあるべきやうにてあらんといふ者なり。

紀伊国（現和歌山県有田）で生まれる。九歳の時に両親と死別し、京都の高雄《たかお》山神護寺《じんごじ》の上覚《じょうかく》を師として出家する。のちに京都西北の栂尾《とがのお》の地に高山寺《こうざんじ》を創建した。死んだのちのことをあれこれ考えるのではなく、この世で生きているうちは、自分にふさわしい生き方をしよう、というのである。この地に足のついた考え方がいかにも実践家の明恵らしい。

❖**明恵**《みょうえ》（華厳宗僧侶　一一七三－一二三二）『遺訓』より

衆生本来仏なり。水と氷の如くにて、水を離れて氷なく、衆生の他に仏なし。

❖白隠慧鶴《はくいんえかく》（江戸期の臨済宗僧侶　一六八五－一七六八）『座禅和讃』より

『座禅和讃』は禅の本質を一般民衆にもわかるように白隠が著したもの。いわば禅仏教のパンフレット的な役割を果たす。現在の臨済宗十四派はみな白隠を中興としているため、どの派でもこの『座禅和讃』が読誦《どくじゅ》されている。「無相の相を相として、往くも還るも余所ならず。無念の念を念として、謡うも舞うも法の声」と、悟りの境地を口調よくイメージ化している。

心がないというと、大抵の人々は、吾々にはみな心があるじゃないかと、こう言うのです。心がなかったら木石に等しいじゃないか、こう言うのです。ところが宗教の極致というものには、木や石のようになってよいというところがあるのです。

❖鈴木大拙《だいせつ》（禅学者　一八七〇－一九六六）『無心ということ』より

無心とは木石の心である、というのである。『無心ということ』の少し前のところで、鈴木大拙は陶淵明の「雲無心にして岫《しゅう》を出で、鳥飛ぶに倦んで還ることを知る」という詩句を引用し、この「雲無心」な心持ちを今日の講演の話題に使いたい、と述べている。人間のはからいを超えた世界を無心の世界と捉えるのである。

壁観《へきかん》とは、要するに壁が観るのである。壁を観るのではない。壁となって観るのである。何を観るのか。空を観るのである。生きた空をみまもるのである。

❖柳田聖山（禅思想史研究家　一九二二－二〇〇六）『禅思想』より

達磨《だるま》が九年間壁に向かって座禅修行したという「面壁九年」の故事は有名である。しかし、「壁観」とは、単に壁に向かって座禅修行するという意味ではない。純一無雑になって壁に向かう時、壁を観るのではなく、「壁が」観るという境地が訪れるのだという。日本の中国禅思想史研究の第一人者の名言。

平凡から非凡になるのは、努力さえすればある程度のところまでは行けるが、それから再び平凡に戻るのが、むつかしい。

❖大西良慶（清水寺貫主　一八七五－一九八三）

興福寺、法隆寺で修行し、法相宗官長となる。その後、興福寺、清水寺の住職を兼ね、北法相宗を設立する。百七歳の長寿を全うしたことでも有名。百歳の時に口ぐせでもあった『ゆっくりしいや』というタイトルの本を出す。独特の言葉遣いが見出しにも躍如としている。「一〇〇年――偉くならんでええやないか」、「業――人間というものは、弱いものなの」、「欲望――無欲では生きられへんの」など。

世に迷信なし。行者より見ればすべて信仰は真行なり。不信者より見れば、すべての信仰は迷信なり。

❖高山樗牛《ちょぎゅう》（文芸評論家・思想家　一八七一－一九〇二）

一八九四年、大学在学中に歴史小説『滝口入道』が読売新聞の懸賞に当選し、人気となる。翌年『帝国文学』の発刊・編集にかかわり、九七年からは『太陽』の主幹となった。大学で教鞭を執りつつ文芸評論の分野で活躍したが、若くして病死した。生涯を通じて、浪漫主義、日本主義、個人主義と思想遍歴し、最後はニーチェの超人思想に傾倒した。

懐疑の課題がないなら、真理の探究はできない。

❖倉田百三（作家　一八九一－一九四三）『絶対的生活』より

倉田はこの言葉の前に、生活の中で湧いてくる懐疑を克服するのは容易ではなく、それが求道の課題となる、と述べている。懐疑に関しては、フランスの哲学者ディドロが「懐疑は哲学への第一歩である」と語り、同じくフランスの作家アンドレ・ジッドが「懐疑は、おそらくは英知の初めかもしれない。しかし、英知の始まるところに芸術は終焉する」と述べている。

古の聖人はあるいは愛をもって、あるいは知恵をもって衆生を救おうとした。現代の聖人は術語で人を救おうとする。

❖中勘助（文学者　一八八五－一九六五）『街路樹』より

現代の「聖人」は、自ら信じてもいないこと、実践していないことを口先だけで人に勧めて聖人面をしている、ということか。中勘助は漱石門下にあって、控えめで目立たない存在だったが、名作『銀の匙《さじ》』を書き上げ、漱石の推薦で東京朝日新聞に連載された。最近、教科書を使わず、この『銀の匙』一冊を講読することで生徒に国語力をつけさせたという伝説的な高校教師のことが話題になった。

余は今まで禅宗のいはゆる悟りといふことを誤解して居た。悟りといふことは如何なる場合にも平気で死ぬる事かと思って居たのは間違ひで、悟りといふ事は如何なる場合にも平気で生きて居る事であった。

❖**正岡子規**（歌人　一八六七－一九〇二）『病牀六尺』より

『病牀六尺』は、もはや手足を動かすことも困難になって子規が、病床の身辺に起きる事柄を日記風に記した随筆で、一九〇二年五月五日に「病牀六尺、これが我世界である。しかもこの六尺の病牀が余には広過ぎるのである」の書き出しで始まる。同年九月十七日に「糸瓜《へちま》咲《さい》て痰《たん》のつまりし仏かな」をはじめとする三句を詠み、これが辞世の句となった。

人生は悟るのが目的ではないです。生きるのです。人間は動物ですから。

❖**岡本かの子**（小説家・歌人　一八八九－一九三九）『母子叙情』より

岡本かの子は五十歳に満たずに亡くなったが、晩年の数年間に小説を発表し、人気と評価を得た。夫との不和のため、宗教に救いを求め、キリスト教から仏教へと遍歴。仏教関係の書物を世に出したが、最後は小説家として、人間としての、あるいは動物としての生涯を終えた。

第5章

芸術・言葉

◎芸術

芸術は真実を悟らせるための嘘である。

キュビズムの創始者であり、絵画、版画、彫刻、陶器などその膨大な作品数はギネスブックに認定されているほどである。また、激しく作風の変化する画家としても有名である。代表的な作品としては『アヴィニョンの娘たち』、『ゲルニカ』などがある。なお、次のピカソの言葉も刺激的だ。「芸術を通してわれわれは、自然とは何でないかを表現する」。

❖パブロ・ピカソ（スペインの画家　一八八一－一九七三）

芸術はありのままの世界に対する大いなる拒絶である。

マルクーゼはベルリンに生まれたユダヤ系のドイツ人。フライブルク大学でフッサールやハイデッガーに学ぶ。フランクフルト学派の一人として活動し、のちにアメリカに渡って教鞭を執ったマルクス主義哲学者マルクーゼの芸術の定義。第二次大戦中は、アメリカの反ナチス政策に協力した。

❖ハーバート・マルクーゼ（アメリカの哲学者　一八九八－一九七九）

芸術とは、目に見えるものを写すことではない。見えないものを見えるようにすることなのだ。

❖パウル・クレー（スイスの画家・版画家　一八七九－一九四〇）

両親は共に音楽家で、クレーも最初はバイオリニストとして出発しようとし、苦労の末、画家として成功した。ミュンヘン大学で学び、「青騎士」グループのメンバーとなる。バウハウスで十二年間教鞭を執ってベルンに帰郷するが、長年活動したドイツでは作品の多くがナチスに没収された。一九一四年チュニジアを旅したことでよく知られている鮮やかな色彩の作品を描くようになった。

人は何も創造しない。自分自身の気質に従って自然を通訳する。それだけだ。

❖オーギュスト・ロダン
（フランスの彫刻家　一八四〇－一九一七）

ロダンは独学で彫刻の勉強をしたが、グランゼコール（高等専門教育機関）への入学を数度にわたり拒否され、さまざまな職に就きながら、彫刻家への夢を捨てなかった。一八七七年に制作した『青銅時代』は、あまりにリアルであったため、モデルから直接型取りしたのではないかとの疑いをかけられた。ロダンにすれば、この言葉の通り、「自分自身の気質に従って自然を通訳」した結果だったのだろう。

芸術作品は自分以外のいかなるものとも無関係である。

❖アラン・ロブ＝グリエ
（フランスの小説家・映画監督　一九二二－二〇〇八）

芸術作品を何かと比較したり、別の芸術作品と比較しても、決して答えは得られない（それが芸術作品である限り）。ロブ＝グリエはヌーヴォー・ロマンの旗手といわれ、評論や映画脚本も手がけた。処女作である一九五三年の『消しゴム』をロラン・バルトに絶賛され、『覗くひと』、『嫉妬』などの小説を次々と発表した。評論では一九六三年の『新しい小説のために』が有名。『去年マリエンバードで』で映画脚本でも実力を示した。

芸術作品は、神と芸術家の合作である。そして、芸術家のする仕事が少なければ少ないほどよい結果が出る。

ジッドはノーベル文学賞を受賞したパリ生まれの作家である。生涯に五十冊を超える小説、詩、戯曲などの作品を残した。代表作は『地の糧』、『贋金《にせがね》つくり』など。『贋金つくり』は、作中に作家が登場し、同じ題名の作品を書くという二重構造になっていた。一九四七年にノーベル文学賞を受賞。一九五一年にパリで没したのち、ローマ教皇庁によってその著作は禁書とされた。

❖**アンドレ・ジッド**（フランスの作家　一八六九－一九五一）

偉大な芸術家は常に時代に先んずるか時代の後に来る。

ムーアはオスカー・ワイルドと同時期にアイルランドに生まれ、パリで絵画の勉強をし、のちに作家となった。ただし、ここで「芸術家」と言っているのが、作家のことなのか、画家のことなのかはわからない。この句に関連して、アメリカの思想家エマーソンの「天才は、常に自分が百年先んじていることに気づく」という名句も思い出される。

❖**ジョージ・ムーア**（アイルランドの作家　一八五二－一九三三）

真の絵とは、何を描いても、まず空想がそこに語られているものだ。

そうでなかったら、写真を撮ればすむことになる。ロマン主義運動の指導者であり、歴史的・劇的な絵画でよく知られているドラクロワの言葉。代表作は『民衆を導く自由の女神』（一八三一年）など。最初に知られるようになったのは一八二二年、パリのサロンに入選した『ダンテの小船』であった。自由な画風で激しい批評も浴びたが、多くの作品がルーヴル美術館に所蔵されている。

❖**ユージェーヌ・ドラクロワ**（フランスの画家　一七九八－一八六三）

すばらしい絵画はうまい料理法のようなもので、味わえるが説明はされない。

たしかに、いくら説明されても、未見の名画を脳裏に描くことは不可能である。ヴラマンクは独自性を重んじたその生涯を通じて、ほとんど独学で絵を学んだ。唯一影響を受けたと本人が認めているのはゴッホである。典型的な明彩色を使うフォーヴィズムの旗手だったが、のちにはセザンヌの影響を受けて写実主義的な風景画を描くようになった。

❖**モーリス・ド・ヴラマンク**（フランスの画家　一八七六－一九五八）

リンゴ一つで、パリをあっと言わせてやる。

セザンヌは一八六二年、友人エミール・ゾラの勧めでパリに出て、印象派の画家としてモネやルノワールと共に活動した。後年、印象派とは決別し、独自の絵画様式を見出した

❖**ポール・セザンヌ**（フランスの画家　一八三九－一九〇六）

ことからキュビズムの先駆けといわれる。物の形があいまいに表現される印象派の技法に限界を感じ、行き着いたのが、ものの姿をしっかり捉える静物画の世界だった。

馬鈴薯のほうがざくろよりも劣ったものであるなどとは、だれがよく断定できるであろう。

❖**ジャン＝フランソワ・ミレー**（フランスの画家　一八一四－七五）

ミレーはバルビゾン派の画家の代表的な一人である。画家になる以前は父親と農業に従事していた。一八四四年のサロンで認められたが生活は苦しく、一八四九年パリのコレラ流行を機にパリ南方六十キロのバルビゾンに移住する。有名な『種まく人』、『落穂拾い』などはバルビゾンで描かれた。日本でもファンが多く、『種まく人』は岩波書店のシンボルマークにもなっている。

私はドラッグはやらない。私自身がドラッグなのだ。

❖**サルバドール・ダリ**（スペインの芸術家　一九〇四－八九）

なるほど、自分自身に酩酊している者に酒はいらないのと同じ道理である。ダリはスペイン・カタルーニャ地方の裕福な家に生まれ、少年時代から絵画に大きな興味を持った。マドリードの美術院で学んだのち、パリに進出しシュールレアリストとして活動する。一九四〇年にアメリカに定住し、宗教画を多く手がけた。友人ルイス・ブニュエルと共に映画も製作した。

❖岸田劉生（洋画家　一八九一－一九二九）

モダンの美には静がない。これは世相の反映である。モダンの美は、いそがしい美である。

一九〇八年に黒田清輝の白馬会絵画研究所に入り外光派洋画を学ぶ。雑誌『白樺』により、ゴッホ、セザンヌなどに衝撃を受ける。やがて画風が西洋画から東洋風に傾き、水墨淡彩の東洋画を描くようになり、大連に赴き『大連星ケ浦風景』などを手がけたが、その帰途に山口県で急逝した。娘・麗子が五歳から十六歳になるまで、連続して「麗子像」を描き続けたのは有名。

❖ピエール＝オーギュスト・ルノワール（フランスの画家　一八四一－一九一九）

絵は見るものじゃない。いっしょに生きるものだ。

ルノワールはリモージュに生まれ、陶器や扇の絵付師から転じ画家となった。一八六二年にエコール・デ・ボザールに入学し、同時にシャルル・グレールのアトリエで印象派の画家たちと知り合った。豊満な人物像や明るい色彩の女性を描いて、日本でも大変人気の高い印象派を代表する画家の一人である。画家の生命である右手と両足がマヒしたのちも妻の助力で傑作を描き続けた。

私はたくさん夢を見る。絵を描いていない時のほうが、たくさん描いているくらいだ。潜在意識の中で。

❖アンドリュー・ワイエス（アメリカの画家　一九一七―二〇〇九）

ワイエスはアメリカン・リアリズムの旗手で、日本でも人気の高い画家である。心身ともに虚弱だったため学校には行かず、挿絵画家だった父親に手ほどきを受けた。彼の絵は、ほとんどすべてが自宅チャッズ・フォードと別荘クッシングの風景とそこに住む人々の暮らしを描いたものである。代表作は一九四八年の『クリスティーナの世界』など。

食えなけりゃ食えなくても、と覚悟すればいいんだ。それが第一歩だ。その方が面白い。

❖岡本太郎（芸術家　一九一一―一九九六）『自分の中に毒を持て』より

漫画家の岡本一平を父として、小説家の岡本かの子を母として神奈川県に生まれた。一九三〇年から一家でパリに滞在し、ソルボンヌ大学で学ぶ。両親の帰国後一人で留学を続けていたがドイツ軍のパリ侵攻を機に帰国。大戦後は縄文土器などにインスピレーションを得て独自の作品を制作した。大阪の万国博覧会の「太陽の塔」が有名である。二〇一一年には生誕百年を記念する催しや出版、テレビ番組が相次いだ。

私は彼を溝から拾い上げて、フランスのために取っておいたのです。

❖リュシー・ユトリロ（ユトリロの妻）

リュシーは画家ユトリロ（一八八三―一九五五）の妻で、ユトリロの死後、一九六三年にモーリス・ユトリロ協会を設立し、彼の作品を保護した。ユトリロは、若い時からしばしば精神を病み、アルコール依存症だった。おまけに母親のややこしい人間関係に巻き込まれ、精神病院に入れられたこともあった。そのような彼の画家としての真価を認め、結婚したのが妻のリュシーだった。

天国までついてきてくれないか。そうすれば、あの世でも最高のモデルをもつことができる。

❖**アメデオ・モディリアーニ**（イタリアの画家　一八八四－一九二〇）

パリに出て、売れない画家として悶々とした生活を送っていた時に、十九歳の画学生ジャンヌ・エビュテルヌと出会い、同棲するようになる。モディリアーニはその後ジャンヌをモデルにして三十点もの肖像画を描いている。死に瀕してジャンヌに言った言葉がこれだが、彼女は二人目の子を宿していたにもかかわらず、モディリアーニの死の二日後にアパートの六階から飛び降り自殺し、彼のあとを追ったという。

彫刻家は物の形に、詩人は言葉に、音楽家は音に魅せられた人である。

❖**ジョアン・ミロ**（スペインの画家　一八九三－一九八三）

スペインのカタルーニャ地方のバルセロナで生まれ、バルセロナ、パリで美術を学んだ。幻想的で曲線を多用した絵画を製作し、シュールレアリストとして評価される。パリでは多くの画家や文人との交流があったが、ミロ自身は「画家」という肩書きに縛られることを嫌った。バルセロナに多くの建築を残すガウディにも影響を受けたという。

私には、彫刻は詩的であり、建築は散文的である。

マヤ・リンは中国系アメリカ人で、両親は一九四九年に中国から移住してきた。エール大学で建築の勉強をしている二十一歳の時に、ワシントンＤＣに造られるベトナム戦没者のための慰霊碑のデザインに応募し、千五百人近い応募者の中で一位となる。しかし、彼女がアジア系だったために、退役軍人たちの反感を招き、大きな論争となった。彼女が応募したのはスケッチだったが、そこには心情を吐露した手紙が添えられていた。「建築は散文的である」という言葉には、マヤ・リンの信念を感じることができる。

❖**マヤ・リン**（アメリカの彫刻家・建築家　一九五九―）

医者は、自分の過ちを闇に葬ることができるが、建築家はツタでも這わせてみてはと顧客にアドバイスすることくらいしかできない。

帝国ホテルの設計で日本でもよく知られている建築家であり、平屋建てのプレイリー様式という建築スタイルを確立した。遠い日本の建築を請け負った背景には、建築依頼主の妻との不倫、駆け落ち、その後不倫相手と子供、弟子たちを使用人に殺され、自ら設計建築した家を放火されるという、不幸なスキャンダルがあったようだ。

❖**フランク・ロイド・ライト**（アメリカの建築家　一八六七―一九五九）

デザインがいいとユーザーは喜び、メーカーは黒字になり、デザインにうるさい連中も満足する。

❖**レイモンド・ローウィ**（アメリカの工業デザイナー・流線型の父　一八九三―一九八六）

ローウィはパリ出身でパリ大学電子工学科、ラノー高等専門学校工学科で学ぶ。一九一九年ニューヨークに渡り、ファッション・イラストやグラフィック、メイシー百貨店の店舗装飾などを手がけ、一九二〇年にデザイン事務所を開設。一九二九年、ゲシュテットナー社の複写機のデザインを手がけてインダストリアル・デザインの第一人者となった。流線型デザインの草分けである。

◉音楽

音楽と静寂は切っても切れないものだ。音楽には静寂が必要であり、静寂は音楽にあふれている。

❖マルセル・マルソー（フランスのパントマイム俳優　一九二三－二〇〇七）

私はマルソーの公演を見たことがあるが、静寂は言葉にあふれ雄弁でありながら、やはり静寂であった。「沈黙の詩人」と呼ばれる、パントマイムの第一人者である。彼の演じるキャラクター、ビップはステージだけでなくテレビ出演でも大好評を得た。無言劇の形で多くの文学作品をパントマイムで表現し、パントマイムを「沈黙の芸術」と呼ばれるまでに昇華した。

音楽のない歌は、まるで○のないH_2だ。

ニューヨークのロシア系ユダヤ人の家庭に生まれる。弟は作曲家のジョージ・ガーシュインである。一九二一年に人気作曲家ヴィンセント・ユーマンスと組んで作詞家としてデビュー、その後弟ジョージと合作で数々のポピュラー音楽、ミュージカルのヒットを生み出した。一九二四年に作曲した「ラプソディ・イン・ブルー」は音楽史に残る名曲である。

❖**アイラ・ガーシュイン**（アメリカの作詞家　一八九六－一九八三）

もしも芸術ならそれは万人のためのものではなく、もしも万人のためのものならそれは芸術ではない。

とは言いつつも、シェーンベルクの音楽はあまりに難解で、理解できる人はほとんどいなかった。ウィーンに生まれ五十九歳でナチスの迫害を逃れてアメリカに亡命、一九四一年にはアメリカの市民権を得た。調性を放棄して十二音技法を生み出し、二十世紀前半の最も影響力のある作曲家となった。

❖**アルノルト・シェーンベルク**（オーストリアの作曲家　一八七四－一九五一）

オーケストラが自分たちの音を出しても、興味ない。作曲家の音を出してほしいのだ。

デビューは一九四三年。病気のため出演できなくなったブルーノ・ワルターの代役として、ニューヨーク・フィルを指揮し、バーンスタインは一躍名声を得た。作曲家としても

❖**レナード・バーンスタイン**（アメリカの指揮者・作曲家　一九一八－一九九〇）

有名で、一九五七年のミュージカル『ウェストサイド物語』、『キャンディード』、交響曲『エレミア』など多くの作品がある。一九六一年にニューヨーク・フィルの副指揮者となった小澤征爾を指導し、生涯の友とした。

どうやって作曲するかと言えば、ピアノに向かい、目を閉じて、聞こえたものをただ弾くだけです。

❖エルンスト・テオドール・アマデウス・ホフマン（ドイツの作家・作曲家　一七七六－一八二二）

チャゼーレ・ロンブローブの『天才』の中に収録されているホフマンの述懐。奇想天外の生涯を送った。大学は法科。陪審判事として各地の裁判所に務めたのち、バンベルク劇場の劇場監督となる。その後、作家として成功し、再び官吏に戻り、文士と役人の二重生活を送った。作品『黄金の壺』は有名。

一日練習を休むと自分でわかる。二日休むと批評家にわかる。三日休むと聴衆にわかってしまう。

❖イグナーチ・パデレフスキー（ポーランドのピアニスト　一八六〇－一九四一）

パデレフスキーはピアニストでありながら政治の世界に踏み込み、一九一九年にポーランドの首相となった人物である。ワルシャワ音楽院に学び、教授も務めた。一八八七年、ウィーンでデビュー。一八八七年にパリ、一八九〇年にロンドンと活動範囲を広げ、大成功を収めた。その後首相となったが、一九二二年には引退して音楽活動に専念した。

練習はしません。常に演奏です。

過去の楽器であったチェンバロを現代によみがえらせ、「古楽」の復活の立役者となったランドフスカの名言。ワルシャワ音楽院で学び、ヨーロッパで著名なコンサート・ピアニストとなった。一九一二年ベルリン高等音楽院でチェンバロ教授となり、一九二七年にはパリ郊外に古典音楽学校を創設した。

❖**ワンダ（ヴァンダ）・ランドフスカ**（ポーランドのチェンバロ奏者　一八七七－一九五九）

芸術家は運動選手と同じく、自己ベストで評価されるべきだ。私の演奏の中からベストのものを一つ二つ選んで、「これが彼の業績だ。あとのは全部リハーサルさ」と言ってもらいたいね。

アーティー・ショーはニューヨーク生まれのジャズクラリネットの名手で、ベニー・グッドマンのライバルであったといわれる。一九二五年にプロとなって、一九三〇年以降「ビギン・ザ・ビギン」で人気を博した。才能は認められていたが、突然に公演をキャンセルする癖があり、人気、実力共に充実していた最中に引退を表明、伝説のジャズマンとなった。

❖**アーティー・ショー**（アメリカのジャズクラリネット奏者　一九一〇－二〇〇四）

体を少し前にかがめ、ギターを胸で支えなさい。音楽の詩はハートに共鳴するからです。

❖**アンドレス・セゴビア**（スペインのギタリスト　一八九四－一九八七）

クラシックギターが、現在のようにホールで独奏する楽器として認められたのはセゴビアの功績であると言っても過言ではない。最初の演奏会は一九〇九年で、その後各地で演奏し、国際的に高い評価を受けた。自ら編み出した指の爪で弦をはじく演奏技法を用い、広範な音楽のジャンルの演奏を可能にし、多くの現代作曲家が彼のために作曲した。ギターという楽器の改善にも努力した。

チェロは、年をとらず、むしろ時とともに若さを増し、ほっそりと、しなやかで優美になっていく美しい女性のようだ。

❖パブロ・カザルス（スペインのチェロ奏者　一八七六－一九七三）

この世の何よりもチェロを愛した巨匠カザルスの言葉。カタルーニャ地方に生まれ、二十世紀最高のチェリストと呼ばれた。一九七一年、ニューヨーク国連本部にて「私の生まれ故郷カタロニアの鳥は、ピース、ピース（平和）と鳴くのです」と語り、『鳥の歌』(El Cant dels Ocells) をチェロ演奏した。カザルス九十四歳のエピソードである。

レコードはホールのないコンサートだ。レコードは持ち主が館長を務める博物館だ。

❖グレン・グールド（カナダのピアニスト　一九三二－一八二）

グレン・グールド正式なデビューは一九四六年、故郷であるトロントで、トロント交響楽団とベートーヴェン『ピアノ協奏曲第四番』を競演した。一九五五年、ワシントンでアメリカでの初演奏会を開催し、その後ヨーロッパでも高い評価を得た。一九六四年、コンサートでの演奏を止めてその後はレコード録音でのみ、演奏活動を続けた。今日では、YouTubeで彼の演奏風景を見ることができる。

❖アイザック・スターン
（アメリカのバイオリニスト　一九二〇－二〇〇一）

世界中どこでも、音楽がホールの価値を高める。例外は一つ。カーネギー・ホールだけは、ホールが音楽の価値を高める。

スターンはベラルーシのクレメネツで生まれ、一歳を過ぎた頃、家族でサンフランシスコに移住した。幼い頃から家庭でバイオリンの手ほどきを受け、一九二八年からサンフランシスコ音楽院で学び、一九三四年にサンフランシスコ交響楽団に客演しデビュー。一九四〇年以降世界中で名声を博し、各地で演奏を披露した。

❖ジョーラン・ジェンテレ
（メトロポリタン・オペラ総支配人　一九一七－七二）

オペラは、二十世紀の聴衆を見つけなくてはならない十八、十九世紀の芸術である。

これはあらゆるクラシック音楽が負わなくてはならない宿命だろう。スウェーデンのストックホルムに生まれ、スウェーデン王立オペラの支配人となったジェンテレの言葉。その後、ニューヨークのメトロポリタン・オペラの総支配人となるが、最初の公演を待たずして自動車事故で二人の娘と共に命を落とした。生き残った妻が彼の遺志を継いで、ビゼーの『カルメン』の公演を実現した。

私は訴えられたりしない。私は天使の声を持っているのだから。

マリア・カラスはニューヨークで、ギリシャ人の両親のもとに生まれた。二十世紀最高のソプラノ歌手であり、ベルカントオペラの天才的歌い手であった。しかし、活躍の期間はそれほど長くはなく、一九六五年の『トスカ』を最後に、オペラの舞台で歌うことはなかった。一九五九年にギリシャの海運王オナシスと知り合い、恋に落ちる。夫との離婚成立には七年もの歳月がかかったが、皮肉にもオナシスが結婚したのは元ケネディ大統領夫人のジャクリーヌだった。

❖**マリア・カラス**（アメリカのソプラノ歌手　一九二三－七七）

私は消費するのが好きだ。そうしないと、こっちが消費されるからだ。

パンク・ロックの先駆け的存在で、X-ray Spex の歌手だった。十五歳の時にわずか三ポンドを手に家出して、ヒッチハイクの旅に出たという。世の中は、消費する人間と消費される人間に大別されるということか。スタイリンは私がこの原稿を執筆したとたん、四月二十五日に五十三歳の若さで亡くなった。彼が「消費された」のではないことを祈る。

❖**ポリー・スタイリン**（イギリスの歌手　一九五七－二〇一一）

アメリカの生んだ最も偉大な大使は、ポップスである。

それを言うなら、イギリスが生んだ最大の大使は、疑いなくビートルズである。カーンはブロードウェイで活躍した作詞家である。二十六回アカデミー賞にノミネートされ、四

❖**サミー・カーン**（アメリカの作詞家　一九一三－九三）

回受賞したという。フランク・シナトラの楽曲の作詞の多くを担当した。『錨をあげて』、『ポケット一杯の幸福』など、日本でもなじみ深い多くの作品がある。

ボクたちは今や、イエス・キリストより有名だ。

❖**ジョン・レノン**（イギリスのミュージシャン　一九四〇－八〇）一九六六年三月四日の『イブニング・スタンダード』紙より

レノンは言うまでもなくビートルズのボーカル、ギタリストとして活躍し、世界に愛されたミュージシャンである。一九七〇年にビートルズが解散してからは、ソロとして活動し、二人目の妻となったアーティストのオノ・ヨーコと共に平和運動家としても活動した。この言葉はイギリスでは問題にならなかったが四か月後にアメリカのファン・マガジンに掲載されて問題視され、保守的宗教団体によるアンチ・ビートルズ運動が巻き起こった。

最大の困難の第一は、名声を得ることであり、第二は存命中に維持することであり、第三は死後も保持することである。

❖**フランツ・ヨーゼフ・ハイドン**（オーストリアの音楽家　一七三二－一八〇九）

ハイドンの場合は、この三つの困難をすべてクリアしている。ローラウに生まれ、幼い頃から音楽を学び、八歳でウィーンのシュテファン大聖堂の聖歌隊員となり九年間働く。若くしてオペラや交響曲を発表して名声を得、モーツァルトとの親交を結んだ。ロンドンに二度演奏旅行し、大歓迎を受けた。ドイツ古典音楽を確立し、今日まで大作曲家として尊敬されている。

批評家が何と言おうと気にしないことだ。これまで批評家の銅像など、建てられたためしがない。

シベリウスは一八九一年に『クレルヴォ交響曲』を発表し、好評ではあったが存命中三回しか演奏されなかった。一八九七年以降国家より終身年金を受けて作曲に専念し、七つの交響曲を作曲。交響曲『フィンランディア』とヴァイオリン協奏曲は国際的に人気が高いが、発表当時、ヴァイオリン交響曲は批評家に評判が悪く、その後大幅に手直ししたという。

❖**ジャン・シベリウス**（フィンランドの作曲家 一八六五－一九五七）

◎文学

子供の頃はウソつき呼ばわりされた。だが、大人になった今は、作家と呼ばれている。

シンガーは当時ロシア領だったポーランドのワルシャワ近郊でユダヤ人のラビ（ユダヤ教の聖職者）を父として生まれた。一九三二年ワルシャワにて処女作『ゴライの悪魔』を上梓。一九三五年アメリカに移住し、ジャーナリストとなった。一九四三年アメリカに帰化し、ドイツ、アメリカのユダヤ人を主題とした作品を発表する。一九七八年ノーベル文

❖**アイザック・B・シンガー**（アメリカの作家 一九〇二／〇四－九一）

学賞受賞。「われわれの知識は無知の大海に浮かぶ小島である」という名句も印象的。

独創的な作家とは、誰の模倣もしない作家ではなく、誰も模倣できない作家のこと。

❖**F・R・シャトーブリアン**（フランスの小説家・作家　一七六八－一八四八）

シャトーブリアンはブルターニュの港町に生まれたが、パリの名家に嫁いだ姉が開いたサロンで、多くの文人の知遇を得、のちに作家となった。若くしてアメリカに渡り、フランス革命の際に故国に帰り、のちにナポレオンと喧嘩していったんは政界を退いたが、王政復古で外務大臣に返り咲いた。誰も真似することのできない数奇な一生を送った。

プロの作家とは、書くことをやめなかったアマチュアのこと。

❖**リチャード・バック**（アメリカの作家・飛行家　一九三六－）

バックは『かもめのジョナサン』の著者といえばご存じの方も多いだろう。一九七〇年に出版されたこの本は、当初はまったく話題にならなかったものの、二年後に突然ベストセラー・ランキングの一位となった。『イリュージョン』、『ONE（ワン）』、『翼にのったソウルメイト』などが邦訳されており、いまだにファンも多い。

私は、自分に書く才能がないということを発見するのに十五年かかった。しかしその頃はもう有名になりすぎていて物書きをやめることができなくなっていた。

❖**ロバート・ベンチリー**（アメリカのユーモア作家　一八八九−一九四五）

よほど自信がなければ、こうは言えまい。ベンチリーは劇評家、脚本家、ナレーター、俳優の肩書きも持つマルチタレントの持ち主。雑誌『ライフ』、『ザ・ニューヨーカー』の劇評欄を担当。自身の脚本・監督で製作した短編映画『いかに眠るか』でアカデミー賞を受賞。『奥様は魔女』ではコメディアンとして出演している。

文学者の仕事というものは優秀であればあるほど、体系からの創造ではなく、虚無からの創造である。

❖**横光利一**（作家　一八九八−一九四七）『断片』より

早稲田大学中退後、菊池寛に師事し、文学を志した。一九二三年に『文芸春秋』創刊に際して同人となる。菊池寛によって川端康成と引き合わされ生涯の友となった。川端は後年、横光の葬儀で「君の名に傍えて僕の名の呼ばれる習わしも、かえりみればすでに二十五年を越えた」と、その交友の長さ、深さを語っている。新感覚派の代表的作家であった。

私が書いたのではなく、神が書きたもうたのです。私はただ書き取ったに過ぎません。

ストウは厳格なカルヴァン派の牧師である父親の下に生まれ、女学校で教育を受けたあと、父親が校長となったシンシナティの学校で教師となる。代表作『アンクル・トムの小屋』は一八五〇年の逃亡奴隷法を契機として「奴隷制度がキリスト教精神に反すること」を訴えて書かれ、大反響を呼んだ。のちにリンカーン大統領は、「大きな戦争（南北戦争）を引き起こしたのはこんなに小柄な婦人だったのですか」と彼女に言ったという。

❖ハリエット・ビーチャー・ストウ（アメリカの作家　一八一一―一八九六）

私は気分が乗ってくるのを待ったりしない。そんなことをしていたら何も仕上がらない。「とにかく着手する」ということを知るべきである。

アメリカで生まれるが、わずか三か月の時に両親と中国に移住。その後、バックは何度も中国とアメリカの間を行き来する。一九三一年に発表した『大地』により、ピュリツァー賞を受賞。さらに、一九三八年にはスウェーデンの探検家、スヴェン・ヘディンの推薦でノーベル文学賞を受賞した。次々に大作を書き続けた秘訣は、「とにかく着手する」というポジティブな姿勢から生まれたのだろう。

❖パール・S・バック（アメリカの作家　一八九二―一九七三）

私は、たとえ自分の夫しか読まないとしても、本を書いていたい。

❖アガサ・クリスティー（イギリスの推理作家　一八九〇―一九七六）

世界に知られた「ミステリーの女王」クリスティーの述懐。最初の夫クリスティー大佐の姓をペンネームとし一九二〇年にデビュー。有名な探偵エルキュール・ポワロやミス・マープルといった推理小説になくてはならない「謎解きをするキャラクター」の生みの親である。生涯に百以上の作品を書き、ギネスブックに「史上最高のベストセラー作家」として認定されている。

窓の外を眺めている時に作家は仕事をしているのだが、作家の妻にはこれがどうにも理解できない。

ラスコーはシカゴ大学の学生時代から『シカゴ・トリビューン』で仕事を始めた根っからのジャーナリスト。その後、『ニューヨーク・ヘラルド・トリビューン』で文芸評論を担当した。著書の中では、一九三一年に刊行された『文学の巨人たち』が有名。教会の尖塔を見つめながら思索したカントの例も思い出される。

❖**バートン・ラスコー**（アメリカのジャーナリスト　一八九二―一九五七）

どうして、人が読める本を書かないの？

アイルランドの作家、ジェイムズ・ジョイスの妻が、難解な作品を書く夫に言った言葉。ノーラはゴールウェイに生まれるが、両親の不和から少女時代は祖母のもとに預けられたり、修道院に入れられたりしたという。単身ダブリンに上京し、ジョイスと出会うが、二人の最初のデートの日付、一九〇四年六月十日は『ユリシーズ』の中で〈ブルームズデ

❖**ノーラ・ジョイス**（ジェイムズ・ジョイスの妻　一八八四―一九五一）

イ〉として使われている。二人の出会いからのストーリーは、二〇〇〇年に『ノーラ・ジョイス　或る小説家の妻』として映画化された。

人がストーリーの展開を面白いと感じられる理由は、展開が予測の範囲だからだ。その枠をこえた本当の予測不可能な展開だと、感想以前の「???」しか出てこず、面白いどころか「意外だ」と感心することすらできなくなる。

❖保坂和志（作家　一九五六－）『書きあぐねている人のための小説入門』より

ストーリーの展開が奇想天外すぎると、読者は「はてな」しか感じることができなくなる。予想の範囲内で進むと、読者は居心地のよさを感じる、というのである。いくつかの選択肢を予想しながら読めるのは、ストーリーへの参加でもある。一九九五年に『この人の閾《いき》』で芥川賞を受賞。

書きすすむうちに登場人物たちがあまりにもいきいきとして魅力的になってきたために、作家があらかじめ用意したプロットや小説全体の流れを、主人公たちの成長や変化に従って、変更する気になることがしばしばあるというのは事実だ。（中略）しかし、作家が登場人物に小説の方向や狙いや内容のすべてをまかせてしまえば、必ずみじめな結果におわる。

❖ディーン・R・クーンツ（アメリカの作家　一九四五－）『ベストセラー小説の書き方』より

スティーヴン・キングと並び、モダン・ホラーの代表的作家であるクーンツが、後進のために自ら制作の手順を明かした高級なハウツー本の中の言葉。身近な知り合いを登場人物のモデルにすることも推奨しているが、登場人物についてはすべてを知り尽くしていなければならないと言い、知り合いといえどもそこまで知り尽くしているはずはない、と警告する。

多くの小説において、虚構性が最も顕著なのは、「登場人物はすべて架空の存在です」という断り書きの部分である。

❖**フランクリン・P・アダムズ**（アメリカのジャーナリスト・ユーモア作家　一八八〇―一九六〇）

アダムズは多くの名句を残した人物である。禁酒法時代には、その守られない、意味のない法律がいかにばかげているかを題材に詩を発表して批判した。一九三八年から四八年の間、『インフォメーション　プリーズ』というラジオ番組に出演。この断り書きは、多くのテレビドラマにも使われている。

小説が人生に似ているというよりも、人生のほうがもっと小説に似ている。

❖**ジョルジュ・サンド**（フランスの女流作家　一八〇四―七六）『語録』より

サンドは十九世紀フランスで、多くの文化人と交流を持ち、百篇あまりの小説、戯曲と多数の論文を発表した女流作家である。十八歳でデュドヴァン男爵と結婚したが、一八三一年、自立を決意し文筆生活に入った。一八三三年から三五年にはミュッセと、一八三八年から九年間はショパンと恋愛関係にあり、自立した女性の立場を身をもって示した。代表作の一つ『愛の妖精』は精緻な心理描写と鮮やかな風景描写で最高傑作とも言われる。

何事においても、完璧が達せられるのは、付け加えるものが何もなくなった時ではなく、削るものが何もなくなった時である。

『星の王子さま』の作者、サン＝テグジュペリの名言。兵役によって陸軍飛行連隊に所属し、退役後民間の飛行士となった。一九三一年に発表された『夜間飛行』は〝英雄的行動〟という彼の哲学に基づいた作品である。第二次世界大戦中、単独で偵察機に乗って飛行中、地中海で消息を絶った。二〇〇〇年五月にテグジュペリが乗っていたとみられる飛行機の残骸がマルセイユ沖で発見され、ニュースとなった。

❖**アントワーヌ・ド・サン＝テグジュペリ**（フランスの作家・飛行士　一九〇〇－一九四四）

一人の作家から盗むと盗作だが、たくさんの作家から盗むと研究になる。

ミズナーはカリフォルニア州ベニシアに生まれ、南米グアテマラで育ち、二十代でニューヨークの美術愛好家、談話家、ブロードウェイの劇作家として知られるようになった。ギャンブル好きでもあり、ボクサーを雇って試合を運営していた。しかし、根っからの無精とアヘン中毒で劇作家としての仕事は陰りを見せる。カリフォルニアに戻り映画業界人からの援助で、レストランの経営やトーキー映画の脚本を執筆。代表作に *The Deep Purple* や *The Greyhound* がある。

❖**ウィルソン・ミズナー**（アメリカの劇作家　一八七六－一九三三）

書いている時は不幸だが、書いていない時はもっと不幸である。

❖**ファニー・ハースト**（アメリカの作家　一八八九－一九六八）

オハイオ州ハミルトンに生まれる。コロンビア大学大学院在学中に作家を志したハーストは、一九一四年に作品を発表して作家として名を馳せた。代表作は『裏街』（一九四一年）や『悲しみは空の彼方に』（一九五九年）などで、多くの作品が映画化されている。映画『悲しみは空の彼方に』では、五十年代のガール・ファッションが楽しめるという。

医者からあとたった六分の命だと言われても、くよくよしないね。ちょっと急いでタイプを打つだけさ。

❖アイザック・アシモフ（アメリカの作家　一九二〇－一九九二）

アシモフは『われはロボット』などの作品で高名なSF作家だが、生化学者としてボストン大学生化学教授の職も務め、教科書執筆や一般向けノンフィクション、講演活動なども活発に行った。十五歳で飛び級でコロンビア大学に入学したというから、聡明な人物であったことは確かだが、それ以上に自他共に認める「仕事中毒」であったようだ。人生の締め切りよりも原稿の締め切りが大事なら、それはそれで幸せな話だと思う。生涯に二八九冊の本を著した。

この一〇世紀間における文学作品を比べてみると、全ヨーロッパが生んだ文学作品より日本一国が生んだ文学作品の方が質および量の両面で上、と私は思います。

❖藤原正彦（数学者・エッセイスト　一九四三－）『国家の品格』より

「この一〇世紀」とは五世紀から十五世紀までを指す。この時期に日本では、『万葉集』、

『古今集』、『枕草子』、『源氏物語』、『新古今集』、『方丈記』、『徒然草』などの名作が生まれている。この時期のヨーロッパは、藤原の専門の数学の領域でもレベルが低く、たとえば「ルート2」が有理数かどうかすらわかっていなかったという。『国家の品格』は二〇〇五年に刊行され、半年で二五〇万部を超える大ベストセラーとなった。

物語は、世の中の物のあはれのかぎりを書きあつめて、読む人を深く感ぜしめんと作れる物なり。

❖紫式部（女流文学者　生没年不明）

著名な学者、藤原為時《ためとき》を父として生まれ、幼い時から漢文を読みこなすなど、才女として誉れ高かったという。藤原宣孝《のぶたか》と結婚したが死別し、藤原道長の娘、彰子《しょうし》に仕えた。『源氏物語』以外に、『紫式部日記』と歌集『紫式部集』を書いたと言われている。生没年は不詳だが、ほぼ死後千年となる。千年前に日本女性によって近代小説の先駆とも言える『源氏物語』が書かれたことは、世界文学の奇跡である。

◎詩

私の作品を詩と呼ぶのは、他に該当するカテゴリーがないから、仕方ない。

❖マリアン・ムーア（アメリカの詩人　一八八七－一九七二）

ムーアの処女作は一九二一年出版の『詩集』。一九五一年に『全詩集』、一九六七年には『完全詩集』を刊行している。グリニッジ・ヴィレッジの「イディオシンクラティック（特異な）」グループと交流があり、一九二六年から三年後の廃刊まで月刊文芸誌『ダイヤル』の編集にかかわった。洗練されたスタイルのモダニズムの詩人である。

詩というものは、ちょうどぬれ砂が銅貨に及ぼすような効き目と同じ効き目を単語のうえに及ぼすものなのです。まるで奇蹟としか思われないような仕方で、味もそっけもないものに見えた単語にピカピカ光るつやを与えるのです。このようにして詩はたえまなく「言語を再びつくりなおしつつある」のです。

❖C・D・ルイス（イギリスの詩人　一九〇四－七二）『詩をよむ若き人々のために』より

『詩をよむ若き人々のために』は平易な言葉で詩の本質を書いた本として有名。このすぐあとには、「詩はいろんな単語をあたらしく交際させることによってそれらの単語の価値というものをゆたかにすることができます」という言葉。とにかく若者にもわかるで言葉で生き生きと語っている。ルイスはニコラス・ブレイクというペンネームで探偵小説や『オタバリの少年探偵たち』などの少年少女小説も書いた。

〝何か〟が私をうんざりさせている。その〝何か〟とは私のことだと思う。

❖ディラン・トマス（イギリスの詩人　一九一四－五三）

トマスはウェールズのスウォンジーで生まれ、一九三三年にロンドンに出て、最初の詩集『十八編の詩』を発表。この中には「緑の信管を通して花を駆る力」などの力作が含まれていた。詩集以外にも、多くのエッセイや短編小説を残す。一九五〇年から数回アメリカに講演旅行にでかけ、酒乱と好色の風評を裏付ける蛮行を繰り返したのち、一九五三年にニューヨークで多量のアルコールを摂取して倒れ、三十九歳の若さで死去した。死の前年に、『全詩集 一九三四―一九五二』を出版している。

私は別段詩人になろうと決意したわけではない。いつだって詩を書いていたからね。

本名エドワード・エストリン・カミングスだが、彼の書く詩の自由な言語スタイルの表現のため、出版時に本人の署名の通りに小文字で e. e. cummings と表記された。ピリオドがない表記のもの、大文字の場合もある。画家としてよりは作家として認められた人物である。フランスの作曲家サティが、サイレンやタイプライターやピストルなどを使った前衛音楽を初演した時に、アメリカから駆けつけたという記録が残っている。いかにもカミングスが興味を持ちそうな舞台だった。

❖**E・E・カミングス**（アメリカの作家・画家　一八九四－一九六二）

詩はあたかも指の間からもれ落ちていく砂のようなものである。

プラハに生まれたリルケは、十歳頃から詩を作り始める。プラハ大学やミュンヘン大学で文学や美術、哲学などを学ぶ傍ら、多くの詩や散文を執筆。代表作に『マルテの手記』、

❖**ライナー・マリア・リルケ**（オーストリアの詩人　一八七五－一九二六）

『ドゥイノの悲歌』、『オルフォイスへのソネット』などがある。一九二二年の二月二日から二十三日の間に『オルフォイスへのソネット』が書かれたが、この間に『ドゥイノの悲劇』も完成しており、この二十日あまりは文学史上でも特筆されるべき創造の嵐の期間であった。

一編の詩は流星である。

❖**ウォレス・スティーブンズ**（アメリカの詩人 一八七九－一九五五）『遺稿集』より

スティーブンズはジャーナリスト、弁護士などを経て四十歳を越えてから『ハーモニアム』を初めて出版。一九五四年には『全詩集』が出版された。哲学的で難解な作品を多数残した。一九五五年ピュリツァー賞受賞。この句自体、類いまれな詩魂の表れである。彼の詩を読むと、冒頭の一行で不意打ちにあったような印象を受ける。たとえば、『壺の奇談』の一行目は「私はテネシーに壺を置いた」という奇想の句である。

詩とは翻訳で失われる何かである。

❖**ロバート・フロスト**（アメリカの詩人 一八七四－一九六三）

フロストはサンフランシスコに生まれ、若い時に家族と共にイギリスに滞在し、詩集を出す。アメリカに戻り、ハーバード大学などで教えながら、詩作を続け、生涯で四回もピュリツァー賞を受けた。「自由詩はネットを下ろしてテニスをするようなもの」という言葉でわかるように、アメリカのモダニズムの風潮に背を向けたため、古い体質の詩人という評価もされた。

詩集を出版するってのは、グランドキャニオンにバラの花びらを落として、エコーが返ってくるのを期待するようなものさ。

そこまで悲惨ではないと思う。現に大音響のエコーに恵まれた詩集もあるのだから。最近の日本でも老人の書いた詩集が大ブレークした。マークィスはイリノイ州ウォールナットに生まれる。三十四歳から五年間、『アトランタ・ジャーナル』紙の編集委員として務め、多くの論説を手がける。その後も『イブニング・サン』や『ニューヨーク・トリビューン』で長きにわたりコラムを執筆する。著書も三十五冊ほど出版している。

❖**ドン・マークィス**（アメリカのジャーナリスト・作家　一八七八－一九三七）

ウイスキーを水でわるように、言葉を意味でわるわけには行かない。

戦時中、学徒動員で海軍に入隊。一九四七年に、鮎川信夫らと『荒地』を創刊し、優れた詩を発表する。第一詩集『四千の日と夜』で評価を受け、一九六三年、『言葉のない世界』で高村光太郎賞を受賞。この詩集の英訳タイトルは *World Without Words* と頭韻を踏んでシャレている。田村の詩は、まるでラップのようなリズムを感じさせる。さながら音楽のような詩であって、それを「意味」で割ることはできないのかもしれない。

❖**田村隆一**（詩人　一九二三－一九九八）

生命は力なり。力は声なり。声は言葉なり。新しき言葉はすなはち新しき生涯なり。

❖**島崎藤村**（詩人・小説家　一八七二－一九四三）『藤村詩集』自序より

「遂に、新しき詩歌の時は来りぬ。そは美しき曙のごとくなりき」という高らかな宣言に始まる『自序』の中の言葉。また、『序のうた』の冒頭は、「心無き歌のしらべは／一房の葡萄のごとし／なさけある手にも摘まれて／あたたかき酒となるらむ」という句で始まる。藤村の詩は韻律の美しさがきわだっている。

これから俳句をはじめようとする人は、それまでどっぷり浸かっていた日常的な散文の世界から韻文の世界へ頭を、というより心身のすべてを切り換える必要がある。

❖**長谷川櫂《かい》**（俳人　一九五四－）『決定版一億人の俳句入門』より

俳句の五・七・五のリズムは、和歌の五・七・五・七・七と同じく、日本語の深部から発せられる鼓動であり、それは生き物の胸の奥で心臓が刻んでいる強・弱のリズムと同じように根源的なものだ、という。韻文の世界に入るのは、この根源的なリズムへの回帰でもある。『俳句的生活』、『一億人の季語入門』などの著書がある。

わが心、水の如くあれ、わが心、空の如くあれ

❖**種田山頭火**（俳人　一八八二－一九四〇）一九三〇年十一月二十九日の日記より

尾崎放哉《ほうさい》と同じく、荻原井泉水《せいせんすい》に師事して自由律俳句をつくるようになり、放浪を続けつつ、句を詠む。風に吹かれ、時雨にあいながら歩き続けた様子が歌われる。「風に吹かれ　信心申して居る」、「しぐるるや道は一すじ」、「しぐるるや　人のなさけに涙ぐむ」、「うしろ姿のしぐれていくか」など。

咳をしても一人

おそらく文学史上最短の俳句。東京帝国大学法科大学政治学科を卒業しながら、保険会社を次々に罷免されるダメダメの人生を送り、最後は放浪に生き、小豆島の小庵で息を引き取った。荻原井泉水の指導を受け、自由律俳句の名作を残した。「いれものがない両手でうける」、「足のうら　洗えば白くなる」、「あすは元旦が来る仏とわたくし」など。

❖**尾崎放哉**（俳人　一八八五－一九二六）『大空』より

◉言葉

人間は、言語によってのみ人間である。

シュタインタールはフンボルトの影響を受けて研究を行い、のちに心理学的な方法を言語研究に導入した。人間以外の生き物には与えられていない賜物である言語は、人間が生まれてすぐに周囲から言葉のシャワーを浴びることで急速に習得するもの。人間と言葉の密接したつながりを的確に表している。民族心理学の創始者の一人でもある。

❖**ハイマン・シュタインタール**（ドイツの言語学者　一八二三－一八九九）『言葉の起源』より

人間は、人間となるために言葉を発明せねばならなかったのでは決してない。人間は、すでに人間であったがゆえに、言葉を贈り物として与えられたのである。

❖ヴィルヘルム・フォン・フンボルト（ドイツの言語学者　一七六七－一八三五）

フンボルトはポツダムで生まれ、ヨーロッパ各地を見聞したのちに外交官となり、プロイセンの駐ローマ大使、駐ウィーン公使などを歴任した。言語学の功績としては、バスク語の研究で有名である。インド・ヨーロッパ語族主義の立場からの言語研究であったとも言われる。フンボルト大学の設立者。弟は地理学者・博物学者のアレクサンダー・フンボルト。

言語とは絶えず生成し、常に流動している世界を、あたかも整然と区分された、ものやことの集合であるかのような姿の下に、人間に提示してみせる虚構性を本質的に持っているのである。

❖鈴木孝夫（言語学者　一九二六－）『ことばと文化』より

日本人は「水」と「湯」を使い分けるが、英語話者はどちらも water で表す。このように、言葉は物事をどう捉えるかという認識の仕方と密接に関係しており、それゆえ、本質的に虚構性を秘めている、というのである。

言葉をつくり出す才能、それは思考が言葉の海に飛び込んで、滴《しずく》をしたたらせながら海から出てくるようなものだ。

そして、滴がすべて乾いてしまうと、何度も言葉の海に身を投げるのが作家であろう。ウルフは両親共に再婚で、一家の七番目の子供として家庭教師によって教育を受けた。後年、兄のケンブリッジでの有名人を中心としたブルームズベリー・グループに属し、経済学者ケインズや夫となるレナード・ウルフと親交を結ぶ。一九四一年、ウーズ川にて入水自殺。

❖**ヴァージニア・ウルフ**（イギリスの作家　一八八二－一九四一）

彼はこの地上で最も気高いと思った力、それに仕えるのが自分の天職だと感じていた力、彼に高貴と栄誉とを約束した力、すなわち無意識にしてもの言わぬ生の上に、微笑をたたえつつ君臨する精神と言語の力に全身をゆだねた。

天性の芸術家としてではなく、現実社会の中で苦悩しつつ作品をつむぎ出す若い作家トニオに託して、マンは生活しつつ創造する者の矛盾と誇りをこう表現した。「そしてこの力はその贈りうる一切を贈って彼に報いたが、また、その代償に奪いとるのを常とする一切を、容赦なく彼から奪いとった」と続く。『トニオ・クレーゲル』は長編『ブッデンブローク家の人々』の後に発表された珠玉の中篇である。一九二九年ノーベル文学賞受賞。

❖**トーマス・マン**（ドイツの作家　一八七五－一九五五）『トニオ・クレーゲル』より

言論の自由を殺すことは、真理を殺すことである。

ロンドンに生まれケンブリッジ大学で学んだ。その後詩作のための準備期間として六年間閑居し、いくつかの作品を発表。清教徒革命の間は詩作から離れて政治的活動をした。一六四九年にクロムウェルが国王を処刑した時に、ミルトンは政治的自由を主張して、これを支持した。代表作『失楽園』は一六五八年に着手されたが、その数年前には失明していた。一六六七年に十巻本で刊行されたが、一六七四年に第二版として十二巻本が刊行された。

❖**ジョン・ミルトン**（イギリスの詩人　一六〇八－一六七四）

わかりやすい文章を書く者は読者を得、わかりにくい文章を書く者は解説者を得る。

カミュは当時フランスの植民地であったアルジェリア生まれ。劇作家、ジャーナリストとしても活躍する。第二次世界大戦中、フランスのレジスタンス運動に加わり、その後一九四八年までサルトルと共に左翼紙『コンバ』の編集長を務めた。代表作『異邦人』で国際的名声を得た。一九五七年に史上最年少のノーベル文学賞受賞者となった。

❖**アルベール・カミュ**（フランスの作家　一九一三－一九六〇）

ほんの少し不正確にすることで、説明をうんと省けることがある。

複雑な事柄を要領よくまとめた文章には、不正確さは不可避である。マンローは筆名

❖**ヘクター・H・マンロー**（イギリスの作家　一八七〇－一九一六）

「サキ」のほうがよく知られているだろう。短編の名手で、ユーモアと風刺の利いた独特のテイストの作品を残した。イギリス植民地ビルマ（現ミャンマー）のアクヤブ生まれ。イギリスで教育を受けた後、ミャンマーに戻って警官となった。一八九六年にロンドンでジャーナリストとなり、第一次世界大戦で志願兵として戦死した。

ウィットは真理を含んでいるが、冗談は言葉の柔軟体操でしかない。

❖**ドロシー・パーカー**（アメリカの詩人・短編作家　一八九三―一九六七）

ウィットが「機知」と訳される所以《ゆえん》である。パーカーはニュージャージーのウェストエンドで生まれ、修道院で教育を受けた。一九一六年『ヴォーグ』誌に詩を投稿し、それをきっかけに編集の仕事を得た。辛口の劇評、書評などで有名。一九三〇年刊行の詩集『井戸のように深くはなく』、一九二六年のベストセラー『勝手気まま』などの著書がある。

これまでに吐かれた金言名句のうちで、人間の愚行を一つなりとも食い止めたものは皆無に近い。

❖**トマス・B・マコーリー**（イギリスの歴史家　一八〇〇―五九）

同様に、いかなる崇高な音楽も絵画も、人間の愚行を止めることはできない。マコーリーはケンブリッジ大学に学びその後弁護士になったが、弁護士が気に染まずに文学に転じた。一八三〇年には国会議員となり、ジェイムズ・ミルの政敵として、また雄弁家として名声を得る。代表作は『ジェイムズ二世以降の英国史』で一八四八年から六一年にかけて刊行されたが、第五巻は未完に終わっている。

美しいことばが飢えた胃袋をなだめた例はない。

代表作『マリー・アントワネット』をはじめとする伝記、また『バルザック』などの評伝で名高いツヴァイクの句。ウィーン大学在学中に叙情詩人としてデビューし、各地を旅行して著名な文人と親交を持ち、文化人として成長した。戦後はザルツブルグを拠点として小説、戯曲など執筆活動と講演で活躍。短編集『感情の惑乱』など、異常な状況下での人間心理をフロイト的に探求する作品も書いた。

❖**シュテファン・ツヴァイク**（オーストリアの詩人・作家　一八八一－一九四二）『マゼラン』より

ことばだけなら、形だけのお礼にすぎない。

シバーは十八世紀に生まれたバラッド・オペラの劇作家で、一七二〇年代にたびたび上演されたシェイクスピアの『ヘンリー八世』の改訂版の作者でもある。劇団の俳優として活躍し、『恋の最後の策』（一六九六年）で劇作家としてもデビュー。一七一〇年にはドルーリー・レーン劇場の経営にも参画した。

❖**コリー・シバー**（イギリスの俳優・劇作家　一六七一－一七五七）『女の機知』より

ふるさとの訛りなくせし友といて　モカ珈琲はかくまでにがし

青森県の弘前生まれ。歌人、劇作家のほか、詩人、作家、評論家、舞台演出家にして映画監督と多くの分野で傑出した才能を発揮した。一九六七年の元旦に劇団「天井桟敷」を結成。方言に関しては、『誰か故郷を想はざる』に次の言葉もある。「今日では、標準語は

❖**寺山修司**（歌人・劇作家　一九三五－八三）『歌集』より

政治経済を語ることばになってしまった。――人生を語るのには、もう方言しか残っていない」。死後に週刊誌に発表された絶筆『墓場まで何マイル？』には、「私の墓は、私のことばであれば充分」との言葉が残されていた。

言語とは、陸軍と海軍を備えた方言のこと。

❖マックス・ヴァインライヒ（アメリカの言語学者　一八九四－一九六九）

ヴァインライヒはロシア帝国クールラントに生まれる。一九二三年にマーバーグ大学で言語学の博士号を取得。卒業論文を元にイディッシュ語で書かれた本を出版した。一九二五年にイディッシュ科学研究所の設立に参加。一九四〇年にニューヨークに移住すると同時に研究所を移転する。イギリスの言語学者デイヴィッド・クリスタルがどうしてもこの句の出典がわからなかったことに発奮して言葉に関する引用句辞典の編纂を思いついたという、いわくつきの名句。

辞書は時計のようなものだ。いい加減な辞書ならないほうがいいし、最もいい辞書でも完全に正しいと期待することはできない。

❖サミュエル・ジョンソン（イギリスの辞書編纂者・批評家・詩人　一七〇九－八四）

ジョンソンはスタッフォードシャー州リッチフィールドに、書籍商の息子として生まれる。一七四七年から八年間英語辞典の編纂にかかわった。一七五五年に出版された『英語辞典』は、四万三〇〇〇語を定義し、多数の文献からの例文を載せた点で画期的なものだった。多くの警句を残し、文壇の有名人で「文芸クラブ」の創立メンバーとなる。一七六五年には彼の編集による『シェイクスピア全集』が出版された。

英語という言語は巨大なアコーディオンだ。編集者の気まぐれで伸ばすことも、思いっきで縮めることも可能だ。

❖ロバート・バーチフィールド（ニュージーランドの辞書編集者　一九二三－二〇〇四）

バーチフィールドはニュージーランドのウェリントン大学を卒業したのち、イギリスのオックスフォード大学に留学。トールキンの指導を受ける。その後、C・T・オニオンズの推薦で、『オックスフォード英語辞典』の二回目の増補を担当する。まさに、巨大なアコーディオンと格闘した編集者だった。

私は英語の文法を、真にその言葉通りの意味で発明しなければならなかった。それを発明し、シェイクスピアの十六行の言葉の中でそのあらゆる可能性を百万遍理解した時、私の英語の知識は、あとは語彙を増やせばよいだけであるという程度にまでなっていた。

❖コシュート・ラヨシュ（ハンガリーの政治家　一八〇二－一九四）

これはオーストリアの監獄の中で、たった十六行のシェイクスピアの言葉を手がかりにして英文法をマスターしたハンガリーの民族独立運動の指導者、ラヨシュの驚くべき言葉である。受け身の勉強と本質的に異なる創造的な勉強法が可能であることがわかる。ロンブ・カトー著『わたしの外国語学習法』に引用されている。

ふつうよく、大人は外国語を身につけるにあたって、自分が幼児期に母国語を身につけたと同じ方法でやらねばならぬと言われています。こんな説を私は間違っていると思います。大人を子供の世界認識の状態に持って行くことは、大人にハイハイ着を着せたり、幼児用の歩行練習用の囲いに入れたりすることができないのと同様、不可能なことなのです。

❖ロンブ・カトー（ハンガリーの同時通訳者）『わたしの外国語学習法』より

この句の作者カトーは五か国語の同時通訳、十か国語の通訳をこなす天才的通訳者。日本語も習得しており、驚くべきことに、敬語もそんなに難しくないと言い切る。幼児期に母語を身につけるプロセスと、大人が外国語を学ぶプロセスは本質的に異なることをユーモアたっぷりに語った名言である。『わたしの外国語学習法』は、プロ中のプロがさりげなく奥義を開陳した名著である。

◎書物

人生こそ価値あるものだと人は言う。しかし、私は読書のほうがいい。

❖ローガン・ピアソール・スミス（アメリカの作家　一八六五－一九四六）『再考集』より

人生よりも読書のほうが上だ、と味なことを言ったのは、アメリカに生まれ、イギリスで活躍した作家スミスである。ニュージャージー州生まれ。ハーバード、オックスフォード両大学で学び、イギリスに定住。一九一三年にイギリス国籍を得た。エッセイや短編小説で有名だが、『ミルトンと現代の批評家』のような著作もある。母親は著名な宗教家ハンナ・ホイッタル・スミス（一八三二―一九一一）。

この世の中には二種類の人間がいる。書物なしに生きることのできる奴と、そうではない奴だ。

❖**井上ひさし**（作家・劇作家　一九三四―二〇一〇）

NHKで放送され、絶大な人気を誇った人形劇『ひょっこりひょうたん島』の放送作家であり、小説『吉里吉里人』、『手鎖心中』などでも有名である。劇作家として数多くの戯曲を書き、日本ペンクラブの会長も務めた。一九八三年劇団こまつ座を設立し、彼の多くの作品が上演された。自他ともに認める遅筆で、遅筆堂というペンネームを使ったこともある。一九七二年に『手鎖心中』により直木賞を受賞している。

考えないですませるためにだけ本を読む連中が多い。

❖**ゲオルク・クリストフ・リヒテンベルク**（ドイツの物理学者　一七四二―一七九九）『人間学について』より

誘電体上の放電分岐パターン、リヒテンベルク図形の発見で知られる、ドイツの実験物理の先駆者である。箴言《しんげん》作家としても活躍し、その辛らつな風刺で同時代の有名人との論争も引き起こしている。科学と奇術の境目のなかった時代に、大衆を啓蒙しようと努力し、優れた観察眼で多くの箴言を残した。

読書は他人にものを考えてもらうことである。（中略）読書にいそしむかぎり、実は我々の頭は他人の思想の運動場にすぎない。

❖**アルトゥール・ショーペンハウエル**（ドイツの哲学者　一七八八―一八六〇）『読書について』より

読書三昧は、自分の頭脳を他人の思想の競技場にしてしまう恐れが多分にある。この句に関連して、「人は本屋にいる時に最も受動的になる」と言った人もいる。知識にすがるようになったら要注意だ。ショーペンハウエルは一八一九年に主著『意志と表象としての世界』を完成。この本はニーチェに深い影響を与え、『悲劇の誕生』の素地となった。

良書がなかなか見当たらない理由は、物書きの多くが物知らずなためである。

❖**ウォルター・バジョット**（イギリスの経済学者・ジャーナリスト　一八二六―一八七七）

バジョットは三十五歳から五十一歳までの間、『エコノミスト』誌の編集長を務めた。主著『イングランド憲政論』は一八六七年に書かれた。自分は良書を書いているという自負ゆえの言葉だろう。「人生における大きな悦びは、〈お前にはできない〉と世間が言うことを行うことである」の言葉も。

人生はまことに短く、静かな時間はわずかしかないのだから、ゆめゆめ、つまらない書物を読むことに浪費すべきでない。

❖**ジョン・ラスキン**（イギリスの批評家・思想家　一八一九―一九〇〇）

生産のための読書とひまつぶしの読書は、実は全くの別物である。ラスキンはオックスフォード大学で学び、画家ターナーとの交流から批評活動に入って『近代画家論』を執筆した。その後『建築の七灯』、『ヴェネツィアの石』などで社会批評家としての地位を確立。一八六〇年に出版された『この最後の者にも』はガンディーに影響を与えたことでも知られる。一八七〇年オックスフォード大学の美術教授となった。

私は書評を書く前にその本を読んだりしない。読めばどうしても先入観を持ってしまう。

❖**シドニー・スミス**（イギリスの作家　一七七一－一八四五）『スミス大全』第三集より

エセックス州のウッドフォード出身。原文は、I never read a book before reviewing it. It prejudices one.。ここでの prejudice は動詞として使われている。どうやらスミスは、本を読まずに書評を書く特技を持っていたらしい。

読書の技術とは、適当にうまくとばして読むことである。

❖**P・G・ハマトン**（イギリスの画家・随筆家　一八三四－一九四）『知的生活』より

母はハマトンを産んだ数日後に亡くなり、父は精神を病んでハマトンが十歳の時に亡くなった。信仰上の問題から大学進学をあきらめ、画家になろうとしたが、大成しなかった。『知的生活』は三十九歳の時の作品だが、日本にもファンが多い。拾い読みに関しては、ウィリアム・ジェームズもこう言っている。「読書のコツは拾い読みにある。したがって、賢明になるコツは何を捨てるかを知る術にある」と。

❖**アンディ・ルーニー**（アメリカのジャーナリスト　一九一九－）

どこの本屋でも、二大ベストセラーといえば料理本とダイエット本だ。料理本は料理のつくり方を教え、ダイエット本はいかにそれを食べずにすますかを教えてくれる。

ルーニーは一九六八年に開始され放送四十年を越えるアメリカの長寿番組『60 minutes』の中で、番組の最後のコラムを担当するジャーナリストとして活躍している。『60 minutes』はテレビニュースショーとして唯一年間視聴率調査のトップを取った実績のある番組で、日本でもＴＢＳなどで放送されている。

第6章

知性・時間

◎知性・知識

知性を高める唯一の方法は、何事も決めつけないこと。すなわち、あらゆる思想に対して心を広くすることである。

❖ジョン・キーツ（イギリスの詩人　一七九五－一八二一）

キーツはたった二十五歳で結核により生涯を終えた早世の詩人である。一八一八年神話に想を得た長詩『エンディミオン』を出版するも酷評される。『秋に寄せて』、『レイミア』などの作品がある。『レイミア』には、科学や文学の発展が文学の詩情を打ち砕くとする箇所があり、必ずしもこの句の通りの人物ではなかったかもしれない。墓石には“Here lies one whose name was writ in water”（その名が水に書かれし者、ここに眠る）と書かれている。

第一級の知性とは、二つの相反する考えを同時に頭に入れても、なおかつ頭が働くという能力のことである。

❖F・スコット・フィッツジェラルド（アメリカの小説家　一八九六－一九四〇）

フィッツジェラルドは一九二〇年代を見事に捉えた代表作『グレート・ギャッビー』で、二十世紀のアメリカを代表する作家となった。ほかに『楽園のこちら側』、『美しく呪われた人々』、『夜はやさし』などがある。アルコール中毒に蝕まれ、一九三〇年代後半にはハリウッドでシナリオライターとして生活していたが、心臓麻痺で死去した。

❖ジョルジュ・バタイユ（フランスの作家・思想家　一八九七－一九六二）

私は、真理とはただ一つの顔しか持たないと信ずる。すなわち、極度の矛盾という。

この句を読んで、「この紙に書かれていることは嘘である」というパラドックスを思い出した。バタイユはパリ古文書学校で学び、パリ国立図書館員として生涯働いた。一九二〇年代半ばに精神に変調を来たし、精神分析を受けるが、医者の励ましによって書かれたのが『眼球譚』（一九二八年）である。ニーチェに傾倒し、共産主義に賛同した時期もあったが、後年神秘主義に目覚めた。

❖アーサー・コナン・ドイル（イギリスの作家　一八五九－一九三〇）

不可能なことを除去してしまえば、どれほど可能性がないように思えても、残ったものは必ず真実である。

エディンバラ大学で医学を学び、開業医となったものの経営不振に陥ったため作家に転向したという、異色の経歴の持ち主である。一八八七年の『緋色の研究』で初登場した探偵シャーロック・ホームズのシリーズは世界中で愛され、シャーロッキアンと呼ばれる多くのファンを生んだ。心霊現象にも興味を持ち、『コナン・ドイルの心霊学』という著書もあるが、捏造された妖精写真の真偽を見分けられなかったというエピソードもある。

思うに、コチコチの心より悪いものが一つだけある。それはふにゃふにゃの頭だ。

セオドア・ルーズベルトは一九〇一年九月、前任者マッキンリー大統領の暗殺で民主党大統領となり、一九〇四年に再選。日露戦争の調停の功績により、一九〇六年にノーベル平和賞を受賞している。一九〇八年の大統領選挙は辞退し、後任のタフトが大統領になったが、その後二人の間には亀裂が生じ、一九一二年に再出馬。現職のタフトには勝ったが、民主党のウィルソンに敗れたため、カムバックはならなかった。第三十二代大統領、フランクリン・D・ルーズベルトは従兄弟に当たる。

❖セオドア・ルーズベルト（アメリカの第二十六代大統領　一八五八－一九一九）

直観は、理性のおしゃべりが止み、ぽっかりすき間が空いた時に発動する。

直観はむしろ寡黙であり、耳を澄まさないとその声を聞くことはできない。『赤ちゃん使用説明書』という本が邦訳されている。同書の中に、次の言葉がある。作家にとっては、身につまされる忠告と言える。「書くことのカギは、とにかく何でもいいから書き始めることです。それが今までに書いた中で最悪の文章であってもかまいません。いい文章はほとんどすべて、へたな下書きからはじまると言っても過言ではないくらいです」。

❖アン・ラモット（アメリカの作家　一九五四－）『鳥それぞれ――著述と人生についての説明書』より

ひらめきやインスピレーションを無意識的活動とよぶことにすると、それに先だち、またそれにひき続く意識的活動が必要である。事前の意識的活動なくしてインスピレーションはありえないし、事後の意識的活動をともなわないひらめきは単なる空想に終わりかねない。

❖**竹内均**（地球物理学者　一九二〇－二〇〇四）『竹内均の科学的人生論』より

一九八一年に東京大学を定年退職後、科学雑誌『Newton』の初代編集長に就任して、話題となった。私はニュートン社で、竹内編集長と同じ階のオフィスを使っていた。昔読んだ本の一節をそのまま再現する能力の持ち主で、無意識と意識の連絡のよさには驚嘆した覚えがある。とても声が通る人で、スケールの大きさを感じた。

英知は泉である。その水を飲めば飲むほどますます、力強く、再びふき出してくる。

❖**アンゲルス・ジレジウス**（ドイツの宗教詩人　一六二四－七七）『さすらいの天使』より

ドイツ・バロックを代表する宗教詩人で、ポーランド人の貴族階級の父とドイツ人の母との間に生まれた。最初の仕事は医者だったが、のちにカトリック司祭として叙階される。アンゲルス・ジレジウスとは修道士名で、本名はヨハネス・シェフラーという。ジレジウスの詩はカトリックやプロテスタントの教会で聖歌として現在でも使われている。

学問は置き所によりて善悪わかる。臍の下よろし、鼻の先わろし。

三浦梅園は西洋の思想を積極的に受容し、仏教とも儒教とも異なる独自の思想を編み出したユニークな哲学者。その著書で扱う領域は広範にわたり、認識論、存在論、宇宙論、医学、地理学、倫理学、政治学などに及ぶ。西洋の新しい学問を学べば、古来の学問の誤りに惑わされないですむ、と謙虚に書き残している。

❖三浦梅園（江戸時代中期・後期の哲学者　一七二三－一八九）

理解とは、物事を複雑にすることである。

この句に関連して思い出すのは、C・W・ツェーラムの次の天才定義である。「天才とは、複雑なものを単純化する能力のことである」。フェーヴルは、歴史家について、次のような言葉を残している。「歴史家とは知識を有する人間ではない。歴史家とは探究する人間である。したがって歴史家は、すでに得られた解答を吟味し、必要とあらば、かつての訴訟を再審理する人間なのだ」。アナール学派（新しい歴史学）の設立の中心人物の一人。

❖リュシアン・フェーヴル（フランスの歴史家　一八七八－一九五六）『歴史のための戦い』より

理解するということは、知識を捨て去ることです。

ティク・ナット・ハンは一九六六年に訪米したのち、ベトナムに帰国不能となり、パリに拠点を置いて活動を続けている。マーティン・ルーサー・キング牧師によって、ノーベル平和賞に推挙された。「瞑想は、みずからの体、感情、心、さらには世界で、何が起こ

❖ティク・ナット・ハン（ベトナムの禅僧　一九二六－）『仏の教え　ビーイング・ピース』より

っているかを、はっきりと知ることです」と語り、その目は常に世界に開かれている。仏教の指導と共に、難民救済活動などを活発に行っている。

知識の島が大きくなるほど、不可思議の海岸線が長くなる。

❖ラルフ・W・ソックマン（アメリカの牧師　一八八九－一九七〇）

ソックマンはメソジスト教会の牧師。原文は、The larger the island of knowledge, the longer the shoreline of wonder.。動詞を省いて、文の口調をよくしている。ついでに言うなら、いびつな知識ほど、海岸線は複雑になる。

専門家とは、あることについてはすべてを知っているが、他のことについては何も知らぬ人。

❖アンブローズ・ビアス（アメリカの作家　一八四二－一九一四？）

『悪魔の辞典』など、辛口なユーモアセンスの作品でよく知られているビアスの句。オハイオ州メグズ郡に生まれ、南北戦争に従軍したのちジャーナリストとなった。一九一三年、革命で混乱した時期のメキシコに赴き、それきり消息不明となった。日本に作品を紹介したのは芥川龍之介で、ビアスの影響を受けた作品を残している。

何かについてすべてを、また、すべてについて何かを知るよう努めよ。

❖ヘンリー・ピーター・ブルーム（イギリスの法律家・政治家　一七七八－一八六八）

ブルームはエディンバラ生まれ。法律家としては司法官の最高位、大法官まで昇りつめた。法律家の言と知って読み返すと、なるほどの一句。原文は、Try to know everything of something, and something of everything.。やさしい単語を使って、これだけ深いことが言えるという見本のような句。

知識は自分がこれだけ学んだという誇りである。知恵は自分がこれ以上知らないという謙遜である。

❖**ウィリアム・クーパー**（イギリスの詩人・賛美歌作者　一七三一－一八〇〇）

しかも、学んだ知識すらすべて真理とは限らないのだから、謙虚さは学ぶ人にとって必須の態度である。Cowperと書いて「クーパー」と読む。日常生活や田舎の暮らしぶりを詩に書いて、十八世紀の詩に新風を吹き込んだ。コールリッジは「現代最高の詩人」と評し、ワーズワースもクーパーを敬愛している。ホメロスの『イリアッド』と『オデュッセイア』の英訳でも有名。

いかなる人の知識も、その人の経験をこえるものではない。

❖**ジョン・ロック**（イギリスの哲学者・政治学者　一六三二－一七〇四）『人間知性論』より

イギリスにおける経験論の中心人物、ロックの言葉である。一六六六年に初代シャフツベリー伯爵と出会って政治活動を共にする。一六八三年伯爵の死によってオランダに亡命。名誉革命後に帰国した。一六八九年『寛容に関する書簡』に続き、主著『人間知性論』を一六九〇年に出版し、画期的な認識論として広く知られた。また、同年出版された『統治二論』では国家の成立を社会契約に求める契約論を展開した。

経験を積んだ人は、物事がこうであるということを知っているが、なぜそうであるかということを知らない。

ハイデッガーの思索の原点は死と不安である。われわれは「人はいつか死ぬ」と思っているが、それを「自分はいつか死ぬ」という認識に置き換えた時に根源的な不安を感じる。この不安から出発するのがハイデッガーの哲学だ。ドイツのバーデン州メスキルヒにて樽職人の息子として生まれる。フライブルク大学で哲学、数学、歴史学、自然科学などを学び、のちに同大学で哲学を教えた。

❖マルティン・ハイデッガー（ドイツの哲学者　一八八九－一九七六）『根拠の本質について』より

何も知らない者は何も疑わない。

ケンブリッジ大学で語学と音楽を学び、聖職者となる。若い時の作品に、恋歌ではなく神を称える詩を書く決意を表明したソネットがあるが、事実彼は生涯恋愛詩を書かなかった。生来病弱だったが、聖職に献身し、私財をなげうって牧師館や会堂を建てるなど、自身の散文作品『聖堂の司祭』に描かれた理想の司祭像そのままだったという。

❖ジョージ・ハーバート（イギリスの神学者・詩人　一五九三－一六三三）『異国風の格言』より

無知な人間を議論で負かすのは不可能である。

なぜなら、無知な人間は議論に負けたかどうかの判断もつかないからだ。マカドゥーは一九三三年から上院議員として活躍し、ウッドロー・ウィルソンの要請により一九一三年

❖ウィリアム・G・マカドゥー（アメリカの政治家・事業家　一八六三－一九四一）

から一八年の間、財務長官を務めた。一九一四年にはホワイトハウスでウィルソンの娘エレノアと結婚。一九一七年から第一次世界大戦終戦まで創設されたばかりの鉄道管理局長官に就任した。その後二度、大統領選に出馬したが二度とも敗れた。

私は、学ぶところが何もないほど無知な人間に会ったことはない。

❖ガリレオ・ガリレイ（イタリアの天文学者・数学者　一五六四―一六四二）

一六一〇年、屈折望遠鏡を改良し、それを天文学に利用したことから、天文学の父と呼ばれるガリレイの名句。コペルニクスの理論を支持したが、そのことでキリスト教会から激しい非難を浴び、宗教裁判にかけられた。科学的実験結果を数学的に分析するという手法を確立した人物である。一九八〇年に当時の法王ヨハネ＝パウロ二世によりガリレオ裁判の見直しが決定し、一九九二年に法王庁は裁判の誤りを認めたが、すでにガリレオの死後三五〇年も経っていた。

◉思考・哲学

おおかたの人は、単にもろもろの先入観を並べ直しているにすぎない時に、ものを考えていると思いこんでいる。

❖ウィリアム・ジェイムズ（アメリカの哲学者　一八四二―一九一〇）

ニューヨーク生まれで、一歳違いの弟が作家のヘンリー・ジェイムズである。ウィリアムはハーバード大学で医学の学位を取り、同大学の解剖学と生理学と哲学の教授でもあった。アメリカ心霊研究協会の設立に協力し、哲学に関する著作以外にこの分野でも著作がある。既製のアイデアを並べ替えるだけで新しい着想が生まれると説く安易なハウツー本の著者に読ませてやりたい一句。

ただ考えるだけでは不十分だ。何かについて考えなさい。

❖**ジュール・ルナール**（フランスの作家　一八六四－一九一〇）

問題を明確にせぬまま考えても、決して結論を生み出すことはできない。ルナールはマイエンヌ県で生まれ、十七歳で進学のためパリに出るが、劇作に興味を持ち文筆家となった。一八八九年文芸雑誌『メルキュール・ド・フランス』創刊に尽力、多くの評論や作品を誌上に発表し、次第に名声を上げた。一八九七年散文詩『別れもたのし』で劇作家としても成功を収めた。代表作は『にんじん』。

どんなことにしろ、とにかく、六十分間考えつづけると、結局、行きつくところは、混乱と不幸である。

❖**ジェームズ・サーバー**（アメリカの作家・イラストレーター　一八九四－一九六一）

一〇分考えて結論が出せなければ、考えること自体が問題なのだ、と説く人もいる。サーバーは一九二〇年代、アメリカ、ヨーロッパで各社の新聞記者として働き、一九二七年『ザ・ニューヨーカー』誌の編集長となった。一九二九年共同執筆した『セックスは必要か』で初めて独特のセンスの挿絵を描き、その後多くのユーモアあふれる著作を出した。

思考する人間のもっともすばらしい幸福は、究めうるものを究めた上で、究めえぬものを心静かにたたえることである。

◆ヨハン・ヴォルフガング・フォン・ゲーテ（ドイツの作家・詩人　一七四九－一八三二）『格言と反省』より

理性を重んじつつも、常に感性の世界に思いを馳せていたゲーテらしい言葉。疾風怒濤期に『若きヴェルテルの悩み』で颯爽と登場し、早くも文壇に確固たる地位を築いた。ヴェルテルにあこがれて自殺する若者が後を絶たなかったという。ドイツ古典主義の時代を築いたドイツ最大の文豪である。

検討しようとするものを、できるだけ、また解決に必要なだけ、多数の小部分に分割する。／最も単純なものから、段階を踏んで、最も複雑なものに達するように、自分の思考を秩序だって働かす。

◆ルネ・デカルト（フランスの哲学者・数学者　一五九六－一六五〇）

『方法序説』の中の、「唯一理性に導かれた正しい認識に達するための思考法」の第二と第三項。第一項は、「即断や偏見を避け、疑う余地のないもの以外は、自分の判断の中に入れない」。最後の第四項は、「何一つ落とさなかったと確信するほど、広く検討する」。この四項（明証・分析・総合・枚挙）に、デカルトの思考法が如実に示されている。

「悩む」＝「答えが出ない」という前提のもとに、「考えるフリ」をすること／「考える」＝「答えが出る」という前提のもとに、建設的に考えを進めていくこと

仕事は何かを生み出すためのものであり、変化を生まないとわかっている活動（悩むこと）に時間を使うのは、ムダ以外の何ものでもない。多くの人は「悩む」ことを「考える」ことだと勘違いして、あっという間に貴重な時間を失ってしまう、と安宅は主張する。守りの姿勢にある社員を抱えている会社は守りの態勢にある会社の社員は飛躍できない。守りの姿勢にある社員を抱えている会社は飛躍できない。

❖安宅和人《かずひと》（ヤフーCOO室室長　一九六八―）『イシューからはじめよ』より

長時間同じことを集中してできるのは、むしろ脳が若い、脳全体がうまく働いている証拠です。もし運動不足で脳の運動野の働きが衰えているなら、長い時間かけてひとつのことを集中して成し遂げること自体、できなくなります。

三十五歳までは脳の衰えや最大酸素消費量の低下を気にしなくてよい年齢なので、体力と知力が続く限り何日も徹夜続きといった無理も問題ないという。むしろ、長時間集中できるという特権を享受することのできる年齢といえるのだ。恋愛は脳によい、など興味津々の脳の使用法ハンドブック。安易な脳ブームに一石を投じている。

❖久保田競《きそう》（脳科学者　一九三二―）『バカはなおせる』より

真の危機は、コンピュータが人間と同じように考え始めることではなく、人間がコンピュータと同じように考え始めることにある。

ハリスはロンドンで生まれたが、アメリカに移住し、シカゴで育った。ソール・ベローの学友で、生涯親しかった。一九四一年に『シカゴ・デイリー・ニュース』紙の編集者となり、四四年からコラムを書き始める。そういえば、アメリカで開催された人工頭脳のコンテストで、高校教師の女性が審査員から「あなたはコンピュータですね」という評価を受ける椿事が起きたことがあった。

❖シドニー・J・ハリス（アメリカのジャーナリスト　一九一七－八六）

自分の内面にあるものは出力してみないとわからない。脳はそういうつくりになっています。人間の無意識の中にはあまりにも膨大な情報があるので、それらすべてに意識がアクセスすることはできないのです。しかし、書いているうちに次第に頭の情報が処理されていき、今もっとも必要なアイデアは何なのかということがおのずと判明してくる。その処理に必要なのが、書くという動作なのです。

❖茂木健一郎（脳科学者　一九六二－）『「読む、書く、話す」脳活用術』より

自分の中にどんなアイデアがあるか、本人にもわからない。それを明るみに出すのが「書く」という作業である。「書くことがない時には、とにかく書いてみよ」というのは真実を含んでいる。書いてみて居心地が悪ければ、それは自分の考えとは違うことがわかる。

哲学とは、解けるはずもない問題に対する、わけのわからぬ解答である。

チャールズ・フランシス・アダムズの息子で、作家、外交官の父の秘書を務めたのちジャーナリストとなり、さらにその後ハーバード大学で歴史を教えた。歴史書の著作も有名だが、『ヘンリー・アダムズの教育』で一九一九年、ピュリツァー賞を受賞した。

❖**ヘンリー・B・アダムズ**（アメリカの歴史学者 一八三八－一九一八）

偉大な哲学者ほど、一般民衆の質問に答えるということが難しくなる。

一八八二年に保守系の新聞『言葉』の編集長となったシェンキェヴィチは、紙上に長編三部作を連載する。十七世紀ポーランドを舞台とした『火と剣によって』、『大洪水』、『パン・ヴォヴォディヨフスキ』の三篇で、これによって、彼は一気に名声を得た。歴史小説に本領があり、代表作は一八九六年刊行の『クォ・ヴァディス』である。一九〇五年にノーベル文学賞を受賞。

❖**ヘンリク・シェンキェヴィチ**（ポーランドの作家 一八四六－一九一六）『クォ・ヴァディス』より

人がどのような哲学を選ぶかは、その人がどのような人間であるかにかかっている。

フィヒテは若い時にカントを訪ね、自己紹介を兼ねた論文を手渡した。その論文が著者名抜きで出版され、カントの著作と間違われて流布した。のちにフィヒテの作とわかり、一気に彼の名声が上がったという。カントと間違われたのは不本意だったかもしれないが、

❖**ヨハン・ゴットリーブ・フィヒテ**（ドイツの哲学者 一七六二－一八一四）

フィヒテが一流の書き手であることの証明ともなった。

個人あって経験あるにあらず、経験あって個人あるのである。個人的区別よりも経験が根本的であるという考えから独我論を脱することができた。

❖西田幾太郎（哲学者　一八七〇－一九四五）『善の研究』より

自らの禅体験をふまえ、哲学の出発点を、主客未分の「純粋経験」に求めた。「純粋経験はいかに複雑であっても、その瞬間に於ては、いつも単純なる一事実である」と説く。西田は「純粋経験」から出発し、晩年は「場所的論理」の考えに至った。日本で初めての独創的哲学者であり、『善の研究』は若者たちに熱心に読まれた。

◉アイデア・想像力

ひとつの問題には何百という解き方が、何百という正解がある。アイデアは何百とあるのだ。いや、本当のところは無限にあるのかもしれない。

❖ジャック・フォスター（アメリカの広告会社社長）『アイデアのヒント』より

問題に対する答えは一つだけしかないという思い込みは、そういう教育を受けてきた結果に過ぎない。「でも、ほとんどの問題は学校の試験問題とは違う。たくさんの答えがあるのがふつうなのだ」とフォスターは主張する。答えが一つ見つかっただけで安閑としてはならないのだ。同書には、「アイデアを思いつくから楽しくなるのではない。楽しいからアイデアを思いつくのだ」という名句も。

よいアイデアを生み出す最良の方法は、できるだけ多くのアイデアを持つことだ。

❖ライナス・ポーリング
（アメリカの物理化学者 一九〇一－一九九四）

天才に駄作もつきものである。とにかく量産することが才能に「速度」を与えるのである。ポーリングは一九五四年に、量子論を化学に応用し、原子価の理論に貢献した功績でノーベル化学賞を受賞。そして、一九六二年にはアメリカの核抑止力政策を先頭に立って批判したことによってノーベル平和賞を受賞した。単独で二つのノーベル賞を受賞した史上初の人物である。

大きなことを考え、素早く考え、先を読むのだ。アイデアは、誰の専有物でもない。

❖ディルバイ・アンバニ
（インドの事業家 一九三二－二〇〇二）

アンバニはリライアンス・グループの創業者。リライアンス・グループはインドを拠点とする世界でも有数の巨大企業で、金融・通信・電力・インフラ・メディアなど、その業種は多岐にわたっている。現在のオーナーは創業者ディルバイの次男でインド二位の富豪アニル・アンバニである。創業者ディルバイはその才覚によって一代で世界有数の大企業を立ち上げたが、死後長男ムケシュと次男アニルが対立し、グループは二つに分かれた。

現在も対立は続いているという。

つぎの常識は、非常識な顔でやってくる。

新しいアイデアの出し方を、ユニークな語り口で淡々と述べた本である。人間の経験には限りがある。そこで山本はこう考えた。「経験とは、あることをきっかけに、脳内に意識化されるものだとすると、きっかけは外部に求めるだけではない。経験をきっかけに経験すればいい」。山本はそれを「脳内経験」と名づけた。このように、経験がアイデアを生み、アイデアが経験を生むというクリエーティブな意識状態を作り出す必要があると説く。

❖**山本高史**（コピーライター　一九六一－）『案本』より

発見とは、誰もが目にしているものを見て、誰も考えなかったことを考えることである。

セント＝ジェルジはブダペスト大学に学び、フローニンゲン、ケンブリッジ、ロチェスター大学などで講義を行った。ロチェスター大学での研究により、ビタミンCを発見。一九三七年ノーベル生理学医学賞を受賞した。一九五五年にアメリカに帰化し、二重国籍となった。ナチズムとベトナム戦争に抗して発言し続け、人間社会の行く末を案じて『狂ったサル』という本を公にした。

❖**アルベルト・セント＝ジェルジ**（ハンガリーの生理化学者　一八九三－一九八六）

よく人から数学をやって何になるのかと聞かれるが、私は春の野に咲くスミレはただスミレらしく咲いていればいいと思っている。（中略）私についていえば、ただ数学を学ぶ喜びを食べて生きていけるというだけである。そしてその喜びは「発見の喜び」にほかならない。

❖岡潔（数学者　一九〇一－七八）『春宵十話』より

このあと、岡が多変数函数論で大きな発見をした時の様子が詳しく語られている。ドイツの文献によって未解決の問題が三つあることがわかるが、どうしても解決の糸口がつかめない。そのうち、中谷宇吉郎に誘われて北海道に行くが、毎日寝てばかりいて、「嗜眠《しみん》性脳炎」というあだ名までつけられる。ところがある日、中谷の家で朝食に呼ばれて応接室に座っている時に、二時間半ほどの間で解法の全容が見えてきたというのである。鋭い喜びを伴ったという。

発見の最大の障害は無知ではない。知っていると勘違いすることである。

❖ダニエル・J・ボースティン（アメリカの歴史学者　一九一四－二〇〇四）

何でも知っていると豪語する者は、何も発見する余地がなくなる。ボースティンはハーバードの学生だった時から大秀才で、歴史家、大学教授、弁護士、作家の肩書きを持ち、スミソニアン歴史科学博物館の館長も務めた。『民主主義の経験』で一九七四年のピュリツァー賞を受賞。*The Discoverers*、*The Creators*、*The Seekers* という歴史物の三部作がある。

想像力は知識よりも大事だ。知識は有限だが、想像力は無限に世界を駆けめぐる。

二十世紀最大の物理学者であり相対性理論をはじめ現代物理学の父とも評される。数々の名言を残しているが、この言葉はジョージ・シルベスター・ヴィーレック編『アインシュタインの生涯』の中の、インタビューで語ったとされる言葉である。知識は世界の中に限定されているが、想像力は世界を一瞬で飛び越えることが可能である。

❖**アルバート・アインシュタイン**（ドイツの物理学者　一八七五－一九五五）

想像力は感じやすい人間を芸術家にし、勇気ある人間を英雄にする。

フランスは一九二一年にノーベル文学賞を受賞した、パリ生まれの作家、詩人である。出版社の校正係として働き、一八七九年に処女短編集を刊行した。代表作に『シルヴェストル・ボナールの罪』、『舞姫タイス』、『神々は渇く』などがある。「本を貸してはならない。私の所には人から借りた本が山とある」というユーモラスな名句も。

❖**アナトール・フランス**（フランスの作家　一八四四－一九二四）

想像できないものを想像することは、想像力の最大利用である。

想像できないものを想像するためには、何か心理的なトリックが必要な気もする。オジックは一九六六年に最初の作品『信頼』を出版、有名な作品に『ショールの女』、短編集『異教徒のラビ』、『流血』などがある。伝統的なユダヤ教文化を擁護し、キリスト教社会

❖**シンシア・オジック**（アメリカの小説家・短編作家　一九二八－）

の中でユダヤ人であるという葛藤を主題とする。

空想とは、時空の秩序から抜け出て自由になった記憶にほかならない。

❖サミュエル・テイラー・コールリッジ（イギリスの詩人 一七七二－一八三四）自伝『文学評伝』より

コールリッジはワーズワースと共にロマン主義運動の先駆者であり、詩人、批評家、思想家であった。幻想的・神秘的な作品に優れる。ケンブリッジ大学神学部で古典学に秀でたが、生活の破綻から退学。一七九八年の『抒情歌謡集』で詩人としてデビューを果たす。この作品はワーズワースとの協力でできたものだが、その後も互いに近距離に居を構え、深い交流が続いた。主な作品に『クブラ・カーン』や『クリスタベル姫』などがある。

昼間夢見る人は、夜だけしか夢見ぬ人には見えない多くのことを知っている。

❖エドガー・アラン・ポー（アメリカの詩人・作家 一八〇九－四九）

ポーはマサチューセッツ州ボストンに生まれ、生まれた直後に両親を失って商人アラン家に引き取られ、ロンドンで幼少期を過ごした。バージニア大学中退後、陸軍に入隊し、士官学校を経て作家として活動を始め、雑誌の編集者として働きながら、ゴシック小説や推理小説、短編小説などを多数発表する。二十七歳の時に半分の年齢の従兄弟と結婚したが、彼女の早い死がポーの人生を狂わせた。

想像力は受容性の中にある。もとより〝発明〟のオとは別物である。

一九五六年に『アウトサイダー』を発表して一躍有名になった。極めて多作であり、その分野も哲学、心理学、オカルト、殺人研究、小説など多岐にわたっている。一九七一年に出版された『オカルト』はいわゆるオカルトブームの発端になった。ウィルソンは「文学自体も人間意識拡大のための〝革命的意義〟を持つはずのもの」としている。ちなみに、十六歳で学校教育から逸脱し、大英博物館に通って独自の博覧博識を身につけたという。

❖**コリン・ウィルソン**（イギリスの小説家　一九三一―）『宗教と反抗人』より

創造とは、それなしに生きられない麻薬である。

デミルは一九一三年にハリウッド初の長編アメリカ映画『スコウマン』を製作した映画監督である。「ミスター・モーション・ピクチャー」の異名を持ち、いわゆるハリウッドらしい、長編スペクタクル映画を製作し、大ヒットを飛ばした。代表作は一九二三年の『十戒』で、旧約聖書を題材に三千人のエキストラと何千頭もの家畜を動員して撮影が行われたという。『十戒』は企画から完成まで十年近くを要した超大作だった。

❖**セシル・B・デミル**（アメリカの映画製作者　一八八一―一九五九）

独創性とは、今まで誰一人として言わなかったことを言うことではなく、まさしく自分の頭で考えたことを言うことなのだ。

それゆえ、あまりたくさん本を読むと独創性が磨耗することがある。スティーブンズは

❖**ジェイムズ・スティーブンズ**（アイルランドの作家　一八八〇―一九五〇）

アイルランド、ダブリンのスラム街に孤児として育った。土木技師などの職を経て青年アイルランド党の活動員となり、バリンガリー蜂起の後フランスへ逃れた。一八五三年にアイルランド共和国同朋団を創設、『アイリッシュ・ピープル』紙を創刊し、武装蜂起を促した。

かけがえのない人間になるためには、常に他人と違っていなければならない。

❖ガブリエル・ココ・シャネル（フランスのデザイナー 一八八三―一九七一）

シャネルは幼くして母を亡くし、父親に捨てられて孤児院や修道院で育った。一九〇九年帽子のアトリエを開き、一九一五年よりメゾン・ド・クチュールを開店した。ジャージー素材を使ったドレスや襟なしのシャネル・スーツは現在でも人気のデザインだ。第二次世界大戦中から十五年間スイスに亡命、一時ファッション界を離れるものの一九五四年カムバックし、八十七歳まで現役で活躍した。

どんなご馳走でも、食べる前に調理場を見せられると食欲が失せてしまう。同様に、どんなに独創的な仕事でも、形の整わないうちに公表してはならない。

❖バルタザール・グラシアン（スペインの聖職者・著述家 一六〇一―一六五八）『神託提要』より

グラシアンは激動の十七世紀スペインを生きた、個性豊かな著述家だった。イエズス会に属し、対仏戦争には従軍司祭として同行。兵士たちを大いに鼓舞し「勝利の神父」と呼ばれた。教団の許可を取らずに次々に著作を世に出したために追放され、病没したが、その名声は全ヨーロッパにとどろき、現在も多くの読者を獲得している。独創的に生きることを信条としたグラシアンの面目があふれた名句である。

三十五歳を過ぎてから、創造的なことをする人は稀である。その理由は、三十五歳までに創造的なことをする人の数が稀だからである。

◆ジョエル・ヒルデブランド（アメリカの化学者　一八八一－一九八三）

ヒルデブランドに言わせれば、真にクリエーティブな人は稀である、ということになる。ちなみに、当のヒルデブランド教授は、百歳になっても精力的に論文を書き続けたと言う。三十五歳という年齢を話題にした名句に、バイオリン奏者フリッツ・クライスラーの「二十五歳から三十五歳までは何かをなしとげるには若すぎるし、三十五歳を越えると、もはや年をとりすぎている」というのがある。

◎才能・天才

人間の才能は、天才、能才、凡才、無才の四種に分類され、別格として異才がある。

◆宮城音弥（心理学者　一九〇八－二〇〇五）

京都大学で哲学を学び、フランスに留学して精神医学を学んだ。心理学・精神医学の分野で一般向けの多くの著作がある。代表作は『日本人の性格』、『精神分析入門』、『超能力の世界』など。社会評論分野でも活躍し、二十世紀研究所の創設にかかわった。東京工業大学名誉教授である。『超能力の世界』では、今でいうオカルト的な現象を科学的に扱い、この分野の先駆的な本となった。

凡人は聖人の縮図なり。

❖**二葉亭四迷**（作家・翻訳家・評論家　一八六四－一九〇九）『平凡』より

外交官を目指して東京外国語学校に入学するが、ロシア文学に触れて文学の道に進んだ。同郷の先輩、坪内逍遙の影響を強く受け、一八八七年、逍遙の名義で『浮雲』第一篇を出版し好評を博した。『浮雲』は近代日本文学史上初の本格的リアリズム小説である。翻訳、評論の分野でも活躍した。あまり知られていないことだが、日本で最初のエスペラントの教科書『世界語』も、彼の著書である。

私は一流か三流かで一生通したい。二流だけはご免だ。

❖**ノエル・カワード**（イギリスの俳優・劇作家・作曲家　一八九九－一九七三）

十二歳から俳優になり、一九一七年からユーモアとウィットに富んだ軽妙洒脱な戯曲を次々と発表し、成功したカワードの句。ミュージカル作品では歌詞だけでなく作曲も担当し、歌い手としても評価が高い。後年、自作の脚本を映画化して監督も務めている。舞台を通じて一九二〇年代のファッションの流行にも多大な影響を与えた。歌って演じてものも書けるという多芸多才を絵に描いたような人物。

自分の能力を超えたことをやろうとしてはいけない。しかし、絶対に自分の能力以下で行動するな。

❖**フランク・ロビンソン**（アメリカの元大リーグ選手　一九三五－）

一九五六年にプロデビュー。一九六六年、移籍先のオリオールズで三冠王に輝き、リーグ優勝、ワールドシリーズにも勝って世界一に。一九七五年に黒人初の大リーグ監督となり、一九八二年に野球殿堂入りを果たす。持てる能力を最大限に発揮した野球人生だった。

平凡に生まれついたとしても、凡人でいなきゃならないって法はないんだ。

❖**サチェル・ペイジ**（アメリカの元大リーグ選手　一九〇六－八二）

ペイジは貧しい家に育ち、十二歳の時に万引き癖があったため実業学校に入れられ、そこでピッチングを覚えたという。ニグロ・リーグで、約二五〇〇試合に登板して二〇〇〇勝をあげ、ノーヒットノーランを五十五試合記録するなど、怪物的な投手だった。一九四七年に黒人もメジャーリーグでプレーできることになり、翌四八年にインディアンズに入団。最後は六十歳を越えてもプレーしていたという伝説の持ち主である。

能力や才能は、それを認め活用してくれる能力や才能がなければ成り立たない。

❖**池田満寿夫**（画家・版画家・作家　一九三四－九七）

東京芸術大学を三回受験して失敗したのち、色彩銅版画の作製に打ち込み、一九六六年にベネチア・ビエンナーレ展版画部門の国際大賞を受賞する。非常に多才で、作家としては、一九七七年に『エーゲ海に捧ぐ』で芥川賞を受賞し、同名の映画の製作も手がけている。晩年は陶芸に熱中していた。生涯で正式に結婚したのは一度だけで、相手はニューヨークで出会った中国系の画家だった。私は雑誌のデスクをしていた時に、たまたま展覧会のため来日していた彼女にインタビューしたことがある。

あなたの高さを決めるのは、あなたの才能ではなく、あなたの態度である。

❖ジグ・ジグラー（アメリカの講演家　一九二六－）

アメリカで最も有名なモチベーターの一人。原文は、It is your attitude, not your aptitude, that determines your altitude.。ご覧の通り、attitude、aptitude、altitude という三単語の配列は見事というほかない。『ジグ・ジグラーのポジティブ思考』は一六〇万部以上のヒットとなった。

鋭さを面《おもて》にあらわして歩いているような男は才物ではあっても第二流だ。第一流の人物というのは、少々、馬鹿にみえる。

❖司馬遼太郎（作家　一九二三－一九九六）

司馬は、いっけん鈍重に見えて底知れぬエネルギーを内に秘めているような人物に好感を持っていたようだ。筆名は「司馬遷に遼《はるか》に及ばぬ日本のもの（＝太郎）」というところからつけたという。一九六〇年産経新聞記者として在職中に『梟《ふくろう》の城』で直木賞を受賞し、翌年新聞社を辞めて作家となった。戦国・幕末・明治を題材に数多くの作品を書き、現在でも人気が高い。代表作に『龍馬がゆく』、『坂の上の雲』、『街道をゆく』など。

世界で一番バカなことは、才能がありながら他人の真似をすることさ。

❖**ウィリー・メイズ**（アメリカの元大リーグ選手　一九三一―）

メイズは通算六六〇本塁打を放ち、ゴールドグラブ賞十二回、本塁打王四回、盗塁王四回を獲得した万能選手で、大リーグ史上最高の「コンプリート・プレーヤー」と称される。オールスターに連続二十回出場し、「オールスターはメイズのためにつくられた」とまで言われた。他人の真似をしている限り、最高のプレーヤーとなることはできない。

「才能」は君が所有しているもの。「天才」は君を所有しているもの。

❖**マルカム・カウリー**（アメリカの評論家・詩人　一八九八―一九八九）

才能を所有していると思っている限り、まだまだ人にぬきんでることはできない。カウリーはハーバード大学卒業後、作家として生計を立てようと苦闘したという。『ニュー・リパブリック』誌の文芸編集者として長くかかわった。自らの体験の重みが、この句を生み出した。

天才とは、蝶を追っていつの間にか山頂に登っている少年である。

❖**ジョン・スタインベック**（アメリカの小説家　一九〇二―六八）

スタインベックはスタンフォード大学在学中、一年間休学してさまざまな肉体労働を経験した。結局、大学は学位を取らずに中退し、さまざまな職を転々とする。これらの体験が、のちの彼の作品の基盤となっている。代表作は一九三九年の『怒りの葡萄』で、翌年映画化された。一九六二年ノーベル文学賞受賞。

天才とは強烈なる忍耐者である。

❖レフ・ニコラエヴィチ・トルストイ（ロシアの作家 一八二八－一九一〇）

トルストイは伯爵家の四男として生まれ、領地であるヤスナヤ・ポリャーナ村で貴族として生活をしつつ農奴解放に努力し、キリスト教的アナーキズムに没頭した。ソ連時代に共産党からも公認され、思想家として世界中から彼のもとに人々が訪れた。『戦争と平和』、『アンナ・カレーニナ』など多くの名作を残した。いろいろな側面を持つ人物で、一八八九年に書いた『クロイツェル・ソナタ』では男女間の完全な純潔を主張しているが、自身は十三人もの子をもうけている。

自分の才能は疑わねばならない。だが、自分の霊感を疑ってはならない。

❖フランソワ・トリュフォー（フランスの映画監督 一九三二－一八四）

一九七〇年『エスクワイヤ』誌でトリュフォーが語った言葉。一九五三年から映画批評家として活動し、一九五九年に長編映画第一作『大人は判ってくれない』を製作。この作品で彼は、監督、俳優、共同台本作者をこなし、映画は大ヒットとなった。ヌーヴェルバーグを代表する監督であり、同作品ではカンヌ国際映画祭監督賞を受賞した。

天才とは最大の根気にすぎない。

ビュフォンはディジョン大学で学んだのち初めは数学者として確率論などで功績を残した。その後王立植物園長となり、植物園を博物学的な見地から整備し、『博物誌』を編纂した。一七七八年に刊行された『自然の諸時期』では太陽系の起源について考察、地球の年齢を鉄の冷却率から七万五千年と推定するなど当時としては著しく進歩的な学説を唱えた。『博物誌』は三十年をかけて三十六巻まで刊行したというから、「最大の根気」の持ち主だったことに疑いはない。

❖ジョルジュ＝ルイ・ルクレール・ビュフォン（フランスの博物学者・数学者　一七〇七―八八）

努力しない天才よりも、努力する鈍才の方がよけいに仕事をするだろう。

アヴェブリーは銀行家以外に、生物学者、考古学者の肩書きを持ち、そのうえ二期にわたり自由党の国会議員でもあった。これだけの仕事を一人でやってのけたのだから、おそらく「自分は努力する鈍才」だと言いたかったのだろう。まあ、世の中には「努力しない鈍才」という生き方もあるにはある。

❖ジョン・アヴェブリー（イギリスの銀行家　一八三四―一九一三）

凡人と天才の差よりも、天才どうしの差のほうがずっと大きいというのは、こうやって方法を学んでいく学び方の進行が「べき乗」で起こり、やればやるほど飛躍的に経験メモリーのつながりが緊密になっていくからなのです。

❖池谷裕二（脳科学者　一九七〇―）『海馬』より

脳で起こる反応は直線グラフで表されるような単調なものではなく、べき乗で緻密さを増していく。同じ分野を時間をかけて追求していくと、ある時点から「べき乗」で知識が増加していくので、短時間で思いもかけない高みに到達することができる、というのである。『海馬』は池谷を一躍有名にした書物で、糸井重里との共著。

天才は遺伝の過程において、ある才能に恵まれた家系が退化し始める時に特に、出現しがちなものだと言いたい。自己の家系の退化に対抗して天才がなした何十年にもわたる無効な闘争を、ベートーヴェンやミケランジェロらの伝記の中で読むとき、われわれの心は深刻な同情で充たされずにはいない。

❖エルンスト・クレッチマー（ドイツの精神医学者 一八八八―一九六四）『天才の心理学』より

天才の家系が衰退する過程で、精神的な異常者を生むことが多く、この血統退化の最後のステージで大天才が生まれる場合が多いと説く。ゲーテ、バイロン、バッハ、フォイエルバッハなどもその顕著な例であるという。クレッチマーは、人間の気質を次の六種に分類したことで有名である。すなわち、神経質タイプ、粘着質タイプ、顕示質タイプ、偏執質タイプ、分裂質タイプ、循環質タイプの六種である。

天才の役割は、新しい答えを出すことではなく、凡人が時間をかけて解くことのできる新しい問いを提起することである。

この句を読むと、「大切なのは、問うのをやめないことだ」という天才アインシュタインの言葉が思い出される。ローパーはオックスフォード大学に学び、同大学で近代史教授となる。一九四七年に著した『ヒトラー最後の日』は、調査に基づいた迫真の描写で評判となり、彼の名声を確立した。一九八三年、『シュルテン』誌が発見した『ヒトラーの日記』を本物と認定したが、その後偽物の明白な証拠が示され、彼の権威は失墜した。

❖**ヒュー・トレヴァー・ローパー**（イギリスの歴史家　一九一四―）

賢者は正しい答えを出す人ではなく、正しい問いを提起する人である。

レヴィ＝ストロースはユダヤ系の学者で哲学から人類学に転じた。サンパウロ大学で教授となり、ボロロ族などを調査。ヤコブソンの影響で構造論的手法を会得し、構造人類学を樹立。一九五五年に『悲しき熱帯』、六二年に『野生の思考』を発表し、思想家として脚光を浴びる。「問い」から出発しない学問は、答えの探しようがない。

❖**クロード・レヴィ＝ストロース**（フランスの思想家　一九〇八―二〇〇九）

「問い」があるからこそ、人は考えるのだ。「問い」もないのに考えるということはありえない。それは、考えているつもりで、ただ思い悩んでいるだけだ。

❖**表《おもて》三郎**（予備校講師　一九四〇―）『答えが見つかるまで考え抜く技術』より

これは、書物を読んでいても感じることがある。著者は何かについて一生懸命書いているのだが、どのような問題意識を持っているのかさっぱり見えてこない場合がある。本を読む時は、単なる解説書なのか何かの問題解決のために書かれた本なのかをあらかじめ見極める必要がある。解説など不要なら、その本を読む価値は皆無である。

人を判断する時は、その人が何を答えるかではなく、何を問うかで判断せよ。

❖ヴォルテール（フランスの思想家・風刺作家・哲学者・作家　一六九四－一七七八）

答えは丸暗記することができるが、問題意識は他人のものをコピーすることができない。ヴォルテールという名で知られているが、ヴォルテールはいわゆるペンネームで、本名はフランソワ＝マリー・アルー。「私はあなたの意見には反対だ、だがあなたがそれを主張する権利は命をかけて守る」という名句も有名だ。

さあ、それでは、その議論のご馳走の残りも出して、ぼくを堪能させてくれたまえ。これまでと同じように、ぼくの問いに答えることによって。

❖プラトン（ギリシャの哲学者　前四二八－前三四七）『国家』第一巻より

正義に関するトラシュマコスとの対話の中の、ソクラテスの言葉。議論を「ご馳走」として楽しんでいるソクラテスのスタンスをプラトンが見事に描き出している。しかも、相手の議論の残りを、ソクラテスの問いによって引き出そうとしているのだ。「産婆術」とも言われるソクラテスの対話術の本質が、ここによく現れていると思う。

人生は答えのない問いだ。それでも、質問の尊さと重みは信じるとしよう。

❖テネシー・ウィリアムズ
(アメリカの劇作家　一九一一－八三)

では、答えの出せない人生の問いとは何か。少なくとも一時間は熟考するに足る問題だと思う。ウィリアムズは代表作『欲望という名の電車』（一九四七年）、『やけたトタン屋根の上の猫』（一九五五年）でピュリツァー賞を受賞した、アメリカを代表する劇作家だ。幼少期は家庭環境が複雑で、彼の作品には家族をモデルにした登場人物が多いといわれる。

何も質問しない人は、何でも知っているか、何も知らないかのいずれかである。

❖マルコム・フォーブス
(アメリカの出版人　一九一九－九〇)

フォーブスは実業雑誌『フォーブス』を父親から引き継いで内容を刷新し、販売部数と収益を著しく改善して大富豪となった人物。豪奢な生活でも有名で、ジェット機、大型ヨット数隻、膨大な美術品やフランスの城などを所持し、ファベルジェ工房製のイースター・エッグの世界有数のコレクターであった。

◎記憶・時間

人が本当に所有するのは記憶だけである。記憶の中でのみ、人は金持ちであり、貧乏である。

❖アレクサンダー・スミス（イギリスの詩人・随筆家　一八三〇―六七）『エッセイ集　夢の村』より

「死と死ぬことの恐れについて」という文の中の言葉。自分が貧乏であることを忘れた人は、貧乏人ではなくなるという、ありがたい託宣。スミスはスコットランドのグラスゴー近郊に生まれる。両親があまりに貧しかったため、学校に行くことができず、リネン工場で働きながら詩人になった。

記憶のない人生は、もはや人生ではない。記憶をなくしたら、私たちは何者でもなくなってしまう！

❖ルイス・ブニュエル（スペインの映画監督　一九〇〇―八三）『私の最期』より

この句を読むと、「記憶を完全に失った人は、一体誰なんだろう?」という素朴な疑問がわいてくる。ブニュエルは一九二八年に画家ダリと共作した『アンダルシアの犬』で、シュールリアリズムの映像作家として世界中に知られるようになった。一九三〇年に製作した『黄金時代』は、あまりにも前衛的な内容から上映禁止処分となった。その後メキシコに移住し、多種多様な映画を製作した。カトリーヌ・ドヌーヴ主演の『昼顔』でも有名。

われわれは過ぎ去った日々を思い出すのではなく、過ぎ去った瞬間を思い出すのだ。

❖**チェーザレ・パヴェーゼ**
（イタリアの作家・文芸評論家　一九〇八－五〇）

二〇一〇年、岩波書店の『パヴェーゼ文学集成』が完結し、新たな読者を獲得している。長編『故郷』は、ネオ・リアリズモ文学の代表的な作品の一つとして評価されている。第二次世界大戦中はパルチザン活動を行っていた。現実の醜悪な面も描き出す作風だったが、一九五〇年に服毒自殺を遂げている。たしかに過ぎ去った複数の「日々」をいっぺんに思い出すことはできない。

記憶とは、何かが起こり、まだ完全に終わっていない時に残る何ものかである。

❖**エドワード・デ・ボノ**
（イギリスの心理学者　一九三三－）『頭脳のメカニズム』より

デ・ボノはマルタ共和国で生まれる。マルタ大学で医学を学んだのち、オックスフォード大学で哲学を、ケンブリッジ大学では医学の博士号を取得した。「水平思考」という用語を考案した人物として有名。一九六九年に来日し、「デ・ボノ旋風」を巻き起こした。これは『頭脳のメカニズム』の、記憶に関する章の冒頭の句。けだし、記憶とは飲み残した高級ウイスキーのようなものである。

現実に対して目をつむることはできても、記憶に対して目をつむることはできない。

❖**スタニスラウ・J・レック**（ポーランドの詩人・アフォリズム作家　一九〇九―一九六六）

記憶は井戸水のように自分の内面から湧いてくる。レックは第二次大戦以降のポーランドを代表する作家で、アフォリズム（格言）を得意とする。これ以外に、「出口は常に入り口を兼ねている」、「人食い人種がナイフやフォークを使うようになったからといって文明人と言えるのか」、「数をかぞえられない人が四葉のクローバーを見つけた場合もラッキーと言えるのか」など。ユーモラスな文明批評に長けていた。

人間とは不思議なものだ。何度会ってもどういうことのない人がいれば、ほんの数分の出会いでも一生忘れられない人もいる。

❖**三浦雄一郎**（プロスキーヤー　一九三二―）

エベレストのサウスコル八〇〇〇メートルから直滑降を成し遂げて、ギネスブックに掲載された。七大陸最高峰からの滑降も成功させた、登山家、プロスキーヤーである。二〇〇三年に七十歳七か月でエベレストに登頂した際にも最高齢の登頂としてギネスに登録されている。いまだ意気軒昂な現役スキーヤーである。

「きのうは妻の誕生日だった！」と気づくことができるのは、記憶のおかげである。

ワシントンDCを中心に、ライブショーやDJで活躍している根っからの芸人ロッコの抱腹絶倒の一句。原文は、Memory is what tells a man that his wife's birthday was yesterday.。英語では、最後のyesterday のところで笑いをとる。記憶の難点は、肝心な時に思い出してくれないことだろう。そして、忘れた頃に突然思い出す。

❖**マリオ・ロッコ**（アメリカのコメディアン）

あらゆることが一度に起こらないのは、時間のおかげである。

そして、あらゆるものがぶつかり合わないのは空間のおかげだと思う。ホイーラーはニールス・ボーアと共に原子爆弾製造のための「マンハッタン計画」に参加した理論物理学者の一人である。アルベルト・アインシュタインの共同研究者でもあり、一般相対性理論・量子重力理論の分野で大きな功績を残している。「ブラック・ホール」、「ワーム・ホール」の命名者でもある。

❖**ジョン・アーチボルド・ホイーラー**（アメリカの理論物理学者　一九一一－二〇〇八）

すべては徐々に、そして指定された時間に起こる。

運命論のように見えるが決定論とは違う味を持つ詩句。英語式では「オーヴィッド」のように呼ばれる。時の流れは緩慢に見える。しかし、すべての事柄は起こるべき必然性の

❖**オウィディウス**（イタリアの詩人　前四三－一七）

もとに起きるのである。オウィディウスはギリシャ・ローマを通じて最も多産な詩人だった。まさに徐々に書き進め、しかるべき時に書き終わることの連続だったのだろう。

時間論の本には、よく「時間は直接測ることができない不思議なものである」などということが書かれているが、実はこれは時間に限ったことではなく、ほとんどの物理量がそうなのである。

❖**橋元淳一郎**（物理学者　一九四七―）『時間はどこで生まれるのか』より

われわれは時間を感じることができるが、時間を直接測るのは容易ではない。その点、時間は温度とはまったく異なる物理量だが、その性質はかなり温度と似ている、という。時計も温度計も、物質の移動でもって物理量を間接的に測ろうとしているのだ。橋元は物理学者の傍らSF作家の顔も持っている。

古いものはけっして古くはない。新しいものが古くなっただけである。

❖**フリードリッヒ・リュッケルト**（ドイツの詩人　一七八八―一八六六）『バラモンの英知』より

東洋学者でもあり、大学で教鞭を執る傍ら、東洋文学をドイツ語に翻訳した。リュッケルトの抒情詩は流麗典雅な形式の中にも感情が細やかに表現され、シューベルト、シューマン、マーラー、ブラームスなど多くの作曲家が曲をつけてリート（歌曲）とした。これほど作曲家に好まれた詩人も珍しい。

君が手にふるる水は過ぎし水の最後のものにして、来るべき水の最初のものである。現在という時もまたかくのごとし。

ダ・ヴィンチの肩書きは、あまりにもその仕事が多様であるため、表現しづらい。画家であることはもちろんのこと、彫刻、建築、土木、解剖学、科学技術に通じ、発明家でもある。そして、多くの名句を残してもいる。「イタリア・ルネサンスの巨人」、「万能人」という呼び名もあるほどだ。この名訳は、杉浦民平による。

❖**レオナルド・ダ・ヴィンチ**（イタリアの芸術家　一四五二－一五一九）

われわれは、明日の過去である。

ウェッブはシュロプシャー州レイトンで生まれ、二十歳の時にバセドー病にかかる。一九一二年に教師であるヘンリー・ウェッブと結婚するが、その後に病状が悪化し、離婚後四十六歳で死去した。ウェールズ近郊を舞台とした小説をいくつか発表したが、それほど有名ではなかった。しかし、一九二四年に書かれた『破滅』が没後ボールドウィン首相の賞賛を受けたことから突然のベストセラーとなり、彼女の名を世間に知らしめた。

❖**メアリー・ウェッブ**（イギリスの作家　一八八一－一九二七）

頭が少しおかしいんじゃなかったら、誰も過去に生きたり未来に生きたりできるもんじゃない。

と言いつつも、多くの人は過去に生き、未来への願望に生きている。ネスビットの夫は

❖**イーブリン・ネスビット**（アメリカのモデル　一八八四－一九六九）

殺人を犯したのち、神経を病んで病院に入れられたというから、この句は彼に関する言葉かもしれない。加島祥造編『ユーモア名句&ジョーク』という本の中で見つけた言葉。その一つ前には、「過去は、いつも実際よりよく見える。なぜなら過去は、いまここにないから、心地よく思われるのだ」というフィンリー・P・ダンの言葉が引用されている。

人類永遠の課題は、起きている時間をどのように構成するかだ。

◆エリック・バーン（アメリカの精神病理学者 一九一〇－七〇）『人生ゲーム入門』より

「構成する」は原文では structure である。「時間を構成する」というのは生硬な言い方に見えるが、バーンの理論には time-structuring（時間の構造化）という用語がある。カナダのケベック州モントリオールで開業医の子として生まれる。マギル大学で医学博士を取得後、ニューヨーク精神分析協会とサンフランシスコ精神分析協会で精神分析医の訓練を受ける。一九五七年に交流分析（TA）という心理学理論を発表する。

一日延しは時の盗人である。

◆上田敏（翻訳家・詩人 一八七四－一九一六）

美文による翻訳でつとに有名な明治期の詩人、翻訳家である。『文学界』、『帝国文学』、『明星』などの誌上で活躍し、一八九九年処女作『耶蘇』を出版。一九〇五年には『海潮音』を刊行し、これが代表作となった。上田は大学時代、講師として指導したラフカディオ・ハーン（小泉八雲）から、「英語を以て自己を表現する事のできる一万人中唯一人の日本人学生」と評されたという。

時はゆっくりと過ぎ、すみやかに去っていく。

ウォーカーはアフリカ系アメリカ人の著名なフェミニスト、作家である。ジョージア州イートントン出身で、スペルマン大学、サラ・ローレンス大学を卒業。公民権運動で作家活動を一時中断するが、その後、フェミニスト雑誌へ寄稿することで執筆を再開した。代表作の『カラー・パープル』(一九八二年)はピュリツァー賞と全米図書賞を獲得、のちにスティーブン・スピルバーグ監督によって映画化された。

❖**アリス・ウォーカー**(アメリカの作家　一九四四―)『カラー・パープル』より

時は、いつも荷物をまとめて去っていくサーカスである。

ヘクトはニューヨーク生まれ。『シカゴ・ジャーナル』、『シカゴ・デイリー・ニューズ』誌の編集者だったが、一九二二年に『ファンタジウム・マラー』を出版して作家となった。『武器よ、さらば』をはじめとして多くの映画の脚本を手がけた。『PM』紙に連載されたコラムを集めた『ニューヨークの1001の午後』が有名。ほかに『シカゴの1001の午後』という本も書いている。

❖**ベン・ヘクト**(アメリカの作家　一八九四―一九六四)

時は偉大な教師である。が、不幸なことに、教え子を皆殺しにしてしまう。

「時は偉大な教師である」ということわざを下敷きにしている。ベルリオーズは十九世紀のロマン派の巨匠、標題音楽の創始者とも言われる。よく知られる『幻想交響曲』は妻

❖**エクトル・ベルリオーズ**(フランスの作曲家　一八〇三―六九)

である女優ハリエット・スミスソンへの情熱をこめて作られた曲である。生前は作曲家としてよりは指揮者として有名で、リストのピアノ協奏曲第一番の初演は彼の手になる。ほかに『死者のための大ミサ曲』などの作品がある。

月日は百代の過客にして、行きかふ年もまた旅人なり。

❖松尾芭蕉（江戸時代前期・中期の俳人　一六四四－九九）『奥の細道』より

本句は芭蕉が弟子の河合曾良を伴い、一六八九年から九一年に旅した旅程をまとめた紀行文『奥の細道』の序文である。芭蕉は旅の終わりから三年後に死去し、その後に出版されて巷に広まった。亡くなったのも旅の最中と伝えられており、旅程の長さや足の速さ、さらに伊賀の出身であることから、その正体は幕府の隠密であったなどの説もある。

去りゆく一切は、比喩にすぎない。

❖オスヴァルト・シュペングラー（ドイツの哲学者　一八八〇－一九三六）

ハンブルグのギムナジウムの教師から、著述家に転身したシュペングラーは、第一次大戦直後に刊行された『西洋の没落』全二巻でよく知られている。この本について、シュペングラー自身が「歴史観のコペルニクス的革命」であると考えており、歴史的相対主義の立場に立って世界史の形態学を試みた。ナチズムの精神的先駆者、という見方もされるが、一九三三年以降ナチスについて批判的であった。

愚者の時間は時計によって測られるが、賢者の時間は時計では測れない。

ブレイクは学校教育を受けず、十四歳から七年間版画師の修行をした。若い時から詩を書き始め、『無心の歌』、『経験の歌』でロマン主義の先駆的な詩人となる。言い方を変えると、愚者の時間は作ったものの量で測りうるが、賢者の時間は作ったものの質で判断される。「敵を許すほうが、友達を許すより容易である」という印象的な言葉も。

❖ウィリアム・ブレイク（イギリスの詩人・画家　一七五七－一八二七）『天国と地獄の結婚』より

時は人間が消費しうるもっとも価値のあるものである。

アリストテレスの学園（リュケイオン）の後継者で、形而上学、自然学、性格論などの著作を残したが、特に植物に造詣が深く、「植物学の祖」と称せられている。植物を低木・高木・草本に区別し、単子葉植物と双子葉植物も区別していたという。これだけ広範な研究成果を上げることができたのは、時間の使い方がうまかったためでもあろう。

❖テオフラストス（ギリシャの哲学者　前三七二－前二八六）

私たちには夢みる時間、思い出す時間、宇宙のはてに思いを馳せる時間が必要だ。あなた自身になるための時間である。

デイバーはコロラド生まれの女流作家。父親の仕事の関係で、ニューメキシコ、イリノイ、ウィスコンシン、マサチューセッツなどを転々とし、最後はコネティカットに住み、ニューヨークのコロンビア大学で教鞭を執った。彼女の人生のすべてが集約された句。日

❖グラディス・デイバー（アメリカの作家　一八九九－一九八〇）

常の重圧は人の「思い」をつぶしてしまう。

魂とか、いわゆる〈私〉とか、アートマン（真我）とかは、時間すなわち思考の産物である。

❖ジッドゥ・クリシュナムルティ（インドの思想家 一八九五－一九八六）『クリシュナムルティの日記』より

一九七三年九月十九日の日記の中の言葉。クリシュナムルティはインド人でありながら、アートマン（真我）は時間の、それゆえ思考の産物であるとみなし、仏教の無我論に近い立場をとる。三十代の時に自らの教団を解体し、それ以後の半世紀以上、世界各地をまわって講演と人々との対話を繰り返した。私は『クリシュナムルティの神秘体験』を八度読んだが、いつも新鮮な感動を味わった。

第7章 心・感情

◎心

事物の美は、それを見つめる心の中に存在する。

◆デイヴィッド・ヒューム（イギリスの哲学者・歴史家　一七一一－七六）

哲学史上では、経験論の立場から従来の哲学を批判した『人性論』が有名。しかし、この本はなかなか世の中に受け入れられず、『イングランド史』で著作家としての大成功を収めた。この『イングランド史』は、現代から歴史を逆転するという画期的な構成をとっていた。この本の成功によって、ヒュームはいかなるパトロンも必要としない自由な著作者の地位を勝ち取った。

この世で最も素晴らしいもの、美しいものは、見ることも触ることさえできない。それらは心で感じるしかないのだ。

◆ヘレン・ケラー（アメリカの著述家・社会福祉事業家　一八八〇－一九六八）

ヘレン・ケラーは生後十九か月の時に高熱のため視力と聴力を失った。自分も視覚障害者であったアン・サリヴァンが家庭教師としてヘレンを教育し、言葉や指文字で会話することを教えた。その後ヘレンはサリヴァンの助けを得ながら大学に進学、卒業後は各地で講演し、著述家として活躍した。「この世に楽しいことしかなかったら、勇気や忍耐を学ぶことはできないでしょう」という句も。

ロバにはロバが美しく、ブタにはブタが美しい。

同様に、白人の神は白人として描かれ、黒人の神は黒人として描かれる。レイはケンブリッジ大学に学び、特別研究員となったが、非国教徒だったために王政復古時に職を解かれた。その後は動物学、植物学を研究しつつ広くヨーロッパを旅行し、植物学においては近代分類学の基礎を築いた。主著は一六八六年から刊行された『植物誌』三巻である。

❖**ジョン・レイ**（イギリスの博物学者　一六二七—一七〇五）

人の心はパラシュートのようなものだ。開かなければ使えない。

そしてパラシュートが開くためには、高い所から飛び降りなくてはならない。オズボーンは有名な発想技法「ブレインストーミング」の発案者。『創造工学』、『ブレインストーミング』などの著書があり、日本では、『創造力を生かす』が出版されている。大学を出てジャーナリストを目指したが適性がないと解雇された。その後、数多くの職業に就いたことが、彼の振り幅を広げたようだ。しぼんだパラシュートは使えない。

❖**アレックス・オズボーン**（アメリカの広告業経営者　一八八八—一九六六）

自己に封建的であるなかれ、自己を解放せよ！

華道草月流の創始者。それまでの華道の常識を打破し、一九五五年のパリ個展の際には、フランスの『フィガロ』誌やアメリカの『タイム』誌にて「花のピカソ」と評された。「いけばなは生きている彫刻である」と提言し、作品を前衛芸術にまで昇華させた。海外

❖**勅使河原《てしがはら》蒼風《そうふう》**（草月流初代家元　一九〇〇—七九）

でも大変評価が高く、一九六一年にはレジオン・ドヌール賞を受賞している。

私の心に窓があればいいのにと思うよ、私の気持ちがいくぶんでも君に見えるようにね。

❖**アーテマス・ウォード**
（アメリカのユーモア作家
一八三四－六七）

自分の心の窓を開けて相手に見せる勇気のある者は少ないだろう。本名はチャールズ・ファラー・ブラウン。一八五八年『クリーブランド・プレイン・ディーラー』紙上に想像上の移動動物園の描写文を書いたのを手始めに、数々の投稿で風刺作家として活躍した。

いずれは（電波を使わず）心を直接伝えることができるようになるでしょう。

❖**グリエルモ・マルコーニ**
（イタリアの無線研究家
一八七四－一九三七）

マルコーニ電磁波を電気に変換する装置の研究から、無線通信技術を開発した。最初の無線通信実験は一八九五年にボローニャで行われた。一九〇一年には大西洋を越えて通信を送ることに成功。発信機は四五メートルの支柱の先につけられ、受信機は大型の凧を利用したものだった。その後、短波受信機を開発して世界規模の無線電信網を作り上げた。一九〇九年にフェルディナンド・ブラウンと共にノーベル物理学賞を受賞。

やたらに忙しいのはどんなものでしょう。「忙」という字は「心が亡びる」と書きます。

❖**高田好胤**《こういん》（薬師寺管長
一九二四－九八）

薬師寺の第百二十四世管主。百万巻の写経勧進により、荒廃した金堂を再建し、その後、西塔、中門、回廊などを次々と再建したことで有名な「名物管長」だった。私は大学生の時に、岡潔と高田好胤の講演会を聴きに行ったことがあるが、高田師は講演の最後に「かたよらない心／こだわらない心／とらわれない心／広く広く、もっと広く」という言葉を、何度も聴衆に唱和させた。その時の高田師の会場が割れんばかりの音声はいまだに忘れることができない。パワーのある人だった。

不安を感じるのは、生きている証拠だ。

❖カール・A・メニンジャー（アメリカの精神病理学者 一八九三－一九九〇）

メニンジャーはハーバード大学で医学を学び、インターンの時に精神医学に興味を持つようになった。自殺について書かれた『おのれに背くもの』が有名。原文は、Unrest of spirit is a mark of life.。ほかに、「患者が良くなるのは、医者を喜ばせようとするか、あるいは医者に仕返しをしようとするか、どちらかだ」という言葉がある。

精神分析は、自らをその治療だと思い込んでいる精神病である。

❖カール・クラウス（ロシアの化学者 一七九六－一八六四）

たしかに、治療法が多岐に分裂しているのも精神分析の特徴といえるだろう。クラウスはドルパート（現エストニアのタルトゥ）に生まれた。ドルパート大学やカザン大学で助手を務め、一八五二年にドルパート大学で薬学と化学の教授になった。白金族元素の一つであるルテニウムを発見した。ルテニウムは、一八二八年にベルセリウス、オサンの二人の科学者が存在を予告し、一八四四年にクラウスの研究によって単体分離に成功した。

精神科医のところへ相談しに行くようなやつは、いちど頭を検査してもらうといい。

❖サミュエル・ゴールドウィン（アメリカのMGM創業者・映画製作者　一八八二―一九七四）

ゴールドウィンはポーランドのワルシャワ生まれで、子供の時にアメリカに移住した。映画のプロデューサーとして活躍し始めたのは一九一七年からで、その後映画会社を設立。最終的にMGM（メトロ・ゴールドウィン・メイヤー社）の創業者となった。ユーモラスな名句が多い。たとえば、「死んでからでなければ、自伝など書くべきではないと思う」。

ハンマーの使い方が上手な人は、あらゆるものを釘に見立ててしまうものだ。

❖エイブラハム・マズロー（アメリカの心理学者　一九〇八―七〇）

テニスの得意な人が、「テニスをすれば相手の女性の性格がわかる」と言っているのを聞いて、テニスだけではわからない面もあるのではないかと強く思ったことがある。ブルックリン大学教授、ブランダイズ大学教授を歴任したマズローは人間性心理学の祖といわれている。従来の心理学では扱わなかった自己実現、創造性、価値、美など、より人間的分野の研究に端緒をつけた。著書、雑誌論文は百篇を超え、そのジャンルも教育、経営学、看護学など多岐にわたる。

よい顔が推薦状であるならば、よい心は信用状である。

リットンは小説『ポンペイ最後の日』が代表作として知られているが、若き日には詩に没頭、一八二〇年に詩集『イシマエル他の詩』を出版した。生涯の作品数は膨大で、生前は大変に人気が高かった。一八三四年からは政治活動でも活躍。慣用句として用いられるほど有名な「ペンは剣よりも強し」は戯曲『リシュリュー』の中の言葉である。

❖**エドワード・G・ブルワー＝リットン**（イギリスの作家・政治家　一八〇三―七三）『それで何をするであろうか』より

喜びをひとにわかつと喜びは二倍になり、苦しみをひとにわかつと、苦しみは半分になる。

ベートーベンの歌曲『希望に寄せて』の作詞者として知られている。カント哲学の影響を受けた教訓詩『ウラーニア』や、抒情詩『美しいミンカよ、私は行かねばならない』などを書いた。ちなみに、ティートゲの妻エリーゼ・フォン・デア・レッケも詩人で、クールラント公ペーター・フォン・ビロンの三番目の妻ドロテア・フォン・メデムの姉である。

❖**クリストフ・A・ティートゲ**（ドイツの詩人　一七五二―一八四一）『ウラーニア』より

他人が自分を認めないのは問題ではない。自分が他人を認めないほうが問題だ。

孔子は春秋時代の哲学者・思想家で、多くの弟子に語った言葉を、彼の死後まとめたものが『論語』である。地方行政官から教師となり、いくつかの役職を経て司法長官の役職

❖**孔子**（中国の哲学者　前五五一―前四七九）

に就いたが、敵に追われて弟子と共に各地を遍歴した。儒家の祖である。身長が二メートル以上あったといわれ、「長人」と呼ばれていたという。

孤独は山になく、街にある。一人の人間にあるのではなく、大勢の人間の「間」にあるのである。

❖三木清（哲学者　一八九七－一九四五）『人生論ノート』の「孤独について」より

西田幾多郎の『善の研究』に感激し、京都帝国大学に入り、西田に師事。その後、ドイツ、フランスに留学してリッケルト、ハイデガーに学んだ。『人生論ノート』はエッセイ風に書かれた小文集で、一世を風靡した。引用文の後は、こう続く。孤独は「間」にあるものとして空間の如きものである。「空間の恐怖」――それは物質のものでなくて人間のものである。

孤独とは厚い外套である。しかも、心はその下でこごえている。

❖エルヴィン・グイード・コルベンハイヤー（ドイツの作家・劇作家　一八七八－一九六二）『神を愛す』より

コルベンハイヤーはブダペストで生まれ、ウィーン大学で哲学、自然科学、心理学を学んだ。著書は、歴史上の偉大な人物を主人公にした重厚長大な物語が多く、『神を愛す』はスピノザの生涯を描いている。生命力に対する信仰と、「個が全体の為に奉仕し、全体に帰入することで生きる」といった思想があり、ナチス時代の代表的な作家とされる。

山中の賊を破るは易く、心中の賊を破るは難し。

陽明学の開祖。三十七歳の時に、聖人の道はわが本性に自足しているのであって、それを外に求めていた非を悟り、朱子学の「格物致知《ちち》」からの劇的な転換を経験する。これを「竜場の大悟」という。四十九歳の時に陽明心学を確立。思想家であると同時に、謀反人を生け捕りにするなど、豪傑の一面も持ち合わせていた。長年の肺結核が悪化し、五十七歳で没したが、請われて語った最期の言葉は、「この心は光明である。ほかに言うことはない」であった。

❖**王陽明**（中国の思想家　一四七二－一五二八）『伝習録』より

春風を以って人に接し秋霜《しゅうそう》を以って自ら慎む。

佐藤一斎《いっさい》は江戸時代後期の儒学者で、朱子学、陽明学、易学にも造詣が深かった。公儀の昌平坂学問所の儒官（総長）として、門下からは佐久間象山、横井小楠《しょうなん》、中村正直など英才を多く育てた。孫弟子に勝海舟、坂本龍馬、吉田松陰がいる。著書に『言志四録』、『重職心得箇条』など。二〇〇一年に小泉首相が衆議院での「教育関連法案」審議中に、『言志四録』に言及したことから知名度が上がり、いくつか便乗出版がなされた。

❖**佐藤一斎**（江戸時代後期の儒学者　一七七二－一八五九）『言志後録』より

汝、心によりて統べられれば汝は王なり、肉体によりて統べられれば、汝は奴隷なり。

❖カトー（大）（ローマの政治家　前二三四－前一四九）

カトーは共和政ローマ期の政治家で、紀元前一九五年に執政官、紀元前一八四年に監察官となって、腐敗した政治家の一掃を目指して元老院議員七名を除名処分にした。優れた演説家だったが、八十ほどの演説断片のみが残されており、ほかにも百科事典的書物『息子への教え』、人生訓『世の慣わしを歌える』、ローマ史『起源論』などは失われている。著作として現存しているのは『農業論』だけである。

世に材なきを憂えず、その材を用いざるを患《うれ》う。

❖吉田松陰（幕末の志士　一八三〇－五九）

長州藩士杉百合乃助《ゆりのすけ》常道を父として生まれ、六歳で山鹿流兵学師範である叔父の養子となった。若くして兵学見聞のため東北を旅し、各地を遍歴。下田にてアメリカ船に乗り込もうとして捉えられ、幽閉された。免獄されて松下村塾にて門人の育成に努めたが、安政の大獄に連座し、江戸小伝馬町の牢に入れられた。獄中で『留魂録』を著し、刑死した。

命も要らず名も要らず、官位も金も要らぬ人は、始末に困るものなり。

❖西郷隆盛（政治家　一八二七－七七）

この句、まるで西郷自身のことを言っているように見える。幕末から維新にかけての激動期の立役者である。薩摩藩の下級武士だったが藩主島津斉彬《なりあきら》の知遇を受けてお庭方役として国事に当たった。安政の大獄、島津斉彬の病没で絶望し、僧月照《げっしょう》と投身自殺を図るも西郷だけが一命を取りとめ、その後薩長同盟や王政復古、江戸城無血開城に成功した。明治になってからも参議などで活躍したが、一八七三年に下野、帰郷後一八七七年、西南戦争の指導者となり、敗れたのち自刃した。

五尺の少身すべてこれ胆《たん》。

❖新井白石（江戸時代中期の儒学者　一六五七－一七二五）

六代将軍家宣《いえのぶ》、七代将軍家継《いえつぐ》を補佐し、「正徳《しょうとく》の治」を推進した儒学者である。三十歳の頃より木下順庵の門下となり、甲府藩の徳川綱豊《つなとよ》に仕えた。綱豊が六代将軍となって（家宣と改名）、ブレインとしてそのまま幕府の中枢に入り、当時主流であった林家の儒学者を抑えて幕政にかかわった。吉宗が八代将軍となって、白石は隠棲し、以降は著述に専念した。

世界中で最も意志のつよい者は誰かといえば、それはピーナッツ一個食べたあとで、それ以上はつままないでいられる男だ。

❖チャニング・ポロック（アメリカの奇術師　一九二六－二〇〇六）

私など、ピーナッツを五十個食べて、そこでやめる勇気もない。ポロックは大量に鳩を出現させる奇術で、一躍有名になった。当然のように、彼の演技を模倣してたくさんの鳩を出すマジシャンが続出した。彼の演技は一九六一年公開の『ヨーロッパの夜』という映画で見ることができる。何事も、断ち切るには多大なエネルギーが要る。

滝壺に呑まれたときには、息をつめて沈むだけ沈んでゆく度胸が肝要です。

後輩の記者、深代淳郎《ふかしろじゅんろう》が入院した時に出した見舞いの葉書の中の一文。この後、「沈む流れは、かならず浮かぶ流れに変わるのですから」と続く。第二次大戦前夜の日米関係を、朝日新聞社のニューヨーク支局員として報道、大戦後は初代欧州総局長として活躍した。

❖森恭三（ジャーナリスト 一九〇七ー八四）

人間は一日に約十八万七千の考えを持つが、その九八パーセントが一日前の、あるいはそのまた前の日の考えだと言われている。人の心は巻き戻し状態のテープレコーダーと同じような振る舞いをする。古い情報を、あたかも最新の情報であるかのように、繰り返し繰り返し再生するのだ。

もしもこの数字が本当だとしたら、人間は一時間に二百ほどの考えを持つことになる。つまり、毎秒三つである。この数字の信憑性はわからないが、われわれは意識上・意識下の無数の考えに踊らされながら生きている、と言いたいのだろう。人間は「真新しいふりをした古い決断」を何度も反芻しながら生きているという。この考えの洪水を一度リセットすることの必要を説く。

❖エリエール&シーヤ・カーン（アメリカのコンサルタント）『今ここに生きる力』より

研究によれば、思考のインプットは、エゴが反応するより〇・五秒早く起こることが証明されています。（中略）エゴはインプットに対してコントロールできず、反応を指示する生物的・機械的反応であるプログラミングに対してもコントロールできないことは明らかです。それにもかかわらず、エゴはこの反応を自分自身の反応と呼ぶのです。

❖ラメッシ・S・バルセカール（インドの著述家　一九一七―二〇〇九）『人生を心から楽しむ――罪悪感からの解放』より

エゴは思考を自分が作り出していると錯覚するが、実は思考はエゴの反応以前に働いており、この〇・五秒のギャップに騙されて、人間は生涯エゴという偽りの存在に踊らされて過ごす、というのである。バルセカールはこうも語る。「私たちは自分が自分の人生を生きていると思っているが、実際は、人生とは何十億もの肉体精神機構を通じて、生きられているものである」。

われわれは、本来人格をもたない自動的なプロセスにすぎない心を、分離した自己と誤解し、失ってはならないもの、死から守るべきものと思い込んでいたにすぎない。

❖スティーヴン・レヴァイン（アメリカの詩人・著作家　一九三七―）『めざめて生き、めざめて死ぬ』より

レヴァインは一九八〇年代から末期患者と、家族を失った人々のための活動を開始。「死にゆくプロセスは（自己が）溶けていくのに似ている」と考え、死を体験する瞑想の指導なども行っている。『めざめて生き、めざめて死ぬ』には、「われわれは死を先延ばししようとしているのと同じやり方で、生を先延ばししてきた」という印象的な言葉も。

一人称としてはあなたは非物質であり、非物質であるところには、変化がなく、変化がないところでは、時間を記録する方法がなく、時間を記録する方法がないところでは、時間はない。

❖ダグラス・E・ハーディング（イギリスの著述家　一九〇九－二〇〇七）『今ここに、死と不死を見る』より

ハーディングは「自分が見ている世界」と「それを見ている自分」の関係をとことん追求して、純粋主観主義とでも名づけるべき立場に行き着いた。この言葉に関連して、ハーディングは「自分の領域に本当に入った人は、自分がまるで永遠にそこにいたかのように感じる」というジョン・タウラーの言葉を引用している。

「I」はアルファベットのなかでいちばん人気のある文字である。

❖オリヴァー・ハーフォード（アメリカの作家　一八六三－一九三五）

たしかに英会話で最も多く使われるのが、一人称の「I」である。ハーフォードはイギリスに生まれてアメリカで活動した。「アメリカのオスカー・ワイルド」の異名がある。イラストレーターとしても活躍。「キスとは言葉がよけいになった場合おしゃべりを止めさせるための、なかなかずる賢い手だ」という言葉も。

ポジティビティはネガティビティの三倍を超えたとき初めて、人が繁栄するのに十分な量となる。

❖マルシャル・ロサダ（アメリカのコンサルタント）

チリ生まれのロサダはミシガン大学の心理学部門で博士号を取得したのち、実業界で働

き、退職してコンサルタントとなった。この言葉は、バーバラ・フレデリクソン著『ポジティブな人だけがうまくいく3：1の法則』（次項参照）の論拠となっている。人間は一〇〇パーセントポジティブになることなどできない。しかし、七五パーセントポジティブになれば繁栄に向かって上昇することができる、というマイルドな理論である。

ポジティビティは、ネガティビティに対して相対的に多いときに、効果を発揮します。ネガティビティはより強く感じるので、それを減らせば、効果的に素早くポジティビティ比が上げられます。

ポジティビティについての研究で注目を浴びている学者の主著から。一般に、ネガティブな考えは強く感じられるので（無理にポジティブな考えを増やさなくても）ネガティブな考えを減らすことで状況を好転させることができる、という。そのための有効な手段は、ネガティブな考えが起きたら、すかさず自分で反論することだという。

❖**バーバラ・フレデリクソン**（アメリカの心理学者　一九六四－）『ポジティブな人だけがうまくいく3：1の法則』より

自分を過大評価する者を、過小評価してはならない。

一九三三年から四五年の間、第三十二代アメリカ合衆国大統領を務めた。第二十六代大統領のセオドア・ルーズベルトとは従兄弟の関係に当たる。法律家からニューヨーク州上院議員、海軍次官補を経て一九二〇年、民主党の副大統領候補に指名された。一九二一年に小児麻痺に罹り、その後後遺症で車椅子の使用を余儀なくされた。世界恐慌、第二次世

❖**フランクリン・D・ルーズベルト**（アメリカの第三十二代大統領　一八八二－一九四五）

界大戦と次々に難題が降りかかった時期であったが、史上唯一、三選、四選を果たした大統領である。

人間の最も立派な所有物、最も尊い宝は、自尊心である。

❖ジャッキー・ロビンソン
（アメリカの黒人初の大リーグ選手　一九一九－七二）

一九四五年にニグロ・リーグに入り、翌四六年にドジャーズ傘下のマイナーリーグ入り。三割五分近くを打って、チームを優勝に導いた。この活躍で、翌四七年にはメジャーに昇格し、四月十五日に打席に立った。メジャーで黒人がプレーするのは六十三年ぶりのことだった。二〇〇四年に、四月十五日は「ジャッキー・ロビンソン・デー」と命名され、この日には希望者はメジャー全体で永久欠番となった四十二番をつけてプレーすることになった。

◎希望・願望

僕は持ちたい、家のなかに理解のある妻と本の間を歩きまわる猫と、それなしにはどの季節にも生きて行けない友だちと。

❖ギョーム・アポリネール
（フランスの詩人　一八八〇－一九一八）

詩人にして美術評論家であるアポリネールは、シュールレアリスムという用語を作った人物でもある。二十世紀になったばかりのパリで、ピカソ、デュシャン、シャガールら多くの芸術家と交流し、伝統に縛られない新たな芸術・文化を生み出す運動の中心人物であった。時代の寵児であった彼は数々の革新的な詩集を残したが、発禁本の執筆やモナリザ窃盗事件の犯人として逮捕されるなど、波乱万丈の短い生涯を送った。

もしも選ばなくてはならないなら、飛行機より鳥を選びたい。

❖**チャールズ・A・リンドバーク**（アメリカの飛行家　一九〇二－七四）

リンドバーグは一九二七年、ニューヨーク・パリ間の大西洋単独無着陸横断飛行に史上初めて成功した。「翼よ、あれがパリの灯だ！」という感動的せりふでも有名だ。飛行時間は三十三時間で、この飛行の達成には二万五〇〇〇ドルの賞金がかかっていた。到着時ル・ブルジェ空港には百万人近い観客が押し寄せたという話もある。ちなみに、一九三一年には北太平洋横断飛行にも成功している。夫人は名著『海からの贈りもの』の著者。

われわれは希望を抱く才能（genius）のおかげで生き、希望なしでもやっていける才覚（talent）のおかげで生き延びる。

❖**V・S・プリチェット**（イギリスの作家　一九〇〇－九七）

フルネームは、ヴィクター・ソーデン・プリチェット。二十八歳の時に出版したスペイン内戦のレポートで、作家として出発する。一九六八年に爵位を受け、それ以降「サー・ヴィクター」と呼ばれている。*A Cab at the Door*（玄関の馬車）という自伝を書いているが、この玄関の馬車とは、たびたび夜逃げを余儀なくされた父親が使っていた馬車のこと。

中産階級の生活苦を情緒ある文体で描き出す。

私は、なんでもできる。もし、そのことを最優先事項とし、十分な時間とお金とエネルギーをかけるなら。

◆リチャード・ブロディ（アメリカのプログラマー・著述家　一九五九－）『夢をかなえる一番よい方法』より

「私にはできない」と思う時、できない理由を明確にすることによって転機が訪れる、と説く。ブロディはハーバード大学を卒業したのち、マイクロソフト社に入り、Word など数多くのソフトを開発。『夢をかなえる一番よい方法』の中に、「問題が何なのかわからないうちに、問題を解決しようとするな」という名言もある。ベストセラー『ミーム』の著者でもある。

希望とは、未来に対してつくウソである。

◆E・M・シオラン（ルーマニアの哲学者　一九一一－一九九五）『苦渋の三段論法』より

シオランはハンガリーのセベン県レシナール（現ルーマニア）にてルーマニア人正教司祭の息子として生まれた。ブカレスト大学在学中に、ファシズム団体の機関誌に多く寄稿し、一九三七年に奨学金でパリに行き、人生の大半をフランスで過ごした。こんな名句も。「他人の引用によって初めて頭がまわり出すような思想家には注意しろ」。たしかに引用句の羅列だけで本を書いている人がいる。

われわれは自分の望みどおりに物事を変えていくことはままならないが、望みのほうが少しずつ変化していく。

❖マルセル・プルースト
（フランスの作家　一八七一－一九二二）

プルーストはパリの裕福な家庭に生まれた。十歳の時に花粉が原因で喘息を発症し、生涯喘息に苦しめられた。パリ大学では法学部に籍を置いたが、文学に傾倒し、学士号は法学と哲学で取得している。一九〇三年に父を、二年後に母を失い、世間との交渉を絶って、七編にのぼる大作『失われた時を求めて』を執筆。この作品の執筆中、騒音や外気を遮断するために、住居の内部をすっかりコルク張りにしたことは有名である。生前に刊行されたのは第四巻までだった。一九一九年にゴンクール賞を受賞。

自分の願いを本当に理解している人は皆無です。「自分がほしいと思うもの」はわかっているかもしれません。あなたは自分の想像や体験を元に、それを判断しているのです。でもあなたの体験は悲しいほど限られています。

❖ジョナサン・ケイナー
（イギリスの占星術師　一九五七－）『宇宙にお願い──夢を実現させる方法』より

ケイナーは現代イギリスを代表する占星術師で、『デイリー・メール』紙などで占いを連載している。多くの人は、自分の願望を具体的に述べることができず、そのために願望を実現することができないのだ、と説く。自分の人生を組み立てていくためにも表現力が必要なのだ。

わたしたちは何かを軽い気持ちで欲求することにすっかり慣れてしまっているので、自分が本当には何を欲求しているのか、わかっていないのです。

❖**ヴェニス・ブラッドワース**（アメリカの著述家・講演家　?－一九五六）『マインド革命　幸福への36章』より

この言葉が出てくる章の冒頭は、次の名句で始まる。「成功への道は欲求の国を通って行く」。ブラッドワースは「何かを獲得する秘訣は、それを強烈に欲求することだ」と主張する。山を登る時、何度も別の道を登り直すことがないように、欲求という頂上を目指して一つの道を進むしかない、と彼女は語る。

いつだって、願望が実現するには思いのほか長い時間がかかるものです。三次元世界の進行速度よりも、頭の回転のほうが速いのですから、当然でしょう。

❖**スチュワート・ワイルド**（アメリカの著述家・講演家）『ポケット版マネー・バイブル』より

ワイルドの語り口はユーモラスでユニークであり、その著作は名言の宝庫である。ここでは、物事が思うとおりにいかなく見えるのは、思いの速度が物事の進行の速度よりもはるかに速いからであることを、ユーモラスに語っている。気持ちがネガティブになると「努力」が「苦労」になる、などのシンプルな表現もどこか笑いを誘うところがある。

願望を実現しやすい人というのは、その願望の実現後を見ている人です。

❖**山崎啓支《ひろし》**（コンサルタント　一九七〇－）『願いがかなうNLP』より

ふつうの人は「何々になりたい」という形で願望を表現する。しかし、本当に願望をかなえたいのなら、「何々になって、これこれのことをしたい」と、願望の実現後のイメージを描く必要がある、というのである。たとえば、病気を治したいなら、「治って何々がしたい」と実現後のイメージを具体化するわけだ。願望の成就だけを願う人は、現実感がないゆえに現実化しない。

「何々になろう」とする者は多いが、「何々をしよう」とする者は少ない。

❖長岡半太郎（物理学者 一八六五―一九五〇）

長岡半太郎は江戸末期に生まれ、明治・大正・昭和と日本の物理学界に貢献した。一八九〇年に帝大理科大学助教授となって、一九九三年から九六年ドイツに留学。帰国後、教授となった。一九〇三年土星型原子模型を発表し、のちの太陽系原子模型の先駆となった。数々の功績により一九三七年に第一回文化勲章を受章した。この句を読むと、アインシュタインの「アメリカ人にとって人生は常に〝なる〟ことであって〝ある〟ことではない」という名句を思い出す。

◎感情

どうしてただじっと座って、今現在にいること以外は何もしないでいるのがそんなにつらいのだろう？　それは、現在には私たちが何とか避けようとしているものがあるからだ。つまり、〝感情〟である。

現代人はプレッシャーの多い生活をしており、なかなかリラックスする時間を見つけられない。しかし、レクトシャッフェンによれば、たとえリラックスする時間を見出せたとしても、内面的なプレッシャーにさらされている。そのプレッシャーとは、自分自身の感情だというのである。『タイムシフティング』には、自分のために割く時間がなくなると、他人のために割く時間もなくなる、とも書かれている。

❖**ステファン・レクトシャッフェン**（アメリカの内科医・著述家）『タイムシフティング——人生が楽しくなる時間活用術』より

感情は心という器を満たしている液体のようなものである。この感情の海に、ことばのような記号性の心像や、物体の形状のような知覚性の心像や、それらの複雑な集合体である概念や思念のような「かたち」あるものが漂っている。

喜怒哀楽をはじめとする多種多様な感情、これらに共通する性質は何であろうか。山鳥は「かたち」のないことだ、と考え、感情の海にさまざまな心像が浮かんでいるという心

❖**山鳥重**《あつし》（心理学者・医学博士　一九三九—）『ヒトはなぜことばを使えるか』より

のモデルを考えた。してみると、記憶や思考なども、感情の波の上に浮かんでいるのであり、感情の揺れの影響を受けつつ漂っていることになる。

情念は、われわれがこれについて明確な観念を形成するや否や、たちまち情念たることをやめる。

❖バールーフ・デ・スピノザ（オランダの哲学者　一六三二－七七）『エチカ』より

スピノザはアムステルダムの富裕なユダヤ人の貿易商の家庭に生まれた。幼少より、ユダヤ教のラビとなる訓練を受けたが、やがてユダヤ教と決別。そのため教会から破門され、迫害を逃れるためしばしば居を移した。生前に出版されたのは一書のみだったが、死後その名声は全ヨーロッパに広まり、「神に酔える人」と呼ばれるようになった。主著『エチカ』のほか、『知性改善論』なども有名。

楽しいことがらは、単に期待が充たされたり、欲求や欲望が充足されたりするだけでなく、そうするようにプログラムされたことを超え、予期しなかったこと、おそらく事前には想像さえしなかったことを達成した時に生じる。

❖ミハイ・チクセントミハイ（アメリカの心理学者　一九三四－）『フロー体験　喜びの現象学』より

一九五六年にハンガリーからアメリカに移住し、シカゴ大学教授となった。人間は生きがいのある生活を求め、単なる快楽よりも「楽しさ」を追求するようになる、と説く。「フロー」という概念を有名にした世界的名著より。スポーツや芸術活動などでハイになる状態、難なく最適な行動を取ることができ、流れに乗ったような気分になることをチクセントミハイは「フロー体験」と名づけた。

苦は楽の種、楽は苦の種と知るべし。

◆徳川光圀（江戸時代前期の水戸藩主　一六二八—一七〇〇）

徳川家康の孫に当たり、五代将軍綱吉の時代には長老の立場で幕政にも影響力を持った。そのあたりから名君「水戸黄門」として、多くの芝居、ドラマに登場している。『大日本史』編纂のため、家臣を諸国に派遣したり、蝦夷地の探検、三九七種もの薬の処方を記録させるなど、視野の広い殿様であった。

優しさとは〝人生には不可能なことがある〟と知っている大人だけのものです。

◆塩野七生（作家　一九三七—）『千年語録　次代に伝えたい珠玉の名言集』より

この前の部分は、「若い人が優しくあれるはずがないんです。あらゆることが可能だと思っている年頃には、高慢とか不遜であるほうが似合っています」とある。年齢を重ねると、「できたこと」が増えると同時に、「到底できないこと」も明確になってくる。その自覚によって人は初めて優しくなれるのだというのだ。

涙は目の上品なことばである。

ヘリックはご覧の通り、繊細で上品な詩を書いたが、生涯独身を通し、恋愛詩も特定の女性に捧げられたものではなかった。ロンドンに生まれ、ケンブリッジ大学で学んだのち、一六二三年に聖職者となった。主著『ヘスペリディース』には宗教的なものから世俗的なものまでさまざまな作品が収められている。有名な作品に『熟れた桜桃』がある。王党派だったため一時聖職禄を剥奪されるが、王政復古以降取り戻した。

❖**ロバート・ヘリック**（イギリスの詩人　一五九一－一六七四）『ヘスペリディース』より

美はいたるところに愛を叫ぶが、美しすぎると嫉妬と苦悩の種になる。

サンダースはメクレンブルク＝シュトレーリッツに生まれ、ベルリン大学で古典および近代文学、数学、自然史を学び、哲学で博士号を受け卒業した。卒業後は十年間、地元の小学校で教師をしていた。こんな言葉も吐いている。「格言だって？　それも結構。だがよく考えてみたまえ。もし君たちがそれを実行しようと思っても、その方法を心得ていなければ、格言だってみんなむなしいおしゃべりと同じことになるぞ」。

❖**ダニエル・サンダース**（ドイツの文筆家　一八一九－九七）『断片』より

嫉妬は賞賛の一種だ。

『乞食オペラ』は、ヘンデルのオペラが宮廷で隆盛を極めていた時期に、乞食がオペラなるものをやりたいという設定でロンドンの犯罪世界を扱ったもの。ヨハン・クリストフ・

❖**ジョン・ゲイ**（イギリスの詩人・劇作家　一六八五－一七三二）『乞食オペラ』より

ペープシュが曲をつけており、六十二夜にわたって連続で上演され、当時としては記録的なロングランを達成した。ゲイはアレキサンダー・ポープやジョナサン・スウィフトとも親交厚く、墓碑銘もポープが書いている。

人間の最大の誘惑は、ちっぽけなことで満足してしまうことだ。

❖トーマス・マートン（アメリカのカトリック修道僧　一九一五－六八）

一九四六年に書かれた自伝『七重の山』で多くの人に影響を与え、宗教の道に入る人が続出したという。マートンは若くしてローマ・カトリックに改宗し、ケンタッキー州の聖マリア・ゲッセマネ大修道院でトラピスト会の修道士となった。幅広い著書があり、名言も多い。バンコクでの会議に参加中、故障した扇風機による感電事故により死去した。

信頼は強制によって醸成されているものではない。人間に信頼を強いることはできない。

❖ダニエル・ウェブスター（アメリカの政治家　一七八二－一八五二）『演説』より

ウェブスターは第一級の弁舌家として知られた、十九世紀前半を代表するアメリカの政治家である。ニューハンプシャー州ソールズベリーで生まれ、後年弁舌家で知られるにもかかわらず、子供の頃はまったく人前で話すことができなかったという。しかし、ダートマス大学入学後、記憶力と演説の訓練をし、努力によって人前で話すことの恐怖を乗り越えた。下院議員、上院議員、第十四代および第十九代国務長官を歴任した。

良心をもって生きるのは、ブレーキをかけたままアクセルを踏むようなものだ。

❖**バド・シュルバーグ**（アメリカの作家・脚本家　一九一四－）

良心抜きでアクセルだけで走ることは許されない。良心については、こんな言葉もある。「良心とは、あなたが六歳になるまでに、母親があなたに話してくれたものです」。良心が幼時の母親からのプログラミングだとすると、これを解くことは容易ではないだろう。シュルバーグはエリア・カザン監督の『波止場』で一九五四年のアカデミー脚本賞を受賞している。

良心とは、あなたの中にいるあなた以外の人々の声に他ならない。

❖**ルイージ・ピランデロ**（イタリアの作家・詩人　一八六七－一九三六）

ピランデロはシチリア島生まれでローマ、およびボン大学で学んだ。一九〇三年に『故マッティア・パスカル氏』などのリアリスティックな作品群を発表した後、劇作に転じ、多くの戯曲を書いた。一九二五年にはテアトル・ダルテを創設し、彼の手による戯曲をヨーロッパ各地で上演した。一九三四年にノーベル文学賞を受賞している。

与えると枯渇したように感じる人は与えているのではなく、犠牲になっているのです。

❖**チャック・スペザーノ**（アメリカの心理学者）『チャック・スペザーノ博士の癒し大全』より

「与えること」の素晴らしさは、与える側と与えられる側の両者がエネルギーを回復できる点である。与える側がマイナスに感じるとすれば、それは犠牲になっているのだとスペザーノは説く。「与えると表面的には失うように感じますが、実は、与えると受け取ることにオープンになり、豊かさを強く感じるようになります」という言葉も説得力がある。

最も効果的な恩の与え方は、恩着せがましい態度で恩を受けてやることだ。

❖ウォルター・スコット（イギリスの詩人・作家　一七七一－一八三二）

ドニゼッティの『ランメルモールのルチア』やロッシーニの『湖上の美人』など、スコットの作品を原作とするオペラは多い。エディンバラ生まれで、伝承民謡豊かなケルソー近郊で育った。大学で法律を学び、一七九二年に法廷弁護士資格を得て開業する一方、文学に傾倒し一七九六年に匿名でビュルガーの訳詩を出版する。詩人として成功した作品は、長編物語詩『最後の吟遊詩人の歌』で、「北方の詩人」の名声を得た。多くの作品があるが、生涯法律家としての生活も続けた。

天が癒やすことのできぬ悲しみは地上になし。

❖トマス・モア（イギリスの思想家・法律家　一四七八－一五三五）『ユートピア』より

『ユートピア』には、理想国家の姿として、賢明な哲人による支配、貨幣制度の撤廃、共産的社会と民兵制度、男女教育の平等などが描かれ、十六世紀初頭に書かれたことを考えると、その先進性に驚かされる。モアは、国王の寵愛を受けたが、最後は国王の離婚問題への対応で怒りを買い、ロンドン塔に幽閉されたのち、断頭台に送られた。

❖リチャード・エイベル
（アメリカの法律家）

心配とは「今」と「この次」の間の空間である。

原文は、Anxiety is the space between the "now" and the "then."。この空間は中身がないために、不安を生み出すのである。エイベルはハーバード大学を卒業後、コロンビア大学で法学士を、ロンドン大学で博士号をそれぞれ取得する。一九七四年よりカリフォルニア大学ロサンゼルス校で法律を教え、現在は名誉教授。法社会学者としても著名である。

❖ベン・スウィートランド
（アメリカの心理コンサルタント）『自己を生かす――私はできる』より

悩むとは、自分が「望むこと」ではなく、「望まないこと」を心の絵としてもつことにほかならない。

同じ五時間でも、悩むために使った五時間と解決するために使った五時間では、結果がまったく違う。ところが、えてして人は、解決するためではなく、悩むために時間を浪費してしまう。「望まないこと」のイメージを持ち続ける限り解決の糸口は見えてこない。スウィートランドは著書の中で、ある悩める中年男が、遠くに見える看板の「American」という単語の後半だけを見て、I can! というメッセージを受け取ったというエピソードを巧みに使っている。

自分が恐怖を抱いている事柄を一覧表にして、無意味なものはないか調べてみることだ。率直な気持ちで調べれば、その大部分が取るにも足らぬ恐怖であることがわかる。

❖**デール・カーネギー**（アメリカの社会教育家・著作家　一八八八－一九五五）

一九三六年に出版された著書『人を動かす』は、世界で一五〇〇万部、日本でも四三〇万部の売り上げを記録し、一九四四年刊の『道は開ける』も再び世界的ベストセラーとなった。カーネギーは教師、会社員、俳優、セールスマンなど雑多な職業に就いたのち、ＹＭＣＡの弁論術担当の講師となり、演説術と自己啓発の方法を講演した。多くの著書を残しているが、中でもこの二冊の著書は、自己啓発書の元祖と言われる。

人を憎んでいると、たくさんの時間を無駄にする。

❖**マリアン・アンダーソン**（アメリカのオペラ歌手　一九〇二－一九三）

フィラデルフィア生まれの黒人アルト歌手、アンダーソンの言葉。一九二五年にニューヨークの新人コンクールで一位を受賞、百年に一度の美声とトスカニーニに絶賛されたが、そこまでの彼女の人生は激しい黒人差別との戦いだったと言っても過言ではない。しかし、彼女には、人を憎んでいる暇などなかったのだ。

にくきもの、急ぐ事ある所に、長言《ながこと》する客人《まろうど》。

❖**清少納言**（随筆家　十世紀頃）『枕草子』より

この後、「どうでもいい人なら後まわしにできるが、自分よりも立派な人が相手の場合はとても困る」という意味のことが続く。歌人清原元輔《もとすけ》を父として生まれる。清原氏には和歌や漢学に精通した者が多く、恵まれた環境下に成人した。陸奥守 橘 則光《たちばなののりみつ》と結婚し、則長をもうけたが、離別。九九三年に一条天皇の中宮定子《ていし》のもとに出仕し、多くの貴族と交流を持った。この宮廷生活の中で書かれたのが『枕草子』である。

ねたみは、記憶のように持続し、鼻かぜのように治りにくい。

◆**ハリー・スタイン**（アメリカの作家・コラムニスト　一九四八―）

スタインは一九七六年に歌手の伝記『タイニー・ティム』を書いてデビュー。その後、雑誌で政治的論評を発表し続ける。ねたみは低周波のように心を蝕み、しかもすぐに効く特効薬はないということか。

心臓に悪いことが二つある――坂道をかけ上がることと、人をこき下ろすこと。

◆**バーナード・ギンベル**（アメリカの実業家　一八八五―一九六六）

巨大なデパート・チェーンの創業者。最盛期の一九八七年頃には三十六店舗を持ち、全米最大のデパート・チェーンを誇っていた。ギンベルは一九六六年に亡くなっているが、こんなユーモラスな句を残している。

感情は基本的に、自分が聞いたり読んだりした言葉や体験した出来事に直接結びついているものではありません。その記憶と、それに対する自分の解釈に付随して発生しているものです。

◆**築山節**（脳神経外科医　一九五〇―　『脳と気持ちの整理術――意欲・実行・解決力を高める』より）

われわれは怒りが湧いたり、喜びが湧いたりすると思い込んでいる。しかし、怒りや喜びなどの感情は、物事に対する解釈によって生まれるというのだ。したがって、解釈の仕方を変えることによって、感情は根本から揺さぶられる。人からいやなことをされた時、相手の立場に立って冷静に見てみると、相手の行動にも一理あることが見えてきたりする、というのである。

他の富めるをうらやまず、身の貧しきを嘆かず、ただ慎むは貪欲、恐るべきは奢り。

◆**小林一茶**（江戸時代後期の俳人　一七六三―一八二七）

信濃の国の貧しい農家に生まれ、母親を早くに亡くす。継母とは遺産相続で十二年争い、結婚したのは五十歳を迎えてからである。最初の妻は病で若くして亡くなり、二人目の妻とは早々に離婚する。最初の妻との間に子供を四人もうけるも、やはり幼くして亡くす。最後の妻との結婚は六十歳を過ぎてからだが、娘を一人成し、一茶が死去した後に生まれている。

うぬぼれとは、ちっぽけな人間がもらった神からの贈り物。

◆ブルース・バートン（アメリカの作家　一八八六―一九六七）

一九五二年に刊行されたバートンの著書『知られざる男――イエスの発見』が二〇一一年に復刊され、話題を呼んでいる。贈り物という言葉を使った次の句もある。「子供に何か一つだけ贈り物ができるとするなら、熱意がいいだろう」。それほど熱意は伝えにくい、と言いたいのだろう。

何かにつけて憤怒をいだくうちは、自己を制御していない。すべての悪に対しては、平静な抵抗が最高の勝利をおさめる。

◆カール・ヒルティ（スイスの歴史家・法学者・哲学者　一八三三―一九〇九）『眠られぬ夜のために』より

ヒルティはドイツのゲッティンゲン大学に入学し、法律学、哲学、歴史を学んだのちハイデンベルク大学に移り、法律の研究に専念した。のちに、ベルン大学教授、総長、代議士、判事などの要職に就いたが、『幸福論』、『眠られぬ夜のために』などの著作で後世に名を残した。「多すぎる休息は少なすぎる休息と同じく疲労のもとになる」の言葉も。

人間は、理性のうちに負けたものの埋め合わせを怒りの中でするものである。

◆ウィリアム・R・アルジャー（アメリカの牧師　一八二二―一九〇五）

原文は、Men often make up in wrath what they want in reason. で、このwantは「欲する」ではなく「欠けている」。アルジャーはハーバード大学神学部に在籍したのち、マサチューセッツ州でユニテリアン教会の牧師となり、その後、ボストンやニューヨーク、コロラドなど全米各地で仕事した。フリーメイソンの会員で、奴隷廃止論者でもあった。「誇張は間違った雄弁。強調は正しい雄弁」の名句も。

血気の怒りは有るべからず。理義の怒りは無かるべからず。

❖朱子（中国の宋学の祖　一一三〇－一二〇〇）『語類』より

南宋の哲学者で、歴史家でもあった。新儒学派の中でも理論派の雄である。従来の儒教思想を体系化し、「国家と社会の完成を目指す綱領」を確立した。著作として『資治通鑑《しじつがん》綱目』がある。古典解釈でも業績が高く、一三一三年から科挙の指定科目として朱子の古典解釈があった。「少年老い易く、学成り難し」、「精神一到、何事か成らざらん」などの句も有名。

怒りは敵と思え。

❖徳川家康（江戸幕府初代将軍　一五四二－一六一六）

歴代の武家政治の中で、最も長く安定したのが家康が作った徳川幕府だ。それだけ完成されたシステムだったということだろう。「人の一生は重荷を負て遠き道をゆくがごとし」で始まる遺訓も有名だ。「いそぐべからず。不自由を常とおもへば不足なし」と続く遺訓は、いかにもその人となりを表し、現代の経営者のバイブルとも言われたが、実は後世に作られたものという見方が有力だそうである。

怒りの静まる時、後悔がやってくる。

アテナイ近くのコロノス生まれ。古代ギリシャ悲劇作家ソフォクレスは、百二十三の作品を書いたといわれるが、現存するのは七作品のみである。代表作は『オイディプス王』。名作『アンティゴネ』に、次の名句がある。「驚くべきものあまたある中に、人間にまさって驚くべきものなし」。

❖ソフォクレス（ギリシャの劇作家　前四九六－前四〇六）

羞恥心の欠点は絶えず嘘をつかせることである。

墓碑銘「生きた、書いた、愛した」が有名で、端的に彼の人生を表しているといわれる。代表作は一八三〇年の『赤と黒』であるが、小説以外にも評伝、美術・音楽論、文芸批評など多くの著作がある。また、軍人、外交官としての経歴もあり、恋愛関係も華やかだったという。『恋愛論』は一八二二年に、人妻メチルドへの深い思慕によって書かれた。ちなみにメチルドはスタンダールの求愛を拒み続けたという。

❖スタンダール（フランスの作家　一七八三－一八四二）『恋愛論』より

嘘つきに与えられる刑罰は、少なくとも彼が人から信じられないということではない。むしろ彼が誰をも信じられないということである。

アイルランドのダブリン生まれ。一八八二年に社会主義者となり、音楽・演劇評や評論文でジャーナリストとして知られるようになる。劇作を始めたのは一八八五年からで、九

❖ジョージ・バーナード・ショー（イギリスの劇作家・エッセイスト　一八五六－一九五〇）

十四歳で亡くなるまでに五十本以上の戯曲を書いた。一九二五年にノーベル文学賞を受賞。受賞の報を聞いたショーは、「これは謎だ。この年度には何も書かなかったからもらったのだろう」と毒舌を吐き、ストリンドベリの戯曲の翻訳事業のために寄付するという条件付きで受賞した。

苦しみの報酬は経験なり。

❖アイスキュロス（ギリシャの悲劇作家　前五二五－四六五）『断片』より

アイスキュロスはディオニュソスの祭典の悲劇コンクールで十三回第一位に輝き、「ギリシャ悲劇の父」として知られている。壮大なスケールで描く多彩で重厚な登場人物の悲劇であり、しかも新しい演出を取り入れる努力も惜しまなかった。生涯で書いたと言われる多くの戯曲のうち、現存するのは代表作『アガメムノン』、『縛られたプロメテウス』をはじめとして七編のみである。

◎楽観・悲観

楽天家と悲観論者の違いは、概して悲観論者のほうが経験を積んでいる点だ。

❖クレア・B・ルース（アメリカの劇作家　一九〇三－一八七）

そして、経験を積んだ楽天主義者はリーダーの資格がある（そのような人物はめったにいないが）。ルースはニューヨークに生まれ、一九三〇年に『ヴォーグ』誌の副編集長、『ヴァニティ・フェア』誌の副編集長、編集長となった。劇作家としては一九三六年『女たち』や一九三八年『さよならのキス』などのブロードウェイでのヒット作がある。一九三五年に富豪で出版業者のヘンリー・ルースと結婚し、政界にも影響力を持った。

楽観主義者は、この世は可能なあらゆる世界の中で一番マシだと考える人。悲観主義者は、そのことを知ってしまった人。

❖**J・ロバート・オッペンハイマー**（アメリカの核物理学者　一九〇四－六七）

オッペンハイマーはニューヨーク市生まれの核物理学者で、カリフォルニア工科大学の教授職を経て一九四二年原子爆弾開発計画のためのロスアラモス研究所所長に就任する。世界初の原子爆弾開発に成功し、トリニティ実験（ニューメキシコ）の後、原子爆弾は広島・長崎に投下された。しかし、原爆投下は不本意な結果であり、その後は水爆開発に異を唱え、最後は当局からにらまれる存在となった。この句には、彼の苦悩がにじみ出ている。

オカシなたとえでいえば、楽天主義者はドーナツの輪を眺め、悲観主義者はドーナツの穴を眺める。

❖**マクランドボー・ウィルソン**（アメリカの作家・詩人）

作者については詳細はわからないが、多くの引用句辞典に引用されている。この訳は加島祥造編『ユーモア名句&ジョーク』から取ったが、「オカシな」のところに編者の遊びがある。なお、この句の原形は、オスカー・ワイルドの「楽天主義者はドーナツを見、悲観主義者はドーナツの穴を見る」。

悲観論は信じない。たとえ思いどおりいかなくても、先へ進もう。雨になると思ったら、雨が降るものだ。

❖クリント・イーストウッド（アメリカの俳優・映画監督　一九三〇―）

イーストウッドはテレビで人気を博した西部劇ローハイドシリーズで俳優の道に入り、マカロニウェスタン『荒野の用心棒』で国際的なスターとなった。一九七一年『恐怖のメロディ』が初監督作品で、その後数々の作品を監督し、アカデミー賞作品賞、監督賞をはじめとしてたくさんの受賞作がある。二〇〇八年『グラン・トリノ』の主演を持って事実上俳優としての引退を宣言したが、「演じたい役があれば戻ってくるかもしれない」そうだ。

悲観主義者とは、一方通行の道を渡る時でも左右を見る人。

❖ローレンス・J・ピーター（カナダの教育学者　一九一九―一九九〇）

人間は地位が上がるほど能力が低下するという「ピーターの法則」で有名。引用句辞典の編纂者としても知られているが、取り上げた引用句の多くに絶妙のコメントを入れている。この句に関連して「悲観主義者」の名誉のために付け加えるが、一方通行を逆走する車もあるのである（私もした）。

将来の読みがすべて当たる悲観論者よりも、半分しか当たらない楽観論者でいたい。

❖O・A・バティスタ（アメリカの化学者・著作家　一九一七－九五）

バティスタはカナダに生まれて、アメリカで活躍した。わずか十二歳の時に、お金を貯めてタイプライターを買い、ものを書き始めたという。名句を多く残しており、「ミスは、それを訂正するのを拒まないまではミスとは言えない」という言葉も。バティスタ・リサーチ・インスティチュート会長。

人間は笑う力を授けられた唯一の動物である。

❖フォーク・グレヴィル（イギリスの詩人・政治家　一五五四－一六二八）

「人間は笑う動物である」と明言した有名な句。ワーウィックシャー州で生まれる。エリザベス一世やジェイムズ一世に仕え、海軍の財務部長や王室の書記、大蔵大臣、財務長官を務めた。グレヴィルの墓碑銘には「エリザベス女王の僕《しもべ》、ジェームズ王の顧問官、フィリップ・シドニー卿の友」と書かれていた。シドニー卿はグレヴィルと同い年で、エリザベス一世の寵愛を受けた詩人、軍人、政治家であったが戦争で負傷し、三十一歳の若さで世を去っている。

人と人の距離を最も縮めてくれるのが、笑いである。

❖ヴィクトル・ボルゲ（デンマークのピアニスト　一九〇九－二〇〇〇）

ボルゲはクラシックのピアニストでありながら、デンマークで最も有名なコメディアンとなった異才の持ち主。「クラシック・ピアノ・コメディアン」と呼ばれ、国民から愛された。彼にとって、音楽以上に笑いは人々との交流に役立ったのだろう。

毎日の中で一番無駄に過ごされたのは一度も笑わなかった日である。

いかにも癒やし系の警句のように見えるが、本人シャンフォールは波乱万丈の生涯を送った。フランス革命時にはミラボーに協力したが、ジャコバン党の恐怖時代に異を唱えて逮捕され、自殺を図ったのが原因で亡くなった。上流階級を痛烈に風刺した警句も多い。『格言と省察』は死後に刊行された。

❖**ニコラス・セバスチャン・シャンフォール**（フランスの文筆家・モラリスト　一七四一－一九四）『格言と省察』より

笑いはまぎれもなく、ポジティブな情動の表出である。周囲が友好的に働きかければ働きかけるほど、赤ちゃんは笑いの頻度を増加させるに違いない。それがまさに言語技術の発達の第一歩となる。かくして進化の過程で人類は非言語的表出から言語的表出へとジャンプすることに成功したのだろう。

「ハ、ハ、ハ」と笑うためには、複数の音節を区切りながら発話しなくてはならない。新生児にはこの能力はないので、笑うことで赤ちゃんは言語獲得のきっかけをつかんでいく、というのである。非言語表出と言語表出の差を「音節の獲得」に見ている点が興味深い。笑うことが人間を人間たらしめる。

❖**正高信男**（比較行動学者　一九五四－）『子どもはことばをからだで覚える――メロディから意味の世界へ』より

◎性格

われわれは、そのふりをするところのものとなる。

❖カート・ヴォネガット・ジュニア（アメリカの小説家　一九二二―二〇〇七）

ヴォネガット・ジュニアはインディアナ州インディアナポリス出身。コーネル大学在学中にアメリカ陸軍に召集され、ドイツ戦線で捕虜となって一九四五年二月十三日のドレスデンの大空襲を体験した。除隊後シカゴ大学で人類学を学び、GE社の広報担当を経験したのち、一九五〇年に『バーンハウス効果に関する報告書』で作家デビュー。代表作の一つである『スローターハウス5』はドレスデン爆撃を題材にしている。

深刻を装うことはできるが、気の利いた人間を装うことはできない。

❖サッシャ・ギトリ（フランスの俳優・劇作家　一八八五―一九五七）

よほどウィットに富んだ人物でなければ、こうは言えまい。ギトリはロシアのサンクトペテルブルグでフランス人の俳優・劇団主の父親のもとに生まれ、父のもとで初舞台を踏んだ。一九〇二年にパリで、一九二〇年にはロンドンでも舞台に立ち、戯曲も百本以上残している。戯曲はコメディが多かった。また、映画の脚本や監督も手がけた。

どんな馬鹿でも真実を語ることはできるが、うまく嘘をつくことは、かなり頭の働く人間でなければできない。

❖サミュエル・バトラー（イギリスの風刺詩人　一六一二―一八〇）『手帖』より

バトラーは『ドン・キホーテ』にならって清教徒を風刺した作品『ヒュディブラス』で一躍人気者になった。機知に富んだ名句を数多く残している。「鞭を惜しめば子供をダメにする」という有名なことわざの作者でもある。この句に関連して、「嘘つきは記憶がよくないとなれない」というクインティリアヌスの言葉も思い出される。

勤勉な馬鹿ほど、はた迷惑なものはない。

❖ホルスト・ガイヤー（ドイツの精神科医　一九〇七―一五八）

ガイヤーは専攻は人類遺伝学。イエナに生まれる。デュッセルドルフ大学およびウィーン大学の精神科医長、バード・ツビッシェンナーン精神病院長などを歴任した。「勤勉」は最も賞賛される美質の一つだが、目的や手段への反省のない勤勉実直は、頑迷固陋はたまた四面楚歌に通じる早道でもある。

性格とは一つの「慣習」である。それは熟慮することもなく、魂からスムーズに流れ出る一定の行為である。

❖イブン・シーナー（ペルシャの哲学者・医者　九八〇―一〇三七）

性格は慣習である、という指摘の現代的な響きに驚かされる。シーナーはイランのブハラ生まれ。大変高名な学者で、数人のスルタン（国王）の侍医となり、ペルシャのハマダーンで宰相を務めた。ラテン名でアヴィケンナ、英語読みでアヴィセンナとも呼ばれる。主著は『治癒の書』、『医学典範』など。アリストテレスをイスラム世界に紹介した人物の一人である。

人間はすこしぐらい品行は悪くてもよいが、品性はよくなければいけないよ。

❖小津安二郎（映画監督　一九〇三―六三）

さすが、うまいことを言うものだ。松竹キネマ蒲田撮影所で、映画人としての第一歩を踏み出した。三年連続でキネマ旬報一位を取るなど、戦前にすでに映画監督としての地位を確立していた。戦後になって、『晩春』、『麦秋』、『東京物語』など名作を次々と製作し、興行的にも成功を収めた。ヴィム・ヴェンダースをはじめ多くの海外の映画人にも大きな影響を与えた。

パッとしない人間に二種類ある。言われたことができないタイプと、言われたことしかできないタイプだ。

❖サイラス・ハーマン・コッチュマー・カーティス（アメリカの出版業者　一八五〇―一九三三）

それゆえ、パッとしない人間が人の上に立った組織は悲劇的である。『サタデー・イブニング・ポスト』紙を買収して発行部数二〇〇〇部から十年で一〇〇万部まで伸ばしたことで有名な新聞経営・出版業者カーティスの名言である。一八八三年、雑誌『レディース・ホーム・ジャーナル』を創刊し、一八九〇年にはカーティス出版会社も創立した。

人には二種類あると思う。ウソとわかっていることで生きるタイプと、誤って本当だと信じていることで生きるタイプだ。

この句を読むと、どうせ生きるのなら嘘とわかっていることで生きたほうが上等ということになりそうだ。ハンプトンはポルトガル領アゾレス諸島に生まれ、オックスフォード大学で学ぶ。在学中に書いた戯曲が認められ、ロイヤル・コート劇場で初めての専属作家となった。一九九五年『サンセット大通り』でトニー賞を受賞、一九八八年『危険な関係』でアカデミー脚本賞を受賞している。

❖**クリストファー・ハンプトン**（イギリスの劇作家　一九四六－）

実のところ人間には三種類しかいない。すなわち、物事を起こす人、起こるのを傍観している人、そして、「何が起こったの？」と聞く人だ。

さすがに人間観察の目が鋭い。アイオワ州生まれで本名はエスター・ポーリーン・フリードマンである。人生相談欄の担当者として、前任者の「アン・ランダース」から名前を引き継ぎ、さまざまな悩みを抱える人に助言を与え続けて世界中で有名になった。特に医療問題についての直截な意見などで公共奉仕の賞も受賞している。最も大量に配信されているコラムニストとしてギネス認定を受けた。

❖**アン・ランダース**（アメリカのコラムニスト　一九一八－二〇〇二）

口に才ある者は多くの事に拙なり。

❖**伊藤東涯**《とうがい》（儒者　一六七〇－一七三六）『閑居筆録』より

江戸時代中期の儒学者で、多作で知られている。父伊藤仁斎《じんさい》の死後、その私塾古義《こぎ》堂を継いで多数の門人を育てた。理論を唱える他の学風に対し実践を旨とし、新井白石、荻生《おぎゅう》徂徠ら多くの文人とも親交が篤かった。父親譲りの恭倹篤行、沈静寡黙の人柄であったという。『古学指要』、『弁疑録』、『学問関鍵《かんけん》』などの著書がある。

先祖のことを鼻にかける人間は、ジャガイモに似ている。――そいつの一番いいところは地下に埋まっている。

❖ヘンリー・S・F・クーパー（アメリカの作家　一九三四－）

クーパーにはNASAに関連した著作が七冊ほどある。最も有名なのは『アポロ13号奇跡の生還』であり、映画化されて話題となった。大事なのは自分がこの世でいかに伸びて、どんな花を咲かせるかである。それにしても、アメリカにも先祖自慢する人がいるのだろうか。

いろんなことがあるけれど、私はまだ人間は心の底では善良なのだと信じています。

❖アンネ・フランク（ドイツの強制収容所の犠牲者　一九二九－四五）『アンネの日記』より

アンネ・フランクはフランクフルト生まれ。ナチスによるユダヤ人迫害を逃れるため、一九三三年家族でオランダに亡命。オランダがドイツ軍に占領され、一九四二年から家族と共に入り口を隠したアパートに隠れ住み、その生活を日記に記した。この生活は二年に及んだが、一九四四年ゲシュタポに発見されて強制収容所に送られ、そこで死亡した。

人生は実のところ、悪と善の闘いではない。悪と最悪の闘いだ。

ブロドスキーはレニングラードのユダヤ人の貧しい家に生まれ、飢えに苦しむような生活を送る。この言葉には、彼の苦渋がにじみ出ている。若い時からレーニンを嫌い、やがてその詩が「反ソビエト的である」という理由で逮捕される。一九八〇年にアメリカに移住。その七年後にノーベル文学賞を受賞。受賞時のインタビューで、「あなたはアメリカ人なのですか、ロシア人なのですか」と問われ、「私はロシア語の詩人であり、英語のエッセイストです」と答えている。

❖**ジョセフ・ブロドスキー**（ロシアの詩人・作家　一九四〇－一九九六）

なんらかの善を心のうちにもたない悪人はなく、なんらかの悪を心のうちにもたない善人はいない。

一七一一年にR・スティールと共に日刊紙『ザ・スペクテイター』を創刊したアディソンの一句。定期刊行物への随筆の寄稿を大変得意としていた。こんなユーモラスな言葉も残している。「女はウェディングドレスを購入するまでは、人にアドバイスを求めないものだ」（買ってから初めてアドバイスを求める）。

❖**ジョゼフ・アディソン**（イギリスの詩人・劇作家・随筆家　一六七二－一七一九）

悪人は自己の欠点を弁解するが、善人は自己の欠点をそっとしておく。

ジョンソンはエリザベス朝を代表する劇作家として、シェイクスピアに並べて論じられ

❖**ベン・ジョンソン**（イギリスの詩人・劇作家　一五七二－一六三七）『カティリナ』より

ることが多い。代表作は『ヴォルポーニ、または狐』、『エピシーン、または物言わぬ女』、『錬金術師』、『バーソロミューの市』の四作と言われる。詩人としても活躍し、「ベンの息子たち」と呼ばれる宮廷詩人や劇作家の一群に影響力を持ち、『警句詩集《エピグラムズ》』、『下生え』などを出版した。

我に罪なければ天地恐ろしからず。

❖**樋口一葉**（小説家　一八七二－九六）『水の上日記』より

一葉には多くの日記が残されているが、『水の上日記』は終焉の地となった丸山福山町で書かれたもの。庭に三坪ほどの池があった。ここに居を移したのは一八九〇年五月のことだが、『たけくらべ』、『にごりえ』、『十三夜』、『ゆく雲』など珠玉の作品を書き残しており、「奇跡の二年」と呼ばれている。

第8章

政治・平和と戦争

◎政治

国家があなた方国民に何をしてくれるのかを問うのではなく、あなた方国民が国家のために何ができるのかを問うてください。

❖ジョン・F・ケネディ（アメリカの第三十五代大統領　一九一七－六三）就任演説より

ケネディの任期は一九六一年から六三年の間で、就任時史上最年少の四十三歳だった。一九六二年キューバ危機によって核戦争勃発ぎりぎりのところだったが、ソ連のミサイルをキューバから撤去させ、一九六三年には部分的核実験停止条約を締結させた。同年十一月、ダラスで遊説中に暗殺された。ケネディ暗殺事件は未だに謎の部分が多い。二年ほどの任期だったが、この間におびただしい数の演説を行っているのに驚いた。

名誉と独立を好む国家は、すべて自国の平和と安全は自分自身の剣によることを意識すべきである。

❖オットー・フォン・ビスマルク（ドイツの政治家　一八一五－九八）一八六九年の演説より

「ドイツの統一は血と鉄をもって解決されるべきである」という有名な言葉から鉄血宰相と呼ばれた。一八六九年というのは、デンマークとオーストリアに勝ち、プロイセンの指導下に北ドイツ同盟を結成した直後であり、この後、普仏戦争を起こしてパリを陥れている。ヴェルサイユでヴィルヘルム一世の戴冠式が行われ、ビスマルクは初代ドイツ宰相となった。この時代、ヨーロッパの歴史はビスマルクの思うがままに操られた感がある。

◆ニッコロ・マキャヴェリ
（イタリアの政治哲学者　一四六九－一五二七）

君主がその地位を維持しようと望むならば、善良でありつづけてはならない。必要に応じて善良であったり、そうでなかったりしなくてはならない。

代表作『君主論』で語られた支配者のあり方が、当時としては非常に現実主義的だったため、教皇によって非難され、実にフランス革命直前の一七八二年まで公刊されることはなかった。この著作により「マキャヴェリアン」という言葉が生まれるなど、世の中に大きな影響を与えた。マキャヴェリには「私はわが魂よりも、わが祖国を愛する」という愛国心に満ちた言葉もある。

◆マックス・ウェーバー
（ドイツの社会学者　一八六四－一九二〇）『職業としての政治』より

どんな事態に直面しても、「それにもかかわらず！」と言い切る自信のある人間。そういう人間だけが政治への「天職」を持つ。

天災や人災が起きた時に未来のビジョンが示せない政治家は、もともと国を統治する資格がない。ウェーバーはハイデルベルグ、ベルリンの両大学で法律学、経済史などを学び、ベルリン、フライブルグ、ハイデルベルグ、ミュンヘンの各大学で教授となった。マルクスと並ぶ社会科学の巨星である。「政治とは、情熱と判断力の二つを駆使しながら、堅い板に力をこめてじわじわっと穴をくり貫いていく作業である」という句も。

国王・貴族・暴君は何人であれ、世界の主権者である人類に対して、宇宙の立法者である自然に対して反逆する奴隷である。

ロベスピエールはアルトワ州アラスで生まれ、アラス大学卒業後、判事となった。その後、弁護士となり、三十歳で政治の世界に身を投じ、ルソーから多大なる影響を受け、ジャコバン派のリーダーとなる。晩年は独裁者としてフランスを支配、多くの反対派を断頭台に送った。一七九四年の演説で「革命政府は自由の専制である」と豪語している。結局、反ロベスピエール派に捕らえられ、自らも断頭台に送られた。

❖**マクシミリアン・ロベスピエール**（フランスの革命指導者　一七五八－九四）

法律は蜘蛛の巣のようなもの。小さいものが飛びこんでくると網に引っかけて捕まえるが、大物には網を壊され、そのうえ逃げられてしまう。

ソロンは貴族制から民主制への過渡期のアテナイの政治改革家。前五九四年に全市民の合意により執政官兼調停者に選ばれ、隷属状態にある貧民の借財を一切帳消しにするなどの改革を断行した。しかし、やがて貧者・富者の双方から不満が生じ、アテナイから逃れ、二度と政治にはかかわらなかった。

❖**ソロン**（ギリシャの政治家・詩人　前六四〇頃－前五六〇頃）

国家は、自らの暴力を法律と呼び、個人の暴力を犯罪と呼ぶ。

同様に、国家は自らの不正も横暴も法律と呼ぶ。ダブリン生まれ。バークはダブリン大

❖**エドマンド・バーク**（イギリスの政治家・政治哲学者　一七二九－九七）

学で法律を学んだが文学に傾倒し、一七五六年には『崇高と美の観念の起源に関する哲学的探求』を執筆した。アイルランド担当相を経て一七五六年に国会議員となる。一七九〇年に書かれた『フランス革命についての省察』はヨーロッパ全土に大きな影響を与えた。文章家、演説家としても名高く、国会議員がバークの演説をスピーチの練習に使うこともあるという。

道徳的に不正なことで政治的に正しいものはない。

❖ダニエル・オコンネル（アイルランドの弁護士・政治家　一七七五－一八七四）

アイルランドのカトリック解放に尽くした人物である。別名、解放者 the Liberator とも呼ばれる。一八〇一年イギリスに併合されたアイルランドを解放し、カトリック教徒に対する迫害をなくすことに一生を費やした。一八四一年にカトリック初のダブリン市長となった。同市のオコンネル・ストリートにこのアイルランドの英雄の像が飾られている。

政治家とは、自分を国家の下僕と位置づける政治屋のこと。政治屋とは、国家を自分の下僕と位置づける政治家のこと。

❖ジョルジュ・ポンピドゥー（フランスの大統領　一九一一－七四）

ド・ゴール失脚後、大統領の座についたポンピドゥーが、一九七三年に『オブザーバー』紙上で語った言葉。statesman を「政治家」、politician を「政治屋」と訳し分けておいた。言い方を換えると、「政治屋とは、権利と権力をはき違えた政治家のこと」である。ちなみに、minister の原義は「召し使い」だが、日本では「大臣」と訳される。

政治屋は次の選挙のことを考える。政治家は次の世代のことを考える。

言いえて妙とはこのことだろう。ついでに言えば、大政治家は、次の次の世代まで考える人物である。クラークはニューハンプシャー州ハノーヴァーに生まれる。ハーバード大学で学びユニテリアン派の牧師となった。一八四一年にボストンにユニテリアン派のディサイプル教会を設立。奴隷廃止運動、禁酒、女性参政権など、社会改革運動にも取り組んだ。ハーバード大学自然神学講師も務めた。

❖ジェームズ・フリーマン・クラーク（アメリカの牧師　一八一〇－八八）

いちばん公約の少ない候補者に投票するといい。失望することもいちばん少ないだろうから。

現在の日本の状況を考えると耳が痛い名句。バルークはサウス・カロライナ州カムデンに生まれ、ニューヨークで教育を受けて会社の雑用係から身を起こし、投機で財を成した。政界にも大きな影響力を持ち、第二次世界大戦時には大統領の顧問として活躍し、マンハッタン計画の推進者でもあった。「コールド・ウォー（冷たい戦争）」という言葉の生みの親といわれている。

❖バーナード・M・バルーク（アメリカの資本家・政治家　一八七〇－一九六五）

バリバリ仕事をこなす政府というのは、それは独裁政治なのです。

トルーマンは一九四五年から五三年の、まさに第二次世界大戦時の大統領であった。民

❖ハリー・S・トルーマン（アメリカの第三十三代大統領　一八八四－一九七二）

主党のルーズベルト大統領の死去に伴って副大統領から昇格した。日本にとっては、二つの原子爆弾の投下命令にサインした人物として知られている。激動の時代、多くの選択を迫られた大統領であった。この言葉は、一九五九年四月二十八日にコロンビア大学で講義した時のもの。

二〇〇種類ものチーズがある国で、一党体制なんて考えられるものか。

日本の政治家にも、これくらいのユーモア感覚がほしいところ。ド・ゴールは正式にはフランス第五共和国初代大統領である。両世界大戦に軍人としてかかわり、激戦を潜り抜けた。パリ陥落に伴ってイギリスに亡命し、自由フランス委員会を結成してラジオでフランス国民に抵抗を呼びかけ、戦後国民議会の満場一致で首相となった。一度は引退するもののアルジェリア紛争を契機に軍部を抑える強権を持った大統領として返り咲いた。

❖**シャルル・ド・ゴール**（フランスの大統領・将軍　一八九〇－一九七〇）

政党の忠実さは便宜主義からである。

クリーヴランドは一八八五年から八九年の間と、一八九三年から九七年の間、第二十二代および第二十四代大統領を務めた。ニュージャージー州コールドウェルで生まれ、一八五九年に司法試験に合格。地方検事補や保安官を務める傍ら民主党所属の弁護士として活躍し、バッファロー市長を経て一八八二年、ニューヨーク州知事となった。歴代大統領で、「連続しない二期」を務めたのは彼だけである。

❖**スティーヴン・グローヴァー・クリーヴランド**（アメリカの第二十二代・第二十四代大統領　一八三七－一九〇八）

私はただ一つの党をもっている。それは、私の祖国だ。

政党政治に明け暮れている政治家に聞かせてやりたい名句。ホー・チ・ミンはフランスの植民地であったベトナムに生まれ、フランスからの独立、その後のベトナム戦争までの激動の時代を指導した革命家である。ベトナム民主共和国首相、大統領を歴任し、南北に分かれたベトナムの統一を見ることなく七十九歳で生涯を閉じた。国民からはいまだに「バック・ホー（ホーおじさん）」という愛称で親しまれている。

❖**ホー・チ・ミン**（ベトナムの民族解放戦線指導者　一八九〇－一九六九）

組織化された憎しみ、それを統一という。

ニューヨーク証券取引所の所長を務めたヘンリー・グラフトン・チャップマンの息子。文才に恵まれ、その独創性と表現の巧みさから、彼の時代を代表するエッセイストと評価されていた。人々を一つに束ねるのは高邁な理想でも融和の思想でもなく、組織化された憎悪だ、というのである。そして憎悪はしばしば政治的に捏造され、メディアによって増幅される。

❖**ジョン・ジェイ・チャップマン**（アメリカの作家　一八六二－一九三三）

人間が頭を使わないということは、支配者にとって何と幸運なことか。

ヒトラーはオーストリアのブラウナウ・アム・インに生まれた。一九二一年、国家社会主義ドイツ労働者党党首に就任するが、一九二三年のミュンヘン一揆で失敗し入獄。『我

❖**アドルフ・ヒトラー**（ドイツの独裁者　一八八九－一九四五）

が闘争』(一九二五―二六年)は獄中で執筆された。一九三三年には首相、一九三四年には大統領(日本では総統と呼称)となり権力を掌握、ユダヤ人迫害を強化する。一九四五年、総統官邸地下壕にて拳銃自殺する。体は弱く、毎年九月に開かれるナチス党大会で、立ったまま数時間行進を査閲するのが何より苦痛だった。

国境は人間が引いたものだ。

❖ジャン・ルノワール(フランスの映画監督　一八九四―一九七九)

有名な画家ピエール＝オーギュスト・ルノワールの次男である。陶芸の世界からシナリオライター、映画製作の道を歩んだ。映画製作の資金は父親の絵を売却して作ったが、初期の作品は興行的には成功していない。一九三七年の反戦映画『大いなる幻影』で巨匠としての評価を得た。第二次世界大戦中にアメリカに亡命、ハリウッドでも映画を製作している。

協約はパイの皮のようなものだ。破られるがためにある。

❖ウラジーミル・イリイチ・レーニン(ロシアの革命家　一八七〇―一九二四)

兄が皇帝暗殺計画に連座して処刑されたことが、レーニンの道を決定した。マルクス主義の指導者として各地で組織を作ったため、一八九七年にシベリア流刑となる。同地でクルプスカヤと結婚し、大著『ロシアにおける資本主義の発達』を執筆。やがてロシア社会民主労働党の多数派ボリシェヴィキを率い、一九一七年にボリシェヴィキ革命を成功させ、ソビエト政府の最初の指導者(人民委員会議議長)に就任した。

政治とは、流血を伴わぬ戦争である。一方、戦争とは、流血を伴う政治である。

一九三八年の五月から六月にかけて開催された抗日戦争研究会で行った講演の中の言葉。毛沢東はこの講演の中で、「強いが小国で、帝国主義という退歩にあり、支援が少ない日本」と「弱いが大国で、進歩の中にあり、支援が多い中国」を対比し、持久戦に持ち込めば必ず中国が勝利すると主張した。ところで、これによく似た論法で、「政治は手段を変えた市民戦争である」と唱えた人もいる。

❖**毛沢東**（中国の政治家　一八九三－一九七六）『持久戦論』より

外交というものは、かたちを変えた戦争の継続状態である。

中国共産党の指導者の一人で、中華人民共和国が建国された一九四九年から、七五年に死去するまで首相を務めた。毛沢東の信頼を得て、文化大革命でも失脚を免れた。一九一七年より日本に留学し、明治大学に在籍したことから知日派でもあった。一九七二年、当時の日本国首相、田中角栄と共に日中共同声明に調印した。

❖**周恩来**（中国の政治家　一八九八－一九七五）

外交官が「そうです」と言う時は「おそらく」という意味であり、「おそらく」と言う時は「いいえ」という意味であり、「いいえ」と言う時は、外交官ではない。

❖**H・L・メンケン**（アメリカの評論家　一八八〇－一九五六）

ボルティモア生まれの評論家で、二十世紀前半で最も活発に活動したジャーナリストの一人だった。ニューディール政策を批判し、アメリカの第二次世界大戦への参加にも批判的で、一時は政治的発言を控えた時期もあった。こんな名句もある。「二種類の本がある。誰も読まない本と、誰も読む必要のない本だ」。メンケンはどちらの種類の本を書いたのだろう。

はじめにおわりがある。抵抗するなら最初に抵抗せよ。歓喜するなら最後に歓喜せよ。途中で泣くな。途中で笑うな。

❖**むのたけじ**（ジャーナリスト　一九一五－）『たいまつ』より

本名は武野武治と書く。戦時中の一九四〇年に朝日新聞社に入社し、中国、東南アジア特派員となる。戦後は秋田に戻り、一九四八年に週刊新聞『たいまつ』を創刊。反戦の立場から健筆をふるい、投稿も積極的に掲載し読者参加型の新聞を実現したが、一九七八年に休刊。二〇一一年二月十九日にビデオ・ニュース番組に出演。そのタイトルは「絶望の中にこそ希望がある」だった。

こぶしを固めたまま握手はできない。

❖**インディラ・ガンディー**（インドの首相　一九一七－一八四）

残念ながら、握手するために開かれたこぶしは、握手が終われば元に戻ってしまう。インド初代首相ジャワハルラール・ネルーの娘。インド独立の父マハトマ・ガンディーとは血縁関係はない。父ネルーが首相在任中に死去し、支持者の強い要望によってその後内閣入りし、シャーストリー首相の死去に伴って選挙で首相となった。一九八四年シーク教徒の警護官によって暗殺された。インディラの後任には長男のラジーヴ・ガンディーが就いたが、七年後に彼も暗殺された。

政治の世界では、言ってほしいことなら男性に、実行してほしいことなら女性に頼むことです。

❖マーガレット・サッチャー（イギリスの首相　一九二五―）

イギリス史上初の女性保守党党首、首相であったサッチャーの気概の句。一九七九年から九〇年の間首相を務め、歯に衣着せぬ発言と強い意志で「鉄の女」の異名をとる。一九八二年に勃発したフォークランド紛争では、アルゼンチンの侵攻に対して素早く艦隊と爆撃機を導入し、二か月でアルゼンチン軍を敗退させた。豪腕ながら、国民の評価は高い。

最大限の丁重さで、最小限の情報を。

❖ジャクリーン・ケネディ（ケネディ大統領夫人　一九二九―九四）

おそらく彼女の周りには、最小限の丁重さで未整理の情報を大量に手渡してくる側近がいたのだろう。一九五三年ジョン・F・ケネディと結婚し、一九六一年から六三年の間、ファーストレディであった。ファッショナブルで知的なジャクリーンはジャッキーの愛称で国民に親しまれた。一九六八年にギリシャの億万長者オナシスと再婚し、オナシスの死後はニューヨークの出版社で記者として働いた。

二人の女を和合させるよりも寧《むし》ろ全ヨーロッパを和合させる方が容易であろう。

一国を統治する者の偽らざる感慨である。通称「太陽王」と呼ばれたブルボン朝最盛期の国王である。ルイ十三世の子として生まれ、五歳で父の王位を継いだ。一六六〇年にスペイン王フェリペ四世の長女マリー・テレーズと結婚。のちに彼女の血筋に当たる孫にスペイン王家を継承させ、スペインの支配をも目論んだ。対外戦争を積極的に行い、文化を振興したが、晩年には戦費拡大と放漫財政によって深刻な財政難となった。

❖ルイ十四世（フランスの国王　一六三八－一七一五）

何が見えるかは、どこに座っているかによる。

ニクソン、フォード両政権下で国防長官を務めた。任期は一九七三年から七五年。ハーバード大学で博士号を得た経済学者である。一九六九年に予算事務次官としてニクソン政権に参加、原子力委員会委員長、CIA長官などを歴任し、国防長官となった。解任された理由は、「よそよそしく尊大な態度」がフォード大統領に嫌われたからだという。

❖ジェームズ・R・シュレジンジャー（アメリカの国防長官　一九二九－）

私は、自分が大統領になるだけの脳ミソを持っているのかさえわからない。

ゴールドウォーターはアリゾナ州選出の上院議員を五期務め、一九六四年の大統領選に出馬し、見事に〝落馬〟した。「ミスター保守主義」の異名でも有名。これに似た言葉を、

❖バリー・ゴールドウォーター（アメリカの政治家　一九〇九－九八）

一九七四年に大統領となったジェラルド・フォードが残している。「(私が大統領になるということは)このアメリカでは誰でも大統領になれるということの証明だと思う」。フォードはニクソンの辞任により棚からぼた餅で無選挙で大統領になっている。

国家の緊急時にはいつでも叩き起こしてくれ、と言ってあるんだ。たとえ閣議の最中でも。

一九八一年から八九年の間、第四十代アメリカ合衆国大統領を務めたレーガン一流のジョーク。かつて映画・テレビ俳優だったことは有名である。最初は民主党で自由主義運動を支持していたが、一九六二年に共和党に入党し、一九六六年にカリフォルニア州知事に就任した。一九八〇年ジミー・カーターを破って大統領に就任し、二期目にはソ連との間で大幅な軍縮に合意するなど、国民の人気も高かった。暗殺未遂事件で負傷した時、手術する医師に「きみは共和党員か?」とジョークを飛ばしたエピソードは有名。

❖**ロナルド・レーガン**(アメリカの第四十代大統領　一九一一―二〇〇四)

(うちの犬は)議員のように吠え、補佐官のように獲物をさがし、報道官のように頭をさげ、電話が鳴ると、受付係のように死んだふりができる。

一九七八年に共和党の下院議員となり、早くからレーガンの大統領選挙出馬をサポートした。「吠える」は bark、「さがす」は fetch、「頭をさげる」は beg、「死んだふり」は英語で play dead という。愛犬にかこつけて政治家たちの行動を的確に描写している。

❖**ジェラルド・B・H・ソロモン**(アメリカの下院議員　一九三〇―二〇〇一)

◎主義

私は奴隷になりたくないがゆえに、主人にもなりたくない。これが、私の民主主義の理念である。

❖**エイブラハム・リンカーン**（アメリカの第十六代大統領　一八〇九－六五）

一八六一年から六五年の間、第十六代アメリカ合衆国大統領を務めた。奴隷制に反対していたリンカーンに対して南部諸州は合衆国脱退を表明し、アメリカは南北戦争に突入する。一方リンカーンは、先住民族を居留地に閉じ込め、彼らに狩猟を捨てさせて農業に従事させるためのインディアン討伐に尽力している。謙虚な人柄でいまだに人気の高い大統領である。アメリカで初めてひげをはやした大統領であり、初めて暗殺された大統領でもあった。

民主主義とは「半分以上の人が半分以上の時間は正しいはずだ」と無理やり信じ込むこと。

❖**E・B・ホワイト**（アメリカの作家　一八九九－一九八五）一九四四年七月三日の『ザ・ニューヨーカー』誌より

一九四四年は、フランクリン・ルーズベルトが四選を果たした年だが、その時の一般投票の獲得数がぎりぎり半数の五三・三九パーセントだった。ホワイトはニューヨーク州マウントバーノンで生まれる。コーネル大学を卒業後、ニューヨークでいくつかの職に就いたのち、『ザ・ニューヨーカー』誌のライターとなる。一九七〇年に『スチュアート・リトル』、『シャーロットのおくりもの』で、ローラ・インガルス・ワイルダー賞を受賞。

民主主義の病は、あらゆるものを大衆レベルにまで引き下げてしまうというやり方で、その専制ぶりを発揮する。

あからさまな性描写が多いという理由で発禁になった『北回帰線』をご存じの方も多いだろう。ミラーは一九三〇年から九年間にわたるフランス滞在中に、自伝的小説『北回帰線』、『南回帰線』を執筆し、パリで発表した。当初はアメリカでは発禁処分となったが、一九六四年、連邦最高裁判所によって「猥褻文書ではない」とする判決が出ている。パリでのアナイス・ニンとの情事は有名で、『アナイス・ニンの日記　一九三一〜三四――ヘンリー・ミラーとパリで』に克明に描かれている。

❖**ヘンリー・ミラー**（アメリカの作家　一八九一—一九八〇）

民主主義は、おもちゃの馬に似ている。自分で足を動かさないと、どこへも行けない。

サミュエルはリバプール市トクステスに生まれた。ユダヤ系であったが、オックスフォード大学時代に信仰に疑問を持ち、ユダヤ教の礼拝への参加をやめる。一九〇二年に自由党員として下院に入り、郵政大臣、内務大臣、パレスチナ高等弁務官、再び内務大臣を歴任する。その後、著述にも力を入れ、一九三七年に『実践的論理学』、一九五七年には『リアリティを求めて』を上梓している。一九四四年から上院での自由党のリーダーとな

❖**ハーバート・サミュエル**（イギリスの政治家　一八七〇—一九六三）

り、一九五一年の選挙では史上初めてテレビで政見放送を行った。

世間の人の五分の一は、いつでも、何にでも反対する。

第三十五代アメリカ合衆国大統領ジョン・F・ケネディの実弟である。兄の大統領選では選挙参謀を務め、当選後は司法長官として兄をサポートした。一九六三年、ジョン・F・ケネディの暗殺事件後、ニューヨーク州の上院議員選に出馬して勝利するが、一九六八年、民主党の大統領候補指名選のキャンペーン中にロサンゼルスのホテルで暗殺された。

❖ロバート・フランシス・ケネディ（アメリカの政治家　一九二五―六八）

世論と呼ばれているものは、何のことはない、大衆の感情である。

たしかに、大衆が論理的になるはずはない。一八六八年二月から十月と、一八七四年から八〇年の間、二度にわたってイギリスの首相を務めた人物である。父親はイタリア系ユダヤ人で歴史家だったアイザック・ディズレーリで、イギリス首相となったユダヤ人はベンジャミンただ一人である。小説家として作品も残している。

❖ベンジャミン・ディズレーリ（イギリスの政治家　一八〇四―八一）

人はあなたに反対なのではなく、自分に賛成なだけなのだ。

ファウラーはコロラド州に生まれ、コロラド大学卒業後、『ザ・デンバー・ポスト』、『ニューヨーク・デイリー・ミラー』などでジャーナリストとして経験を積んだ。十本以上映

❖ジーン・ファウラー（アメリカのジャーナリスト・作家　一八九〇―一九六〇）

画の脚本も書き、ハリウッドに移る。

パンは人民の権利である。

サン＝ジュストは革命家としてロベスピエールの片腕となって活動し、テルミドールのクーデターの翌日、二十六歳の若さで処刑された。二十歳を過ぎたあたりから詩や随筆を書き始め、一七九一年の『革命の精神』はよく知られている。二十五歳で国民公会議員に選出され、激しい国王弾劾演説を行って注目された。弁論家としても有名で、なかでもルイ十六世の処刑を決定づけた「処女演説」は有名である。

❖ルイ・ド・サン＝ジュスト（フランスの政治家　一七六七－九四）

資本主義社会の力は、野放しにしておくと、金持ちをますます金持ちにし、貧乏人をますます貧乏にしてしまいがちである。

ネルーはインドの初代首相を一九四七年から六四年の間務めた。第五代・第八代首相であったインディラ・ガンディーの父である。ケンブリッジ大学に学び、国民会議派に所属して活動。ガンディーの影響を強く受けてイギリス当局から何度か投獄された。「非同盟・中立」の外交路線を貫き、「平和五原則」を掲げた。主著である『自伝』、『父が子に語る世界歴史』、『インドの発見』は、すべて政治犯として獄中につながれた時に書かれた。

❖ジャワハルラール・ネルー（インドの首相　一八八九－一九六四）

社会主義が役に立つのは、天国か地獄くらいのものだ。ただし、天国にはその必要はないし、地獄ではとっくに導入されている。

❖**セシル・パーマー**（イギリスの出版業者・作家　？－一九五二）

パーマーは講演家としても活躍し、「個人主義者の会」を設立している。一九五二年に急死しているが、死後に *The British Socialist Illfare State* という遺作が刊行された。社会主義は、誰もが等しく贖罪に追われている地獄では機能しているということか。

保守主義者とは、何事も最初になされる時は初めてなのだという事実に、思い至らぬ人である。

❖**フランク・ヴァンダーリップ**（アメリカの銀行頭取　一八六四－一九三七）

ナショナル・シティー銀行の頭取だった。つまりは、いつまでも自転車に乗れるようにならないのが、保守主義者の運命である。これに関連して、イギリスの経済学者・哲学者、ジョン・ステュアート・ミル（一八〇六－七三）が、こんなことを言っている。「保守主義者が常に愚かであるとは限らないが、愚者の最たるものは必ずや保守主義者である」。

私は主義が首枷になって底に沈むより、日和見主義者として波間に浮かんでいるほうがいい。

❖**スタンリー・ボールドウィン**（イギリスの首相　一八六七－一九四七）

ボールドウィンはウスターシャー州の有名な鉄鋼業者の家に生まれ、ケンブリッジ大学で学ぶ。二十年ほど家業に就いた後、保守党の下院議員となり、商務大臣を経て一九二三年首相に就任。翌年労働党に敗れるが、同じ年の暮れにラムゼイ・マクドナルドが退陣して再び首相の座に就き、一九二九年まで務めた。その後労働党に再び敗れるものの、一九三五年に三たび首相となった。稀有な政治人生を送った人物の稀有な心情吐露である。

私はギリシャに生まれ、ギリシャで死ぬ。彼らはファシストに生まれつき、ファシストで死ぬだろう。

❖メリーナ・メルクーリ
（ギリシャの女優・政治家　一九二三－一九九四）

アテネで生まれ、女優として成功した後政治家に転身し、ギリシャの文化大臣を務めたメルクーリの言葉。ちなみに父親、祖父共に政治家だそうである。女優としては一九五五年にデビュー、一九六〇年の『日曜はダメよ』で人気を得た。女優でありながら常に政治的な立場をとり、一時ギリシャから亡命するが、一九七七年に下院議員に選出された。

持論を持てば持つほど、ものが見えなくなる。

❖ヴィム・ヴェンダース
（ドイツの映画監督　一九四五－）一九九〇年十二月三十日『オブザーバー』誌より

「意見」と訳すこともできるが、あえて「持論」と訳してみた。ヴィム・ヴェンダースは一九八四年『パリ、テキサス』でカンヌ国際映画祭パルム・ドール賞を、一九八七年『ベルリン・天使の詩』でカンヌ国際映画祭監督賞を受賞している。

私は確固たる主義をもっている。その筆頭は、どんな時にも柔軟であれ、ということだ。

❖**エヴァレット・ダークセン**（アメリカの政治家　一八九六－一九六九）

特に社会の変動が著しい時期には、柔軟でなければ生き延びることはできない。ダークセンは一九二六年に地元の市会議員に立候補し、政治家となる。共和党下院議員として一九三三年から活動し、一九五〇年からは上院議員となった。アイゼンハワー大統領候補の支持を表明したことから、アイゼンハワー政権誕生の後は政権内の重鎮となる。一九六四年の公民権法制定にも尽力した。

私の人生観は単純だ。目をしっかりと見開いて人生と折り合っていくということだ。

❖**ローレンス・オリヴィエ**（俳優・男爵　一九〇七－八九）

俳優で初めて爵位を受けた人物である。十七歳で俳優を目指してロンドンで勉強し、一九二五年にデビュー。多彩な役をこなし、特にシェイクスピアの大役をすべて演じた。一九四八年に『ハムレット』でアカデミー作品賞、主演男優賞を受賞。二人目の妻となったヴィヴィアン・リーとの結婚がうまくいかず、ジョーン・プロウライトを三人目の妻とした。結婚に苦労したオリヴィエの人生観として読むと納得がいく。

私は地道に、学歴もなく、独学でやってきた。座右の銘というのではないが、「われ以外皆師なり」と思っている。自分以外はすべてどんな人でもわが師、わが先生であると。

❖吉川英治（小説家　一八九二－一九六二）

『鳴門秘帖』、『宮本武蔵』など、数々のヒット作を生み出した。幼少時に家運が傾き、小学校を中退。さまざまな職を転々としながら独学で学んだ。一九一四年懸賞小説で初当選し、一九二二年より新聞社に勤務し、文才を認められて『親鸞記』などを執筆した。関東大震災後、新聞社がつぶれたのを機に作家となる。一九二五年に初めて吉川英治のペンネームを使った。

世間は活きている、理屈は死んでいる。

❖勝海舟（幕末から明治期の政治家　一八二三－一八九九）『氷川清話』より

咸臨丸《かんりんまる》の艦長として渡米したのち、軍艦奉行に就任。戊辰戦争では、幕軍の代表として西郷隆盛と会見し、江戸城無血開城を果たした。「世間の事は、気合とか呼吸というものが大切だが、これは書物や口先だけじゃ分からない。活き学問という事が必要だ。実地について、人情や世態をよくよく観察し、その事情に精通しなければ駄目だ」とも。辞世の句は「コレデオシマイ」だった。

概してわれわれは、自分の信じる理論のことを〝事実〟と呼び、自分が疑っている事実のことを〝理論〟と呼ぶ。

❖フェリックス・コーエン（アメリカの科学者・弁護士　一九〇七－五三）

原文は、Generally the theories we believe we call facts, and the facts we disbelieve we call theories. とコントラストをうまく使った名句である。理論をつきつめていくと事実が見えなくなる。事実をつきつめていくと理論がわからなくなる。そんな現代科学の閉塞状況を先取りしたコーエンの言葉。

◉平和と戦争

銘記すべきは、平和は神から人間への賜り物ではなく、人間同士の贈り物なのだということである。

❖エリ・ヴィーゼル（アメリカの作家　一九二八－）

平和は人間同士が、互いに与え合い、分かち合うプレゼントだと言いたいのだろう。ヴィーゼルはフランス語で作品を書くユダヤ系作家。第二次世界大戦末期に二か所の強制収容所生活を体験。解放後、パリで哲学を学び、新聞記者を経て作家に。ルーマニア出身だが国籍はアメリカ。一九八六年にノーベル平和賞を受賞。平和は人間同士が作り出すものである、という彼の言葉は重い。

私は平和的思想の促進のため、死後に多額の基金を残すつもりだが、その結果には懐疑的だ。その道の大家たちは優れた書物を著し、栄誉を受けるだろう。しかし、戦争は状況がそれを不可能にするまで、これまでどおり続くだろう。

❖アルフレッド・ノーベル（スウェーデンの化学者・発明家　一八三三－一八九六）

ダイナマイトを発明した化学者である。ダイナマイトは産業にとって必要不可欠なものとなったが、同時に戦争にも使われ、巨万の富を生み出したため、ノーベルは死の商人と呼ばれた。ノーベルは死後に汚名が残るのを避けようと、世界に貢献する人物に与える賞を考え、遺書を作成。遺書により莫大な遺産はノーベル財団が管理し、ノーベル賞受賞者に今も送られ続けている。

私は自分が全霊をあげて綿密に行うことは、二度くり返したいとは思わない。私はいかにして名将軍になるかという点でのみ有名だが、すべての時間と労力を捧げたいのは、実はその後の平和なのだ。

❖ドワイト・D・アイゼンハワー（アメリカの第三十四代大統領　一八九〇－一九六九）

アイゼンハワーは第二次世界大戦で最も有名な「ノルマンディー上陸作戦」時の連合軍最高司令官であり、一九四四年六月六日のＤ－デイにおいては連合軍すべてを指揮した。大戦勃発時は中佐にすぎなかったが、わずか五年三か月後には元帥にまで昇進した。その後、政治家に転身し、軍人時代に培った外交能力と統率力を生かし、大統領に就任。任期中を通じて高い支持率を維持し、平時の統治能力も証明してみせた。

私は平和の手段として以外に戦争をかって一度も主張したことがない。

グラントは南北戦争において北軍を勝利に導いた有名な軍人である。優れた戦略家で、南軍の名将ロバート・リー将軍を破ったことでも有名だ。その後政治家となって一八六八年と七二年に大統領に選ばれた。任期中はスキャンダル、汚職事件などで、歴史家からアメリカ最悪の大統領の一人とされている。しかし、政治の腐敗にもかかわらず、個人的な人気で二期目の再選を果たしたのも事実である。

❖**U・S・グラント**（アメリカの軍人・政治家　一八二二－八五）

核兵器は悪である。平和は「核」によって保たれるものではない。

一九三五年に中間子の存在を予言したが、十二年後にイギリスのセシル・パウエルが宇宙線の中にパイ中間子を発見して湯川の予言の正しさが証明され、一九四九年に日本人初のノーベル賞を受賞した。第二次大戦の戦前・戦中には原子爆弾開発に関与したが、戦後は核兵器廃絶を訴え、一九五五年には、ラッセル＝アインシュタイン宣言に共同宣言者として名前を連ねている。

❖**湯川秀樹**（物理学者　一九〇七－八一）『回想記』より

百兵を養うは、ただ平和を守るためである。

新潟県出身で、海軍兵学校卒業後日露戦争に従軍。砲術学校の教官などを経てアメリカに駐在し、帰国後要職を歴任し、一九三九年連合艦隊司令長官および第一艦隊司令長官と

❖**山本五十六**（海軍軍人　一八八四－一九四三）『山本五十六』より

なった。第二次世界大戦では対米戦を無視した南方への武力行使は不可能であるという考えから、真珠湾攻撃作戦を立案した。最後はソロモン戦線で米軍の攻撃によって戦死した。

この戦争も次の戦争と同じく、戦争を終結するための戦争だ。

❖デイビッド・ロイド＝ジョージ（イギリスの首相　一八六三－一九四五）

ロイド＝ジョージは一九一六年から二二年の間、イギリス首相を務めた。マンチェスターに生まれ、弁護士を経て一八九〇年に下院議員となった。以後五十五年間その議席を守って、商務院総裁、大蔵大臣、軍需大臣、陸軍大臣を歴任して連立内閣首相となった。第一次世界大戦勃発時、ロイド＝ジョージは参戦に懐疑的であり、時の首相のハーバート・ヘンリー・アスキスと対立し、アスキス退陣後に首相となった。

戦争の目的は祖国のために死ぬことではなく、相手側を彼らの祖国のために死なせることだ。

❖ジョージ・S・パットン（アメリカの将軍　一八八五－一九四五）

第二次世界大戦で最も大胆不敵で華々しい活躍をした米軍司令官で、Be audacious!（大胆不敵であれ！）がモットーだった。代々軍人の家系で、小さい時から将軍になりたかったという。常に最前線で戦うことを好み、軍規に厳しく、まさに軍人らしい軍人であった。しかし、この句にはどこかユーモラスな響きがある。お人柄というものだろう。

戦争を終結させる最も手っ取り早い方法は敗戦することだ。

オーウェルの作品としては、一九四五年の『動物農場』と一九四九年の『一九八四年』がよく知られているだろう。特に後者は、近未来の全体主義超大国を舞台として、個人の意識の自由を権力が支配する、という恐ろしい世界を描いて話題となった。この作品を発表した一九四九年にはオーウェルは肺結核が悪化して入院、翌年には亡くなっている。彼のモラリストとしての真髄の表れた作品といえよう。

❖ジョージ・オーウェル（イギリスの作家　一九〇三―五〇）

退くときはまっすぐ前を見よ。

伊東義祐《よしすけ》をはじめとする、九州で名を馳せた武将を次々に打ち破り、九州統一を果たしたことにより、島津家の名を轟かせた名将。統一後、豊臣軍からの停戦命令を無視したことから、さらに戦乱を繰り広げたが、やがて秀吉の下に服した。和歌や能楽にも通じていたとされており、才能は戦事以外でも多彩であった。

❖島津義弘（戦国時代の大名　一五三五―一六一九）

戦いは、受けて立つに値する程度には大きく、勝てる程度に小さなものを選べ。

逆に言うと、つまらない戦いには目もくれず、勝てない戦いは回避せよ、という忠言。コゾールはボストンで生まれ、ハーバード大学卒業後、オックスフォード大学に進むが卒

❖ジョナサン・コゾール（アメリカの作家　一九三六―）

業せずにパリに渡り、著名作家らから執筆のノウハウを学ぶ。アメリカ帰国後は執筆活動の傍ら、ボストンで家庭教師をしたり、公立高校で教鞭を執る。教育家でもあり、アメリカでは学校教育制度や教育改革に関する著書で有名。

勝つ気がないのに戦争に突入するのは致命的である。

❖**ダグラス・マッカーサー**（アメリカの陸軍元帥・GHQ最高司令官　一八八〇—一九六四）

マッカーサーは第一次世界大戦で、「レインボー師団」の参謀長・旅団長として華々しい功績を残し、戦後最年少で少将に栄進し、一九三〇年にはこれまた最年少で参謀総長に就任した。この時の副官はアイゼンハワー、のちの大統領である。一九三七年に一度退役するが、ルーズベルト大統領の要請で復帰して第二次世界大戦に参加し、日本の敗戦後GHQの最高司令官として日本占領に当たった。

一度も戦わないよりは、戦って負ける方がはるかに良い。

❖**アーサー・クラフ**（イギリスの詩人　一八一九—六一）『ペスキエラ』より

クラフはリバプールの綿商人の家に生まれたが、幼時に家族と共にアメリカに移住し、教育のために帰国。ラグビー校、オックスフォード大学に学び、詩人となった。ナイチンゲールの秘書をしたこともあった。比較的若死にしているが、抒情的な物語詩によって記憶されている。

敗戦の次に悲惨なのは、戦いに勝つことである。

要するに、勝っても負けても戦争は悲惨なのである。数々の戦功により爵位を授けられ、初代ウェリントン公爵となった人物である。二十四歳の時、将来の妻となるキャサリン・パケナムに求婚するが、賭博による借金を抱えていたため断られ、そこから奮起して軍務に没頭、公爵となった一八〇六年にやっと結婚することができたそうだ。

❖**アーサー・ウェルズリー・ウェリントン**（アイルランドの公爵・軍人　一七六九－一八五二）

戦って勝つはやすく、勝ちを守るはかたし。

衛《えい》の国に生まれる。孔子の弟子である曾子《そうし》の門下生だった。魏《ぎ》の文侯《ぶんこう》に仕え、のちに楚《そ》の悼《とう》王の宰相となり、楚国の強兵に努めた。悼王の死により、呉起《ごき》による改革で憂き目をみた貴族に攻められ、悼王の遺体安置所で矢を全身に浴びて壮絶な死を遂げたという。呉起の言葉を集めた『呉子』は、『孫子』と並ぶ必携の書とされ、「家ごとに孫呉の書を蔵す」といわれるほどであった。兵法書の最高峰「五経七書」のうちの一冊。

❖**呉起**（中国の武将　前四四〇?－前三八一）『呉子』より

彼を知り己を知らば百戦危うからず。

中国、春秋時代の兵法家。呉王の闔閭《こうりょ》に仕え、その功を助けた。呉起と共に兵法の祖と言われる。『孫子』は戦国時代の兵法書で、一巻十三編（計、作戦、謀攻、形、勢、虚実、軍争、九変、行軍、地形、九地、火攻、用間）から成る。武田信玄が愛用した文句「其の疾《はや》

❖**孫武**（中国武将　生没年不明）『孫子』より

きこと風の如く、其の徐《しずか》なること林の如し。侵掠《しんりゃく》すること火の如く、動かざること山の如し」も『孫子』の中の言葉である。

◎革命・英雄

革命は歴史を牽引する機関車だ。

❖ニキータ・S・フルシチョフ（旧ソビエト連邦の首相　一八九四－一九七一）

フルシチョフは一九五八年から六四年の間、ソビエト連邦の首相を務めた人物である。一九五三年スターリンが死去した後、ソ連共産党の書記長となった。任期中にハンガリー動乱、ポズナニの暴動、キューバの核ミサイル配備問題などがあり、一九六四年に失脚した。一九五九年に訪米した時、子供たちの要望でディズニーランドに行きたがったというほほえましいエピソードがある（実際には警備の都合で実現しなかった）。

革命を成功させるのは希望であり、絶望ではない。

❖ピョートル・アレクセーヴィチ・クロポトキン（ロシアの無政府主義者　一八四二－一九二一）『一革命家の思い出』より

クロポトキンは公爵の息子として生まれ、陸軍士官の時にシベリア地区の地理学的探検隊、軍務を辞したのちスカンジナビア半島の氷河探検隊にも参加して、その研究成果から科学者としての地歩を築いた。一方、革命運動に共感し、一八七一年称号を放棄して革命家として生きる決意をする。アナーキストとして逮捕、投獄、逃亡、追放される流転の人生であったが、一九一七年の革命後ようやくロシアに帰国した。

❖カール・オグルズビー（アメリカの反体制作家　一九三五－）

革命の基本的な動機は、天国を建設することではなくて地獄を破壊することである。

「革命で天国を作ることができる」と信じていた理想主義者に聞かせてやりたい名句である。一九六五年十一月二十七日に、ワシントンDCで行ったベトナム反戦のスピーチは有名。オグルズビーには「反逆者が世界の混乱を生んでいるのではなく、世界の混乱が反逆者を生み出しているのである」という言葉もある。大学を出て劇作家を目指したが、ベトナム戦争勃発と共に政治的運動に加わり、あっという間に指導者の一人に。

❖徳冨蘆花（作家　一八六八－一九二七）

諸君、謀反を恐れてはならぬ。自ら謀反人となるを恐れてはならぬ。新しいものは常に謀反である。

一八九八年末から新聞連載された『不如帰《ほととぎす》』が単行本として刊行され、大変な人気を博し作家となった。徳富蘇峰の実弟であり、兄の経営する民友社で翻訳、人物史伝、短編小説などを発表したのちの大成功であったが、一九〇一年以降仲たがいし、一九〇三年『黒潮—第一篇』の巻頭に兄への告別の辞を掲げ、世間の耳目《じもく》を集めた。

最も急進的な革命家も、ひとたび革命が起こるや、たちまち保守主義者に化けてしまう。

アーレントはドイツに生まれ、ナチスの迫害を逃れてアメリカに移住、シカゴ大学などで教鞭を執る傍ら、数々のユダヤ人組織に積極的に参加した。大学時代から深い交流のあったハイデッガーとの往復書簡が最近翻訳出版された。革命は、未来形で語られる時しか革命としての意味を持たない。

❖**ハンナ・アーレント**（アメリカの政治学者・哲学者　一九〇六－七五）一九七〇年九月十二日の『ザ・ニューヨーカー』誌より

われわれは革命を発明したが、その使用法はとんとわからない。

そして、いまだかつて正しく使用された革命は皆無である。ヴァイスはドイツ生まれだが、父親がハンガリー出身のユダヤ人だったため、ナチスの迫害を逃れてロンドン、プラハを経て一九三九年スウェーデンに移住した。スウェーデン共産党員であり、アウシュビッツ裁判の記録に基づくドキュメンタリー『追求』（一九六五年）や、強い資本主義批判『ルシタニアの怪物の歌』（一九六七年）などが代表作である。

❖**ペーター・ヴァイス**（ドイツの劇作家・作家　一九一六－八二）

私は八十二人の仲間と革命を起こした。もう一度やることになったら、十人か十五人の仲間、そして絶対的な信念を持ってやる。信念と手順さえしっかりしていれば、人数など問題ではない。

❖**フィデル・カストロ**（キューバの大統領　一九二七－）

革命家として、アメリカの傀儡政権であったバティスタ政権を倒し、キューバ大統領となった。革命の同志八十二人のうち、たった十八人の生き残りと共にゲリラ戦を戦ったカストロならではの一句である。革命の生存率は二二パーセント。たとえ十人でも二人は生き残れる計算だ。

本当の英雄とは、何かのまちがいで英雄になってしまった人だ。英雄も普通人と同じように、正直な臆病者になることを夢みている。

❖エインベルト・ウンベルト・エーコ（イタリアの評論家・小説家　一九二九―）

「誰でも生涯に十五分間はヒーローになれる」という名句を吐いた人もいる。ヒーローであり続ける人には、ヒーローゆえの苦しみや悩みがあるのだろう。記号論の専門家で、その分野に関する著作もある。中世研究家でもあり、一九八〇年に発表した小説『薔薇の名前』は聖書分析や記号論に精通したエーコならではの知的ミステリーとして高い評価を受け、一九八六年には映画化された。

臆病者は死を恐れようが、勇者はろうそくの燃えかすとなって生きながらえるよりも、消されるほうがよい。

❖ウォルター・ローリー（イギリスの政治家・探検家　一五五二―一六一八）

ローリーは女王エリザベス一世の寵愛を受けた宮廷人で、探検と植民を目的とした新大陸探査行に三回参加し、自ら出資して植民地を開いた。女王の侍女との恋愛事件で寵愛を失い、一時はロンドン塔に幽閉され、女王の晩年には讒言《ざんげん》によって陰謀加担を疑われて死刑判決を受けた。その後一時許されて南米ギアナへ黄金郷探索に旅立つが、部下の略奪行為によってスペインを怒らせ、本国に戻ったのちに処刑された。

英雄のいない時代は不幸だが、英雄を必要とする時代はもっと不幸だ。

❖ベルトルト・ブレヒト
（ドイツの詩人・劇作家
一八九八―一九五六）

ブレヒトはアウクスブルグに生まれ、ミュンヘン大学在学中から文学活動を始めた。一九二二年に上演された戯曲『夜うつ太鼓』でクライスト賞を受賞。ナチスの擡頭によってアメリカを中心に十五年間の亡命生活を余儀なくされた。彼の作品はナチスによって焚書の対象とされたが、戦後ベルリンに戻って活動し、二十世紀を代表する劇作家として演劇界に多大な影響を与えた。

◎ジャーナリズム

ジャーナリズムは急ぎ足の文学である。

❖マシュー・アーノルド
（イギリスの詩人・評論家
一八二二―一八八八）

ジャーナリズムの危うさを鋭く突いた一言である。マシュー・アーノルドはラグビー校校長の息子として生まれ、オックスフォード大学に学んだ。詩人としての業績は一八五三年の『詩集』で確立し、一八五七年以降はオックスフォード大学詩学教授を務める傍ら、宗教を主題とする著作や数冊の評論集を出版した。ジャーナリズムは急ぎ足の文学であるゆえ、時に転倒することがある。

私は私より速く書ける誰より上手に書けるし、私より上手に書ける誰より速く書ける。

若い時にパリに行って勉強し、帰国後、一九三五年から没するまで『ザ・ニューヨーカー』誌で働く。日本では、『ハイネの唄』、『肉眼で見るボクシング』、『詩人と教師』の三つの短編が邦訳されている。書くことにここまで自信を持っているので、ぜひ邦訳だけでも読んでみたくなる。『ザ・ニューヨーカー』に入社するために、無職のノルウェー人を雇って「リーブリングを雇え!」というプラカードを持たせてサンドイッチマンをさせたというから、やはり相当の自信家だったようだ。

❖**アボット・J・リーブリング**（アメリカのジャーナリスト　一九〇四－六三）

五〇人味方がいて五〇人が敵。それでいいじゃないか、全部を味方に引き入れることなんてできっこない。

半数の敵を覚悟するとは、さすが気概の言論家である。舌鋒鋭い評論家として、またノンフィクション作家として活躍した。東大文学部社会学科を中退し、日本フェビアン協会主事、新潮社の「社会問題講座」シリーズの編集にも従事し、名声を得た。自ら「無思想人」と称してイデオロギーを廃し、後輩の育成に努め、毒舌反抗に徹した。時代を鋭く切

❖**大宅壮一**（評論家・ジャーナリスト　一九〇〇－七〇）

り取った新造語の数々を生み出している。大宅の業績を記念して大宅壮一ノンフィクション賞が設けられた。

外国の報道関係者のみなさんはずっと、わが国民が自由に向かって長く苦痛に満ちた道を歩んできた途上での仲間でした。

❖コラソン・C・アキノ（フィリピンの大統領 一九三三－二〇〇九）

マルコス独裁政権下、反マルコスの旗手であった夫ベニグノ・アキノが暗殺され、その妻であったコラソンは一九八六年の大統領選に出馬。民衆の圧倒的支持を得た。マルコス政権側の得票不正操作が発覚したことにより、一気にクーデターへと発展した。このエドゥサ革命後コラソンが大統領に就任し、一九九二年の任期満了まで、国軍のクーデター未遂などの難しい政情を乗り切って退任した。これは余談だが、私がデスクをしていた国際雑誌は、アキノ大統領から感謝状を送られた。

何人も、ドイツ軍占領下を生きていた頃ほどには、自由を感じたことはない。

❖ジャン＝ポール・サルトル（フランスの哲学者・作家 一九〇五－八〇）

一九三八年に『嘔吐』を刊行し成功を収めたが、翌年第二次世界大戦が始まり、サルトルも動員される。一九四〇年六月にドイツ軍の捕虜となるが、収容所でハイデッガーの『存在と時間』の購読をしたり、自作の劇の上演もしていたという。一九四一年三月、「方向感覚障害」の偽証明書によって民間人と認められて収容所から釈放された。一九六六年にボーヴォワールと共に来日したが、その時に「日本人の明るさが印象的だ」と語っていたのを思い出す。

自由とは何か？　自由とは選択する権利、つまり自分のための選択肢を作り出す権利のことだ。選択の自由を持たない人間は、人間とは言えず、ただの手足、道具、ものにすぎない。

❖アーチボルト・マクリーシュ（アメリカの詩人　一八九二－一九八二）

たしかに、選択するためには、自分のために選択肢を用意する必要がある。マクリーシュは国務次官を務めたこともある官僚であり、同時に詩人でもあった。スペインによるメキシコ征服を扱った『征服者』でピュリツァー賞を受賞。この自由に関する言葉は、シーナ・アイエンガー著『選択の科学』の第一講の冒頭に掲げられている。

自由とは、過ちを犯す権利であって、罪を犯す権利ではない。

❖ジョン・ディーフェンベーカー（カナダの首相　一八九五－一九七九）

ディーフェンベーカーはオンタリオ州生まれの弁護士で、一九四〇年にカナダ連邦下院議員に選出された。一九五六年進歩保守党党首となり、長きにわたった自由党政権の後を受けて首相となる。農業改革、先住民族への選挙権付与などが大きな功績とされる。原文は、Freedom is the right to be wrong, not the right to do wrong. だ。be と do の対比が絶妙である。

人はすべて生まれながらにして自由かつ不平等である。

アレンはカナダ生まれで、イギリスに移住後、バーミンガム大学、オックスフォード大学で学び科学者として活躍し、科学に関する著書、および小説を執筆した。ミステリー作家として有名で、クレイ大佐を主人公とする短編集『アフリカの百万長者』は怪盗小説の先駆といわれる。小説家アーサー・コナン・ドイルとは親友で、アレンの死後、未完の作品をドイルが加筆して完成させたという。

❖**チャールズ・グラント・アレン**（イギリスの作家・自然科学者　一八四八－一九九九）

もしある朝目覚めて、誰もが人間が同じ人種、同じ宗教、同じ肌の色になっていたとしたら、その日の正午までには新たな偏見のタネを探し出すことだろう。

毎朝、新聞を開ければそこにいくらでも偏見の種は見つかる。相手が優位であっても劣位であっても、偏見の種にはことかかない、と言いたいのだろう。エイケンはバーモント州の知事を務めていた時に、銀行、鉄道などの主要産業の独占をやめさせた。気骨の政治家だったことは、この句からもうかがえる。人間は宿命的に偏見に生きる動物である。

❖**ジョージ・エイケン**（アメリカの政治家　一八九二－一九八四）

第9章

文明・科学

◎文明・教育

国家は個人と同じように興亡するが、文明そのものが滅亡することはない。

❖ジュゼッペ・マッツィーニ（イタリアの政治家　一八〇五－七二）『語録』より

マッツィーニはイタリア独立を目指し、共和制とすべく生涯奮闘した革命家である。大学卒業後弁護士となるが、熱烈な急進派となって一八三三年青年イタリア連合を組織し、弾圧されてスイスに逃亡。スイスでもヨーロッパ青年党を設立したものの追放され、ミラノ革命の際に帰国。その後ガリバルディ軍に参加し、一八四九年ローマで三頭政の一員となるが、フランスに干渉され亡命した。統一イタリアになって帰国したが、王政には反対した。

文明とは、いわば漠然とした同質性から明確かつ一貫した異質性への進歩である。

❖ハーバート・スペンサー（イギリスの哲学者　一八二〇－一九〇三）『第一原理』より

スペンサーは進化論哲学を貫いた思想家である。主著『総合哲学大系』は一八六二年から九三年にかけて全九巻で上梓され、生物学、心理学、社会学、倫理学を総合的に扱った。思想の体系は全自然の進化という観点に立っており、「あらゆる過程は無連関の状態から関連的な状態への結集」であり「同質的な状態から異質な状態への分化」であると説く。家庭で教育を受けて育ち、鉄道技師となったのち、ジャーナリスト、哲学者となったという。

文明が進歩していないなどと言うのは早計だ。戦争のたびに必ず新しい殺し方が発明されているではないか。

❖ウィル・ロジャース（アメリカのユーモリスト　一八七九－一九三五）

ロジャースは一九〇二年に『ワイルド・ウェスト・ショー』というバラエティ・ショーでチェロキー族の少年の役を演じ、人気者になった。その後映画・ラジオでも成功を収め、『イヴニング・ポスト』紙でコラムを書き、一九三〇年代にはハリウッドでも最高級のギャラを取る俳優となった。ちなみに、父母はどちらも本当にチェロキー族の血を引いているそうだ。政治ネタのギャグも多く、傑作は、「私はいかなる組織された政党にも属さぬ。私は民主党員だ！」。

文明とは、暴力に訴えるのを最後の手段にするための努力以外の何物でもない。

❖オルテガ・イ・ガゼット（スペインの哲学者　一八八三－一九五五）

イ・ガゼットは実存主義的人文主義者。マドリード大学の哲学教授で、著書『大衆の反逆』（一九三〇年）ではスペイン内戦を予告した。「私は〈私＋私の環境〉である」（I am I plus my surroundings.）という簡潔な名句も有名。ロシア革命を人間的な生を蹂躙するものとして批判した。

もし現代の文明人が、自分の食べる動物を自分で殺さなくてはならなくなったら、菜食主義者の数は天文学的に激増するだろう。

❖クリスティアン・モルゲンシュテルン（ドイツの詩人　一八七一－一九一四）

私には、子供の頃に鳥をしめる現場を見たために一生鶏肉が食べられなくなった従兄弟がいる。モルゲンシュテルンの祖父も父も画家だった。体が弱く、学業を断念したが、やがてイプセンの翻訳などでやっと身を立てる。大半の人生を、ドイツやスイス、イタリアなどを旅しながら過ごしていた。ナンセンスな言葉遊びを駆使した『絞首台の歌』、憂愁に沈んだ『メランコリー』などが有名。神秘思想に傾倒しつつも、生涯、諧謔の精神は忘れなかった。

文化というものを、上から下へ向かって押しつけてはならない、それは下から盛り上がるはずのものだから。

❖チャールズ・リード（イギリスの作家　一八一四－八四）『政治嫌いの政治論』より

リードはオックスフォードシャー州イブスデン・ハウスで生まれた。オックスフォード大学に学び、弁護士資格を取ったが転じて文筆家となった。一八五〇年から約十三本の戯曲を執筆したが、一八五二年から小説を書き名声を得た。代表作は十五世紀を舞台にエラスムスの父親を主人公に据えた『僧院と暖炉』、戯曲『仮面と素顔』など。

「文化」は言語の条件であり、同時に、その産物であろう。

デューイはプラグマティズムの代表的な学者であり、教育学者としても大きな業績を残した。ミシガン大学、シカゴ大学、コロンビア大学教授を歴任し、一九二〇年代には教育学者として中国、日本、トルコ、メキシコ、ソ連を訪れて指導も行った。哲学に関する著書に一九二九年の『確実性の探求』、教育に関しては一九〇二年の『学校と社会・子どもとカリキュラム』などがある。

❖ジョン・デューイ（アメリカの哲学者　一八五九―一九五二）『論理学――探求の理論』より

レジャーの少ない国に高い文化は育たない。

school の語源は「ひま、余暇」であることからも、レジャーの大切さがわかるだろう。ビーチャーはマサチューセッツ州のアマースト神学校に学び、一八四七年プリマス会衆派教会の初代牧師となった。奴隷制に反対し、禁酒を説き、南北戦争が勃発すると、教会で義勇軍を組織した。長年『インディペンデント』誌に寄稿し、晩年は『クリスチャン・ユニオン』誌の編集も行った。

❖ヘンリー・W・ビーチャー（アメリカの牧師・説教師・文筆家　一八一三―一八八七）

キリスト教的欧米文化は「罪の文化」であり、日本の文化は「恥の文化」である。

第二次世界大戦時、アメリカでは戦争関連の研究、助言のため社会人類学者を召集した。

❖ルース・ベネディクト（アメリカの人類学者　一八八七―一九四八）『菊と刀』より

ベネディクトもその一人で、『菊と刀』は彼女の戦時中の日本についての研究をもとに一九四六年に出版された。「各文化は個々の成員に性格の理想型を身につけるよう仕向ける傾向がある」というベネディクトの理論は、現代人類学の「文化とパーソナリティ」問題の先駆けとなった。

教育は文明の伝染である。

❖ウィル・デューラント
（アメリカの歴史家・教育家　一八八五－一九八一）

原文は、Education is the transmission of civilization.。「文明は教育の伝達である」と訳してしまうと平板になってしまう。ついでに言えば、「宗教は信念の伝染である」と言えるだろう。デューラントは日本語にも訳された『西洋哲学物語』の著者でもあり、緻密な啓蒙家である。「未来は起こるのではない。人によってつくられるのだ」という句も有名。

イギリスの教育はおそらく世界一だろう。それを生き抜くことができるならばだが。

❖ピーター・ユスティノフ
（イギリスの俳優　一九二一－二〇〇四）

アガサ・クリスティのポワロ役でも有名なイギリスの俳優ピーター・ユスティノフの皮肉。数か国語を自由に操り、小説もものにした。アカデミー助演男優賞を二回受賞している。英国流の教育の苛烈さは、チャーチルの『わが半生』の中にも描かれている。チャーチルの場合、十歳の時に校長のワラ帽子を足蹴にして、早くも学校から追放されたが。

教育は、本は読めるが読むに値する本がどれかわからぬ人々を大量に作り出した。

❖ジョージ・マコーリー・トレヴェリアン（イギリスの歴史家　一八七六―一九六二）

歴史家・政治家ジョージ・オットー・トレヴェリアンの三男。第一次世界大戦に衛生隊司令官として出征したのち、ケンブリッジ大学の教授となる。文学的な表現に長け、イギリスを代表する歴史家の一人となった。教育は、書くに値する本が何かを知らずに書く人も、大量に生産しているように思う。

教育とは、偽の真珠を本物のブタの目の前に投げ出す仕組みである。

❖アーウィン・エドマン（アメリカの哲学者　一八九六―一九五四）

エドマンはユダヤ人の両親のもとにニューヨークで生まれた。コロンビア大学を卒業後は同大学で哲学を教える。また、客員講師としてオックスフォード大学、カリフォルニア大学、ハーバード大学などでも教鞭を執る。哲学に関する書物を執筆するほか、『ザ・ニューヨーカー』や『アトランティック・マンスリー』などの雑誌にも寄稿。一九五三年には米国芸術文化協会の副会長に選出される。「文明の質の良否をためす最もよい尺度は、その国民のもつ余暇の質の良否である」という言葉も。

並の教師は語る。良い教師は説明する。優れた教師はやってみせる。偉大な教師は興味をかきたてる。

❖ウィリアム・A・ウォード（アメリカの作家　一八三七―一九二四）

説明するだけの教師ではダメなのだ。ウォードはコントラストで名句を作るのがうまい。たとえば、「悲観主義者は風に文句を言う。楽観主義者は風を変えようとする。現実主義者は風に合わせて帆を張る」。

もっともよい教師とは子どもと共に笑う教師である。もっともよくない教師とは、子どもを笑う教師である。

❖アレクサンダー・サザーランド・ニール（イギリスの教育家　一八八三―一九七三）

ニールは、「子供たちがより良く学ぶために強制より自由を与える」という趣旨で作られた、イギリスのサマーヒル・スクールの創立者である。エディンバラ大学卒業後、各地で教鞭を執り、その後『新時代』誌を編集。ドイツのザルツブルグにサマーヒルの前身となる学校を開いた。のちに学校はイギリス（イングランドのサフォーク州レイストン）に移転した。同校の教育方針をめぐっては、政府から目をつけられており、裁判沙汰になったこともある。

できる者ではなく、最低の者のレベルをあげることこそ教える者の技である。

❖小澤征爾（指揮者　一九三五―）

バーンスタインの愛弟子として有名な世界的指揮者。一九六一年ニューヨークフィルの副指揮者となり、以降欧米各地の交響楽団の常任指揮者・音楽監督を務めた。二〇〇二年に日本人として初めてウィーンフィル・ニューイヤーコンサートの指揮者を務め、同年よりウィーン国立歌劇場の音楽監督に就任した。近年は病気療養のため活動を制限している。日本が生んだ三人の世界的音楽家の一人（他の二人は内田光子と五嶋みどり）と評価されている。

学校は、知識ではなくて、プロセスを重視すべきです。たとえば、子供たちにいろいろな国の天然資源を暗記させるかわりに、私たちはそれと同じだけの時間を使って、記憶するというプロセスを教えることができるでしょう。

❖ゲイ・ヘンドリックス
（アメリカの心理学者　一九四五－）『センタリング・ブック』より

『センタリング・ブック』の主題である「センター」は、日本語の「中心感覚」に近い。ヘンドリックスは、子供の教育の根幹に各自の「センター」を感じる」体験を重視する。また、暗記させるよりも記憶のプロセスを教えようという彼の主張は、子供の「気づき」の力をはぐくむという意味で、きわめて重要な提言である。

もしある子供が掛け算の問題を一〇題解けたなら、なぜ五〇〇題もさせなければならないのだろう？　そしてもし、その子が掛け算の問題を一〇題できないなら、どうして五〇〇題もやらせるのだろう？

❖**レイフ・エスキス**（アメリカの教師）『子どもにいちばん教えたいこと――将来を大きく変える理想の教育』より

エスキスはロサンゼルスのダウンタウンの小学校に二十二年勤務し、子供たちに全人的な教育をほどこし、大きな成果を得る。その経験を本にして大ベストセラーとなり、アメリカで最も有名な小学校教師となる。徹底した合理主義と子供の可能性を最大限引き出す創意に満ちた教育法の両面を合わせ持つ。YouTube で彼の肉声に触れることができる（氏名の綴りは、Rafe Esquith)。

子どもたちは、親の教える姿から多くを学んでいるんじゃない。親が学んでいる姿から多くを学ぶんです。

❖**藤原和博**（著述家　一九五五－）

講演記録からの引用。この後、「だから、大人の学ぶ姿が最高の教材。教育とは伝染や感染の別名です」と続く。そういえば、アメリカの哲学者ウィル・ブラントに「教育とは、文明の伝染である」という名句がある。リクルート退社後、杉並区の小学校長となり、話題になった。

悪賢い人は勉強を軽蔑し、単純な人は勉強を称賛し、賢い人は勉強を利用する。

ベーコンはイギリスの名家に生まれた。十二歳でケンブリッジ大学に入学し、その後ロンドンのグレイ法曹院で法律を学び、二十三歳で国会議員となる。一五九七年に発表した『随筆集』で名声を得、一六〇三年にナイトに叙せられる。その後とんとん拍子に出世して、一六一八年に大法官となるが、一六二一年、汚職の嫌疑を受けて失脚した。『随筆集』に「最悪の孤独は真の友情を持たないことである」の言葉が。

❖**フランシス・セント・オールバンズ・ベーコン**（イギリスの哲学者・文学者・政治家・子爵　一五六一－一六二六）『随筆集』より

◉歴史・世界

歴史が一方向に流れるという思想は、砂漠の思想にほかならない。

人類の思想を地理的な特性、すなわち森林と砂漠に依拠するとした壮大な思考実験をテーマとする本の中の一節。この少し前のところで、マルクスの革命理論をきわめてキリスト教的であると書き、その理由は、歴史が一方向に流れ、その行き着く先には階級対立の解消した理想社会が待っている、しかもその理想社会が革命によって一気に実現すると考える点であると主張。これは砂漠の思想にほかならないと説明する。

❖**鈴木秀夫**（地理学者　一九三二－二〇一一）『森林の思想・砂漠の思想』より

歴史家とは、逆向きの予言者である。

フリードリッヒが兄アウグストと共に発刊していた雑誌『アテネウム』誌上に載せた言葉。晩年は、兄と共にサンスクリット語を研究し、東洋学を創始したことでも有名。英訳は A historian is a prophet in reverse.。とすると、未来学者は逆向きの歴史家、ということになろうか。

❖**フリードリッヒ・フォン・シュレーゲル**（ドイツの文芸批評家　一七七二－一八二九）

かつて存在した時代のほうが、現に存在している時代より優れているという幻想こそ、あらゆる時代にあまねく流れているものである。

ニューハンプシャー州生まれのグリーリは一八三一年、編集者にあこがれてニューヨークへ移住する。三年後、月刊誌『ザ・ニューヨーカー』を、一八四〇年にはウィッグ党キャンペーン誌『ログ・キャビン』を創刊。ジャーナリストとして名声を得ると共に、政治的活動も行い、一八七二年の大統領選挙では、共和党現職のグラントに対抗して、自由共和党から立候補し、一般選挙人の四三パーセントを獲得する。彼の知名度の高さを示すエピソードである。

❖**ホラス・グリーリ**（アメリカのジャーナリスト　一八一一－七二）『アメリカの矛盾』より

歴史は巨大な早期警報装置である。

およそ三十年間『サタデー・レビュー』誌の編集長を務めたジャーナリスト。その後、

❖**ノーマン・カズンズ**（アメリカのジャーナリスト　一九一五－九〇）

カズンズはカリフォルニア大学医学部で医療ジャーナリズムの教鞭を執った。原爆投下後の広島を訪れ、その惨状を眼にしたことから、後年核兵器廃絶運動や環境汚染反対運動に尽力するようになる。代表的作品に『笑いと治癒力』などがある。

歴史とは、ひょっとしたら避けられたかもしれない事柄の集積である。

❖コンラート・アデナウアー（ドイツの政治家　一八七六－一九六七）

アデナウアーは一九四九年から六三年の十四年間、西ドイツの首相を務めた。ケルン市長時代にナチス政権から公職を追われ、一九三四年と四四年に投獄されたことを思い合わせると、この句は一層重みを増す。終戦後の一九四五年にケルン市長に返り咲き、戦後の復興に力を注いだ。

歴史は、たいてい役所仕事によって創作されるのです。

❖フランツ・カフカ（チェコスロバキアの作家　一八八三－一九二四）

カフカはプラハ生まれのユダヤ人作家で、著作はドイツ語で書かれている。生前出版されたのは代表作『変身』といくつかの短編集、エッセイなどで、未完の三作『審判』、『城』、『アメリカ』は死後友人の手によって出版された。独特の感覚的世界観を持つ作品群を残し、多くの作家に影響を与えた。『変身』の、「ある朝、グレゴール・ザムザがなにか気懸かりな夢から目を覚ますと、自分が寝床の中で一匹の強大な毒虫に変わっているのを発見した」という書き出しはあまりにも有名。

歴史が判断を生むのではなく、判断が歴史を生むのだ。

ピコンはボルドー生まれ。『現代フランス文学の展望』（一九五〇年）で有名になる。一九五九年から七年間にわたり文部省文芸局長を務める。『芸術の手相』、『近代絵画の誕生 一八六三年』、『素晴らしき時の震え』などが邦訳されている。

❖**ガエタン・ピコン**（フランスの作家・エッセイスト・評論家　一九一五－七六）

歴史感覚を持つには、自分自身を歴史の一部と見なすことが必要だ。

たしかに、歴史から断絶した立場で歴史を語るのと、自らを歴史の一部として歴史を語るのとでは雲泥の差がある。ケイジンは一九四二年から三年間『ニュー・リパブリック』誌の編集者を務めた気鋭の批評家である。代表作に、十九世紀末から現代までのアメリカの作家の思想的バックボーンを論じた『現代アメリカ文学史』、『奥深き一葉』などがある。

❖**アルフレッド・ケイジン**（アメリカの批評家・伝記作家　一九一五－九八）『歴史としての自己──自伝について考える』より

歴史とは、明確にされた経験である。

奴隷制度に反対し、社会制度改革に尽力した詩人である。ローウェルが奴隷制度反対の立場を取るようになったのは、女流詩人で奴隷制度反対論者であったマリア・ホワイトに出会い、その影響を強く受けたのが理由だった。のちに二人は結婚し、ローウェルは奴隷制度を擁護する人々や政府を激しく非難する詩を発表して話題になるが、妻の死後は情熱を失い、保守派に転じて外交官となった。

❖**ジェームズ・ラッセル・ローウェル**（アメリカの詩人・外交官　一八一九－九一）『世界史』より

世界は一冊の本であり、人間ひとりひとりは活字である。国々は綴じひもであり、時代はページである。

ドイツ・バロックの代表的格言詩人である。ザロモン・フォン・ゴーラウの筆名で一六三八年に箴言《しんげん》集『ドイツ韻文格言詩100選』、一六五四年に三巻本『ドイツ警告詩3000句』を刊行した。当時のドイツの世相を洞察に満ちた鋭く簡潔な言葉で描き、百年ほどのちの詩人・劇作家ゴットホルト・エフライム・レッシングに影響を与えた。

❖フリードリッヒ・フライヘル・フォン・ローガウ（ドイツの詩人　一六〇四－一六五五）『格言詩』より

全世界は舞台だ。そして、すべての男と女もその役者にすぎない。

シェイクスピアはストラトフォード・アポン・エイヴォンで生まれた記録はあるが、そこからロンドンの演劇界に登場する一五九二年頃までの記録は、あまりはっきりしない。一六一〇年代に故郷に戻って引退するまでに、『ハムレット』など四大悲劇、『ロミオとジュリエット』、『真夏の夜の夢』などの大作をものにした。

❖ウィリアム・シェイクスピア（イギリスの劇作家・詩人　一五六四－一六一六）『お気に召すままに』より

私が目を閉じると、全世界は姿を消す。目を開けると、全世界がよみがえる。

プラスはマサチューセッツ州ボストンに生まれた。幼い時から詩や短編を新聞に投稿し、スミス・カレッジを卒業後さらに学ぶためフルブライト奨学金を得てケンブリッジ大学に

❖シルヴィア・プラス（アメリカの詩人　一九三二－一九六三）

留学。同窓のイギリス人詩人テッド・ヒューズと結婚して二児をもうけた。一九六〇年に初めての詩集を発表するが、結婚生活の破綻や創作の行き詰まりなどから三年後に自殺した。死後二十九年経ってからピュリツァー賞を受賞。

あなたの生きている世界は「現実」ではない。というより、現実だけれども、想定できるさまざまな現実の中のひとつにすぎない。

❖スリクマー・S・ラオ（アメリカのマーケティングの専門家）『幸せになる技術』より

コロンビア大学ビジネススクールでの人気の授業の中の言葉。この後、次のように続く。「私たちは誰もが自分の現実をこしらえている。でもそれならば、どうして現実はこれほど愛せないものばかりであふれているのだろう」。ラオは、ビジネススクールで「成功を追わない」ことを教える異色の教授と評される。二〇一一年に、第二弾の『コロンビア大学超人気講座　ラオ教授の「幸福論」――人生に「いいことが」次々と起こる35の法則』が刊行された。

旅するおかげで、われわれは確かめることができる。たとえ各民族に国境があろうとも、人間の愚行には国境がない。

❖アントワーヌ・F・プレヴォ（フランスの作家　一六九七—一七六三）『楽天家用小辞典』より

最初はイエズス会の、のちにベネディクト会の聖職者であったので、アベ・プレヴォとも呼ばれる。聖職者でありながら放蕩の生活に身をゆだね、身を律しようと修道院に戻るという生活を繰り返した。作家としては一七二八年『ある貴人の回想』の第一、二巻が刊行され、以後数多くの小説を執筆。同作品の第七巻が有名な『マノン・レスコー』で、自身の体験が少なからず作品に反映している。

なにを見ても、まるで小人の国のようだ。だいいち、住んでいる人間が、どれもこれもみんな小さくて、風変わりで、とてもこの世のものとは思われない。人間につれて、物までがやはりその通りだ。

❖ラフカディオ・ハーン（ギリシャ出身の随筆家 一八五〇－一九〇四）『日本瞥見記』より

ハーンはイギリス人の父とギリシャ人の母の間に生まれた。四十歳の時に初来日。これは、来日当日に横浜で見た日本の第一印象である。別の本には、「ああ、最初に感じる何とも言われぬ胸の高鳴り。初めて訪れた街は、なんと輝かしく美しく見えることか」とある。おりしも、その日は神々しいほどの上天気だったという。

アメリカ人は昔から大の旅好きだった。だからこそ、最初に新世界にたどりついたのだ。

❖オットー・フリードリッヒ（アメリカの作家 一九二九－）

アメリカに着く前からアメリカ人はアメリカ人だったというジョーク。フリードリッヒはマサチューセッツ州ボストンに生まれる。ハーバード大学で歴史を学んだのちヨーロッパに渡り、ドイツ、パリ、ロンドンの新聞社で働く。帰国後もニューヨークで『デイリー・ニュース』や『ニューズウイーク』、『サタデー・イブニング・ポスト』の編集者として働く。一九七〇年に出版された *Decline and Fall*（衰退と崩壊）はジョージ・ポルカ賞を受賞。

アメリカ人とは、半ば野蛮な状態にもどったアングロ・サクソン人である。

❖ベイヤード・テーラー
（アメリカの作家　一八二五－七八）

ペンシルバニア州に生まれる。世界各地を自らの足で訪れ、旅行記を執筆。若くして結婚したが、新妻が二か月で病死した悲しみから大旅行に出、上海でペリー艦隊に乗り込み、日本を訪れる。帰国後、この時の大旅行を『一八五三年のインド、中国、日本への旅』という本にまとめた。未知の国、日本の最初の紹介者となったわけだ。そんなテーラーのアメリカ評がこれである。

私は〝アメリカ人の紳士〟というものを見たこともない。この二つの言葉を一緒にしたことを、神よ許したまえ。

❖チャールズ・ディケンズ
（イギリスの小説家　一八一二－七〇）

文豪のアメリカ人に対する偏見がユーモラスに語られていて興味深い句。ディケンズの初めての仕事は法律事務所の下働きで、その後新聞記者を目指し、二十二歳でロンドンの新聞社の記者となった。いくつかの雑誌に小説を寄稿し、一八三六年二冊の処女作を刊行し、好評を得た。結婚して十人の子供をもうけるが一九五八年に離婚し、その後、創作活動に拍車がかかる。代表作は『オリバー・ツイスト』、『クリスマス・キャロル』、『デイヴィッド・コパフィールド』など。

俺が刑務所にぶちこまれたって驚くことはない。お前らだってずっと刑務所に入っていたじゃないか。このアメリカってところがだいたい大きな刑務所なのだ。

❖マルコムX（アメリカの黒人解放指導者　一九二五－六五）

本名はマルコム・アール・リトル。牧師であった父親はKKKの標的とされて人種差別主義者に殺された。母親は精神を病んで子供を養育できなかったため、マルコムは慈善家の白人の家に引き取られた。高校中退後悪事に手を染めて二十歳で逮捕、収監される。一九四八年にイスラム教に改宗し、ブラック・ムスリム運動に身を投じたが、組織内部の分裂抗争によって暗殺された。

私は、ヨーロッパはハードカバーの本と考えるようになった。アメリカは、そのペーパーバック版だ。

❖ドン・デリーロ（アメリカの小説家・劇作家　一九三六－）

たしかに、アメリカはソフト化とヴィジュアル化の国である。デリーロは一九七一年、メディア界を舞台にした『アメリカーナ』でデビュー。ケネディ暗殺事件の犯人とされるオズワルドを主人公とした、一九八八年発表の『リブラ　時の秤』はベストセラーとなった。二〇〇七年の『墜ちていく男』（*Falling Man: A Novel*）は、あの九・一一を題材に、リアルとイマジネーションが混在する力作である。

アメリカでは、人間はみな平等だから、社会的に自分より上の人はいないと誰もが思っている。ところが、自分よりも劣るものはいないという点に関しては、誰も認めようとはしない。

❖**バートランド・アーサー・ラッセル**（イギリスの哲学者・数学者　一八七二―一九七〇）

ホワイトヘッドとの共著『数学原理』で世に認められるが、平和主義の立場から第一次世界大戦に反対したため、ケンブリッジ大学講師の職を失い、一九一八年には半年間入獄している。哲学者としては立場を二転三転させたため、「ラッセルはワインに似ている。年代によって言っていることが違うからだ」というジョークが生まれた。一九五〇年にノーベル文学賞を受賞している。

アメリカは、小さな部屋に閉じ込められた人なつこい大型犬のようなものだ。しっぽを振るたびに、椅子をひっくり返す。

❖**アーノルド・J・トインビー**（イギリスの歴史学者　一八八九―一九七五）

経済学者アーノルド・トインビーの甥。第一次世界大戦時には、外務省情報部に勤務し、パリ講和会議にも出席した。ロンドン大学教授となり、実に二十七年間をかけて十二巻から成る大著『歴史の研究』を刊行する。世界政府の創立を主張したグローバルな視野の持ち主に、アメリカはこの言葉のように映ったのだろう。

アメリカがなしうる最善の行為は自国を理解すること。最悪の行為は他国を勝手に理解すること。

❖カルロス・フェンテス
（メキシコの作家　一九二八―）

「勝手に理解」すれば、誤解しか生まれないだろう。フェンテスはメキシコシティ生まれ。ジュネーブの国際研究所で学び、メキシコ大使館の文化随行員、国連情報センターの報道官などを歴任して、駐フランス大使を務めた。若い時から雑誌に寄稿するなど文筆家としても活躍し、代表作に『老いぼれグリンゴ』などがある。戯曲、評論にも著作が多い。

アメリカへ旅行すると、必ずスーパーマーケットに行きます。私にとっては、ファッションサロンよりも、もっとワクワクする所です。

❖ウォリス・シンプソン
（ウィンザー公爵夫人　一八九六―一九八六）

「王冠を賭けた恋」と言われ、世界が驚嘆したシンデレラ・ストーリーの主である。アメリカのボルティモアに生まれ、二度の結婚・離婚の後イギリスのウィンザー公爵エドワード王子の妻となった。ウォリスがエドワードと出会った当時まだ二度目の夫と離婚しておらず、一九三六年離婚が成立した後エドワード八世が退位を宣言し、フランスで結婚式を挙げた。

ニューヨークには二〇〇万人からのおもしろい人々が住んでいるが、ロサンジェルスにはたった七十八人しかいない！

❖ニール・サイモン（アメリカの劇作家　一九二七―）

七十八人と、やけに数字が具体的なのが笑える。サイモンはブロードウェイで活躍するアメリカの劇作家で脚本家である。ニューヨーク州ブロンクスで生まれ、ニューヨーク大学に進学した生粋のニューヨークっ子である。一九六五年『おかしな二人』などでロングランの成功を重ね、一九九一年の『ヨンカーズに迷って』でトニー賞とピュリツァー賞を受賞した。

カリフォルニアはデパートのような州だ。ほとんどあらゆるものがある代わり、最高のものは一つもない。

❖アンドレ・シャンソン（フランスの作家　一九〇〇―八三）

シャンソンは故郷南フランスの風土や歴史に根ざした数多くの小説を書いた。国立図書館員や美術館のキュレーター（学芸員）、雑誌『ヨーロッパ』の編集委員などを経て小説家となった。第二次世界大戦中は従軍し、復員後はドイツ占領下で新聞、秘密出版に協力した。一九三九年に書かれた『懲役船』で作家としての地位を揺るぎないものとし、大戦後『われらが日々の数』、『コンスタンスの塔』などを出版。

イギリス人はたとえただ一人であったとしても、一人だけできちんとした列を作る。

❖ジョージ・ミケシュ（イギリスの作家　一九一二―八七）『外人処世訓』より

名字はMikesと書くが、英語圏の読者のために、表紙にme-cashと書き添えるユーモア感覚の持ち主。ハンガリー出身のミケシュはイギリスに帰化し、一九五七年の国際ペン・クラブの東京大会にはイギリス代表の一人として来日している。イギリス人の生態について面白おかしく書いたのが、この『外人処世訓』（*How To Be an Alien*）だ。

ジョン・K・ガルブレイスとマーシャル・マクルーハンの二人は、アメリカ合衆国が生んだ、最も偉大なカナダ人である。

❖アンソニー・バージェス（イギリスの作家　一九一七―九三）

マンチェスターに生まれる。東南アジア、アメリカ、中央ヨーロッパなどさまざまな場所に暮らし、著作活動を行う。代表作はキューブリックにより映画化された『時計じかけのオレンジ』（一九六二年）。バージェスが言った言葉ではないが、カナダに関してはこんなジョークもある。「カナダ人はイギリス人でないことをアメリカ人に説明するために半分の時間を費やし、アメリカ人でないことをイギリス人に説明するために残りの半分の時間を費やす」。

◎宇宙・自然

美しいものすべてを包み込んでいる天よりも美しいものが、ほかにあるだろうか。

❖ニコラウス・コペルニクス（ポーランドの天文学者　一四七三－一五四三）『天体の回転について』より

地球を中心に宇宙が動くという、当時の常識であった「天動説」に対して、天文学史上最大の発見といわれる「地動説」を唱えた。出典の『天体の回転について』は四百ページにも及ぶ論文だったが、その内容があまりにも影響力があるため、死期の迫る一五四三年まで世に出すことを控えていた。実際に出版された後は、コペルニクスの予想通り世間からは敵視された。

この宇宙を原子のレベルで見てみましょう。私のいるところは少し原子の密度が高いかも知れません。あなたのいるところも高いでしょう。戸棚のところも原子が密に存在するでしょう。これが宇宙を一元的に見たときの景色です。一面の原子の飛び交っている空間の中に、ところどころ原子が密に存在するところがあるだけです。

❖柳澤桂子（生命科学者　一九三八－）『生きて死ぬ智慧』より

この原子の海の中には、「あなたもありません。私もありません。（中略）物も原子の濃淡でしかありませんから、それにとらわれることもありません」。このような視点から

『般若心経』の現代訳を試みた。三十六年以上も難病に苦しまされたが、思索を深め、多くの著書を世に問うている。

宇宙船「地球号」はあまりにもみごとにデザインされた発明品だったので、人類は、宇宙船に乗っていることに気づきさえしないままに、われわれの知る限りでは二〇〇万年間これに乗っていたのである。

❖**バックミンスター・フラー**（アメリカの思想家・発明家　一八九五－一九八三）『宇宙船「地球」号』より

この地球号という名の宇宙船は、エントロピーの法則に逆らって、「船内」で生命の更新ができるようにデザインされている。そのために、太陽という別の宇宙船から絶えずエネルギーの補給を受けている、と続く。閉鎖系と開放系の二つの面を持つ地球の本質をフラーは鮮やかに描いてみせた。

これは一人の人間にとっては小さな一歩だが、人類にとっては偉大な飛躍である。

❖**ニール・A・アームストロング**（アメリカの宇宙飛行士　一九三〇－）

月面に人類初の足跡を残した宇宙飛行士の歴史的名句である。アメリカ海軍のテストパイロットを務めていたこともあるアームストロングは、ジェミニ8号で史上初の有人宇宙飛行船によるドッキングも行っている。一九六九年七月二十一日二時五十六分、月面に降り立った歴史的な瞬間に、この名句は全人類の共有財産となった。

宇宙は、大いなる機械より大いなる思想に近い。

ケンブリッジ大学およびプリンストン大学の応用数学の教授を務めたのち、カリフォルニア州パサデナのウィルソン山天文台で研究員となった。黒体輻射の研究により、「レイリー・ジーンズの法則」に名を残す。物理、天文分野の一般向け解説書でもよく知られている。現在は否定されている理論であるが、惑星の起源について潮汐《ちょうせき》説を唱え、小惑星(二七六三)が彼にちなんで「ジーンズ」と命名されている。

❖ジェームズ・ホップウッド・ジーンズ（イギリスの天文学者　一八七七－一九四六）

中華街で自分がどこにいるのかもわからなくなるような人が、宇宙について〝認識〟しようと言うのだからオドロキだ。

ウッディ・アレンは十六歳の時にはマジシャンを志していたという。マジシャンとしての才能にはすぐに見切りをつけたようだが、それがきっかけで「面白い奴」と友人に認められたことが、のちにコメディアンとして活躍する下地になった。名句の世界でも、たぐい稀なコメディアンである。

❖ウッディ・アレン（アメリカの俳優・映画監督　一九三五－）

自然は神が書いた偉大な巻物である。

イタリアで解剖学者ファブリキウスに師事して医学の学位を取得し、一六一八年にジェームズ一世の侍医となった。一六二八年に血液循環説を発表し、激しい反論を呼ぶ。今で

❖ウィリアム・ハーヴェイ（イギリスの医学者　一五七八－一六五七）

こそ血液の循環は当たり前の知識だが、その「当たり前」を発見するのは大変なことである。それゆえ、ハーヴェイは「自然は神が書いた巻物である」という敬虔な思いを持っていたのだろう。

自然の巻物は知識の本である。

❖**オリヴァー・ゴールドスミス**（イギリスの文学者　一七三〇－七四）『世界市民』より

親しかったサミュエル・ジョンソンによると、ゴールドスミスは「文学のジャンルのほとんどすべてに手を染めた」という。評論やエッセイを各種の雑誌に寄稿し、小説、戯曲、長詩でも優れた作品を残した。医者だったが収入が乏しく、生活のために文筆家となった。私生活では浪費癖があり多額の負債を抱え、かなりな奇人であったと伝えられる。

天地は万物の逆旅《げきりょ》、光陰は百代の過客にして、浮生《ふせい》夢のごとし、歓を為すいくばくぞ。

❖**李白**（中国の詩人　七〇一－七六二）『春夜桃李園に宴するの序』より

幼少より詩文に優れていたが、剣術や任侠の世界も好んだ。道教に傾倒して仙界へのあこがれをもっていた。二十五歳頃、結婚したが家庭に落ち着くことは少なく、中国各地を放浪した。長安で宮廷に出入りするが、七四四年に都を出、洛陽で杜甫と出会い意気投合し、しばらく旅を共にしている。約一〇五〇の詩、六十余の文が現存する。この句は芭蕉の『奥の細道』の冒頭の有名な一節の下敷きになっている。

雪は天から送られた手紙である。

石川県に生まれる。東京帝国大学で寺田寅彦の教えを受け、卒業後、理化学研究所で寺田研究室の助手となる。一九三〇年に北海道帝国大学理学部の助教授となり、一九三六年三月に人工雪の製作に世界で初めて成功する。師の寺田寅彦ゆずりの啓蒙的精神にあふれ、岩波新書『雪』、『科学の方法』の二著はいずれも名著の誉れが高い。

❖中谷宇吉郎（物理学者・随筆家　一九〇〇－六二）
『雪』より

これから天気がどうなるか知りたければ、窓の外を見るのがいちばんだ。

たとえ天気予報が快晴と言っていようとも、窓の外を見て曇っていたら、まぎれもなく曇りなのだ。原文は、Looking out the window is the most important thing if you want to know what's going on.。和訳では文の後半を先に訳している。もしも気象担当官がこのように正直な性格なら、少しばかり桜の開花予想が狂っても非難されることはないだろう。

❖ハロルド・M・ギブソン
（アメリカの天気予報士）

海、それは自分の心をありのまま映し出す鏡だ。

❖ハーマン・メルヴィル
（アメリカの小説家　一八一九－九一）『白鯨』より

メルヴィルは一八五一年に書かれた『白鯨』で現在は世界中に知られている小説家だが、存命中は評価されず、不遇な生活のまま生涯を終えた。冒険を求めて一八四一年に南太平洋行きの捕鯨船に乗り込んだが、劣悪な環境に耐えられずマルケサス諸島で脱走。先住民の俘囚《ふしゅう》となるが、オーストラリアの捕鯨船に救出された。さらにその船の乗組員の暴動でタヒチのイギリス領事館に逮捕されたという。事実は小説よりもハードなり。

海と空気は万人が共同に使うべきもの。いかなる君主も、広い大洋を自由に航行するを妨害できない。

❖**エリザベス女王**（イギリスの女王　一五三三－一六〇三）『一五八〇年ドレークの太平洋侵入』より

チューダー朝最後の女王である。国王ヘンリー八世の娘として生まれたが、庶子であったので、王位継承までに異母弟エドワード六世、異母姉メアリ一世が王位に就いた。彼女を利用してクーデターを計画する者もいたため、一生涯独身を貫き四十四年間にわたって大英帝国を統治した。この句に関連して特筆すべきは、女王がフランシス・ドレークら航海者に資金を提供し、スペイン船からの略奪を奨励していたことである。のちにスペインと開戦し、無敵艦隊を撃滅したことで歴史に大きな足跡を残した。

春が来ても、鳥たちは姿を消し、鳴き声も聞こえない。春だというのに、自然は沈黙している。

❖**レイチェル・カーソン**（アメリカの生物学者　一九〇七－六四）『沈黙の春』より

カーソンは海洋生物学についての一般向け教養書の作者であり、一九六二年の『沈黙の春』で当時は知られていなかった農薬による環境汚染について具体的な警告を発した。当時の大統領ケネディがこの本を読んで諮問機関に農薬問題の調査を命じ、その後アメリカでＤＤＴの大量散布が禁止になるなど、大きな話題となった。ほかに『われらをめぐる海』、『潮風の下に』、『海辺』などの著書がある。

大地は人間のものではない。人間こそ大地のものなのだ。

スクウォーミッシュ族の族長シアトルが、土地の譲渡契約をめぐり、時の大統領フランクリン・ピアスに宛てて送った手紙の中の一文。この手紙は、平易ながら非常に格調が高い。原文は、The earth does not belong to man; man belong. この後、「人間は生命の世界を自ら織り上げたわけではないのです。人間はその中の一本のより糸にすぎないのです」という壮大な生命観が語られる。

❖**族長シアトル**（ネイティブ・アメリカンの部族長　一七八六－一八六六）『合衆国大統領への手紙』より

◎科学

足場さえあれば地球も動かせる。

アルキメデスはおそらく古代の学者の中で最も有名な人物だろう。流体静力学の創始者であり、浮力の発見や空間図形の面積・体積の公式の発見など、業績は限りなく多い。実用機械や兵器の開発も手がけた。実際に彼が書いたとされる論文の原典は残されていないが、多くの学者の論文に参照されて現代に伝わっている。これほどスケールの大きな名句はめったにないだろう。

❖**アルキメデス**（ギリシャの数学者・科学者　前二八七－前二一二）

化学は知性のない物理学であり、数学は情熱を欠いた物理学である。

❖リチャード・P・ファインマン（アメリカの理論物理学者　一九一八－八八）

ファインマンはマサチューセッツ工科大学卒の理論物理学者で、量子電磁力学の創始者の一人である。一九六五年にジュリアン・S・シュウィンガー、朝永振一郎とノーベル物理学賞を共同受賞した。原子爆弾研究のマンハッタン計画に参加した。彼自身の逸話を集めたユーモアあふれる一冊『ご冗談でしょう、ファインマンさん』も有名だ。

好きで非常識なことを考えるのではありません。自然の構造が非常識的にできあがっているから、非常識なことを考えざるをえなくなるのです。自然の中で常識的につくられている部分は、わたしたちが感覚で知ることができる、ごく小さい部分だけです。

❖猪木正文（一九一一－六七　物理学者）『宇宙時代の常識――教養としての相対性理論』より

「したがって自然の真理というものは、非常識なものです」と続く。相対性理論の非常識性を、それこそが「宇宙時代の常識」であると明言し、多くの読者を獲得したが、一九六六年に刊行されたこの本が猪木の遺著となった。

物理学において常識にしばられることなく、「わかり切ったこと」という垣根の向こう側にある前人未到の領域に深く分け入ることが一番うまくできるのは、創造にいたるプロセスに最も興味を感じる人たちだ。このタイプの人には二つの特徴がある。その一つは、世界をありのままに見る子供のような能力をもっており、知識をもとに世界を見ないことである。

❖ゲーリー・ズーカフ（アメリカの科学ライター）『踊る物理学者たち』より

ズーカフはハーバード大学に学んだのちベトナム戦争に参加。一九七九年に出版した『踊る物理学者たち』は、量子物理学を学ぶ若者のバイブル的な書物となった。人間の知識に新たな地平を切り開くタイプの人は、「知識をもとに世界を見ない」人たちであるという。知識は知識を生み出さない。

意識がすべての基礎だと思う。物質は意識から派生したものだと思う。われわれは意識の後ろに隠れることはできないのだ。

❖マックス・プランク（ドイツの物理学者　一八五八－一九四七）

物理学者がこれほど率直に意識について述べる例は稀である。プランクは量子論の創始者の一人で、一九一八年のノーベル物理学賞を受賞した。ミュンヘン大学で数学を学ぶが、熱力学に興味を持ち、ベルリン大学に移って学位を取得。のちにベルリン大学教授となった。一九〇〇年「放射に関するプランクの法則」、「プランク定数」などの功績がある。

自然現象はこうである、と認識するとき、人はそれまでの学習経験で作った脳の内部世界によってそのように認識しているにすぎない。それまでの学習経験が異なると、自然現象の観察や認識は異なるのである。（中略）人はみな個々に異なった内部世界をもち、それぞれ異なった自然と接しているのである。

❖**松本元**（脳科学者　一九四〇－二〇〇三）『愛は脳を活性化する』より

自然現象を認識する「人の脳」の情報処理が主観的である以上、自然認識も客観的には行い得ない。この論理を推し進めると、「科学に客観はない」という結論にまで行き着くと明言する。ということは、人間とは全く異なる認識機構を持った生物は、全く異なる科学を打ち立てるだろう、ということになる。理化学研究所脳科学総合研究センターで研究を主導していたが、惜しまれつつ病死した。

考えてみると五感のうち鼻の嗅覚と味覚以外はすべて質量のないエネルギーであることがわかります。この世の中が質量のある物質だけで成立しているとする十九世紀の唯物思想がいかにもろかったかが改めて思い知らされます。

❖**西原克成**（医学博士・著述家　一九四〇－）『内臓が生み出す心』より

この少し前には、次の言葉がある。「仏教でいう色と空がこれで、色とは質量のある物質のことです。空とは質量のないエネルギーで光や空間、時間、温熱がこれに相当します」。感覚器官の多くがエネルギーを捉える装置であるという指摘が新鮮である。人工歯根、人工骨髄の開発における第一人者。

生理学が十分な進歩をとげたとき、生理学者は詩人や哲学者と心から理解しあえるようになるだろう。私はそう確信している。

❖クロード・ベルナール（フランスの生理学者　一八一三－七八）

この言葉は、アメリカの医師バーニー・シーゲルが『シーゲル博士の心の健康法』という著書の巻頭に飾っている。ベルナールは生理学に実験的手法を導入した先駆的学者で、彼の出現により、生物の科学と無生物の科学の間の障壁が取り除かれた。「実験室に入る時は、学説という上着を脱がなくてはならない」という名言を残している。

生理学者にとってはどんな生物も自分の人間世界にある客体である。生理学者は、技術者が自分の知らない機械を調べるように、生物の諸器官とそれらの共同作用を研究する。それにたいして生物学者は、いかなる生物もそれ自身が中心をなす独自の世界に生きる一つの主体である、という観点から説明を試みる。したがって生物は、機械ではなく機械を操る機械操作係にたとえるほかはないのである。

❖ヤーコプ・フォン・ユクスキュル（ドイツの動物比較生理学者　一八六四－一九四四）『生物から見た世界』より

ユクスキュルは生物がそれぞれ独自の知覚と行動でつくりだす「環世界」を提唱したが、科学的でないという理由で長く学界から認められなかった。行動は単なる刺激に対する物理反応ではなく、「環世界」を前提としたものだという独自の学説は、晩年に多くの信奉者を見出した。松岡正剛が、「断然にすばらしい。以来このかた三〇年がたったけれど、この本はいまなおぼくの大事な大事なアンチョコになっている」とこの本を強く推奨している。

❖村上和雄（分子生物学者　一九三六―）『生命の暗号』より

あるとき、この遺伝子暗号を読みながら、読める技術もすごいけれども、もっともっとすごいことがあるのに気づきました。それは、遺伝子は読む前に書かれている、ということです。（中略）書いた人と読んでいる人ではどちらが偉いかといえば、書いた人に決まっています。

一九八三年、高血圧の原因である酵素レニンの遺伝子解読に成功し、世界の注目を浴びる。一九九〇年にマックス・プランク研究賞を受賞している。現在、筑波大学名誉教授。村上は、精緻な遺伝子暗号を書いた存在を「サムシング・グレート」と呼び、人知を超えた世界への畏敬の念を繰り返し書いている。

❖榊原仟《しげる》（心臓外科医　一九一〇―七九）

皮膚から心臓の表面の心膜までの距離は、たった二センチしかない。だが、この二センチ奥にある心臓の手術をするために、人類は二千年の歳月を費した。

昭和期に世界的に知られた心臓外科医であり、日本の心臓外科のパイオニアであった。一九四九年に東京女子医専（現東京女子医大）教授となり、頭部も含めた全身表面冷却法という手術方法を開発し、一九五五年一月に心房中隔欠損症に対する手術を行った。のちに榊原記念病院を設立した。『心臓を語る』、『医の心』などの著書がある。

皮膚はそれ自体が独自に、感じ、考え、判断し、行動するものです。その巧みなシステムを担っているのは中枢神経系で記憶や学習に寄与している物質と同じ「部品」であることもわかってきました。もとはと言えば受精卵からだんだん体の形をつくる発生段階で、皮膚表皮と中枢神経系が同じ外胚葉由来の期間であることを考えればなるほどと言えることかもしれません。

◆傳田光洋（資生堂新成長領域研究開発センター主任研究員　一九六〇－）『皮膚は考える』より

皮膚は身体を包む単なる表皮ではなく、重さ三キロにもなる最大の「臓器」である、という視点から皮膚を論じた本。脳神経系で働く物質と同じものが皮膚に存在することを発見した研究者。まさに「皮膚は考える」というテーゼを科学的に検証している。

私はただ、神がペニシリンを欲したのだと思う。そのために神はアレクサンダー・フレミングなる人間を造りたもうたのだ。

◆アレクサンダー・フレミング（イギリスの細菌学者　一八八一－一九五五）

ペニシリンを発見したことで一九四五年のノーベル生理学賞を共同受賞した。第一次世界大戦に従軍した後、ロンドンの聖メアリー病院の教授となった。抗チフス・ワクチンや梅毒治療薬サルバルサンの人への使用に積極的で、リゾチームの殺菌性の発見も彼の功績である。第一次世界大戦時の負傷兵の悲惨な状況が、彼にこの一言を言わせた。

すべての物は他のすべての物と関係している。

❖バリー・コモナー（アメリカの生物学者　一九一七－）『ザ・ニューヨーカー』誌の一九七一年九月二十五日号より

コモナーが提唱したエコロジーの四法則の一番目。以下、二、すべての物は必ずどこかへ行く。三、自然は最善の道を知っている。四、ただの昼食というものはない。おそろしくユーモアのある生物学者だったようだ。一九八〇年の大統領選挙にアメリカ市民党から出馬し、〇・三パーセントの得票で落選している（勝利者は現職のカーターを破ったレーガン）。

わずかなインプットの差が、あっという間に、とてつもないアウトプットの差となりかねない。

❖ジェイムズ・グリック（ジャーナリスト・生物学者　一九五四－）『カオス――新しい科学をつくる』より

『カオス――新しい科学をつくる』は、半年間も全米ベストセラーの地位を保ち続けた稀有の科学啓蒙書である。「わずかなインプットの差」に関しては、北京で蝶が羽を動かして空気をそよがせると、次の月にニューヨークで嵐が生じるという「バタフライ効果」の例が有名。グリックは啓蒙書の執筆でピュリツァー賞にも輝いている。

科学はやはり不思議を殺すものではなくて、不思議を生み出すものである。

❖寺田寅彦（物理学者・随筆家　一八七八－一九三五）

高校在学中に夏目漱石に英語と俳句を習い、その後もずっと漱石一門の重鎮であった。科学者として、身近な現象の物理学的解析、たとえば潮汐《ちょうせき》や間欠泉の研究などで成果を挙げた。随筆で名高く、科学者の観察眼と緻密さで、独自の境地を開いた。夏目漱石のいくつかの作品中の人物のモデルとなっている。

今日の科学は明日の技術となる。

❖エドワード・テラー（アメリカの物理学者　一九〇八－二〇〇三）

「水爆の父」と呼ばれる科学者テラー。ハンガリーのブダペストで裕福なユダヤ人知識階級の一家に生まれる。十八歳でドイツに移住し、ライプツィヒ大学で物理学の博士号を取得。一九三五年にアメリカに移住し、ロスアラモス国立研究所の理論物理学部門で水素爆弾の開発に従事する。核爆発によってアラスカに大きな人工港を作る計画を立案するなど、技術信仰が激しかった。九十五歳で亡くなるまで、水爆開発をいささかも悔いなかった。

◎動物・人類

肉食獣はけっして肥満することはない。

❖**アンテルム・ブリヤ・サヴァラン**（フランスの食通家　一七五五－一八二六）『美味礼賛』より

サヴァランは『美味礼賛』で知られる食通家であるが、政治家・裁判官の顔も持っていた。同書は、一八二五年に出版され、原題は『味覚の生理学』、英語版は『美食の手引き』という題名で出版され、現代に至るまで大変に人気のある著作である。この人気はおそらく、この本が堅苦しい学術書でもしたり顔の食通の文学でもなく、食べるという行為の意味を追求した独創的内容によるのだろう。

ネコはイヌより賢い。（イヌみたいに）八匹のネコをつないで雪橇《ぞり》を引かせることなどできはしない。

❖**ジェフ・バルデス**（アメリカのシンガー・ソングライター）

原文は、Cats are smarter than dogs. You can't get eight cats to pull a sled through snow.。イヌとネコを対比した名句は多い。たとえば、「イヌは所有できるが、ネコは餌をやることしかできない」（ジェニー・デ・ヴライス）、「イヌは散文であり、ネコは詩である」（ジーン・バーデン）など。

ネコは、自然界のすべてのものが役に立たなくてもよいことを教えるために遣わされた動物。

役に立たないものにも存在価値があることを教えてくれただけでも、十分役に立っていると思う。キーラーは一九七四年に始まった『プレーリー・ホーム・コンパニオン』というラジオ番組のホスト。番組は現在も続いている。この番組の公開生放送を舞台裏と共に描いた『今宵、フィッツジェラルド劇場で』という映画の原案、脚本を担当し、司会者として出演もしている。二〇一三年に引退の噂がある。

❖**ギャリソン・キーラー**（アメリカのユーモア作家・ラジオのパーソナリティ　一九四二―）

私はイヌを飼っている人間が嫌いだ。自分で他人に噛みつくだけのガッツがない臆病者だからだ。

ストリンドベリはウプサラ大学で学び、故郷ストックホルムで執筆生活を送った。最初に名声を得たのは一八七九年の小説『赤い部屋』で、その後劇作を何作か発表した。ヨーロッパ旅行の後に発表した短編小説集『結婚』で、宗教を冒瀆したとして起訴されている。錬金術に没頭したことでも有名である。三回結婚しているが、二回目と三回目は数年しかもたず、その経験が作品に素材として用いられている。

❖**オーガスト・ストリンドベリ**（スウェーデンの劇作家　一八四九―一九一二）

サルは高い所に登るほど、お尻が丸見えになる。

❖**ジョゼフ・ウォレン・スティルウェル**（アメリカの軍人　一八八三―一九四六）

地位が上がるほど、下半身のガードには注意しなくてはならない、という忠言か。スティルウェルは、ウェストポイント陸軍士官学校で訓練を受け、陸軍大将の階級まで上りつめた軍人である。中国語に精通しており、一九三二年から約七年間、北京のアメリカ大使館付の武官を務めた。当時、日本の勢力拡大を懸念していたアメリカの思惑で蒋介石の軍事顧問も務めている。のちに、中国・ビルマ・インド戦で米軍の指揮に当たり、戦争終結まで太平洋地域で陸軍第十部隊の指揮に当たった。

自然淘汰とは、有用でさえあればいかに微細なものでも保存される原理である。

❖**チャールズ・ダーウィン**
（イギリスの自然科学者 一八〇九－八二）

ダーウィンはエディンバラ大学で医学を、ケンブリッジ大学で神学を学び、海軍観測船ビーグル号のパタゴニア探検には生物学者として参加した。ビーグル号による調査を基に、自然選択という学説を思いついたが、彼がそれを発表する前に、A・ウォレスから同じアイディアの論文を受け取り、共同発表する。主著『種の起源』は一八五九年十一月二十二日に刊行され、多くの予約が集まった。

ある動物を子細に観察していると、その動物の中に人間がいて、自分をからかっているような気持ちになってくる。

❖**エリアス・カネッティ**
（ブルガリアの作家・思想家 一九〇五－九四）

どの動物を見ても、同じ命が形を変えたもののように思える時があるものだ。カネッティは一九八一年ノーベル文学賞を受賞した、ブルガリア出身のユダヤ人作家である。ナチスドイツによるオーストリア併合の時、半年間ウィーンに留まり、激動の社会変化を観察し続けた。代表作『群衆と権力』の執筆にはこの体験が生かされている。

動物が何かをすれば、それは本能からと言われる。人間が同じことを同じ理由ですると、それは知性のゆえにしたと言われる。

◆ウィル・カピー（アメリカのライター・評論家　一八八四－一九四九）

カピーは新聞・雑誌などへの寄稿を精力的に続け、いくつかの著書も残した。風刺的な作品が多く、晩年は体の不調をきたし、睡眠薬の常用から六十五歳で亡くなった。『君の友達とサルはどこが違うか』など、ユーモラスなタイトルの本を残している。実際、動物の行動を観察していると、彼らが天性の論理学者のように思えてくる時がある。

サル類は食物が豊富で、しかも天敵がいないという楽園の中で進化してきた。そこでの最大の課題の一つは、ポピュレーションの自己調節である。この課題は人類まで持ち込まれることになった。

◆河合雅雄（霊長類学者　一九二四－）『森林がサルを生んだ』より

人間の先祖であるサルは、食うか食われるかの関係という生態系の動的平衡を支える原則からはずれた存在であり、個体数を自己調節しなければならないという運命を負っている、と説く。人類は反自然的な存在だが、そのルーツは自然の法則から逸脱したサルにあったというのである。河合は京都大学霊長類研究所所長、日本モンキーセンター所長を歴任したサル学の世界的権威で、臨床心理学者の河合隼雄の兄である。

われわれの真の国籍は人類である。

❖H・G・ウェルズ（イギリスの小説家・文明評論家 一八六六–一九四六）

地図には国境線が引かれているが、地上には引かれていない、という話。ウェルズは『タイムマシン』、『透明人間』、『宇宙戦争』などの作品で有名となり、ジュール・ヴェルヌと並んでSFの父と呼ばれる。一方、『世界史体系』、『仕事、富、人類の幸福』などの論文で二十世紀初頭の進歩主義、平和思想の普及に貢献した。

予の見るものは人間にして人類にあらず、馬にして馬類にあらず。

❖アンティステネス（ギリシャの哲人 前四五五–前三六五）

アテネに生まれ、ゴルギアスに弁論術の指導を受けた。ソクラテスの熱狂的な弟子で、多くの著作があるが現存しているのは断片のみである。アンティステネスは、幸福は快楽によらず、徳に基づくと考えた。袖なしの外套をまとい、所持品は杖一本とずた袋一つだけだったと言われる。弟子にディオゲネスがいたとされる。アレクサンダー大王が「私に何かできることがあるか」と尋ねた時に、「少し横にどいて日が当たるようにしてください」と答えたという、樽に住むディオゲネスである。

第10章

娯楽・社会

◎エンターテインメント

コメディアンは滑稽なことを言う人ではない。物事が滑稽だという人である。

❖エド・ウィン（アメリカの俳優　一八八六－一九六六）

ウィンはフィラデルフィア生まれの俳優で、代表作はマッドハッター役を演じた『不思議の国のアリス』や、アルバートおじさん役の『メリー・ポピンズ』など。一九六〇年には第三十二回アカデミー賞助演男優賞にノミネートされる。

本物のコメディアンかどうかは、彼が口を開く前に、もう笑わずにいられなくなるかでわかる。

❖ジョージ・ジーン・ネーサン（アメリカの評論家　一八八二－一九五八）

コメディアンにもオーラがあるという話。同様に、本物の教師かどうかは、口を開く前に学びたくて仕方なくなるかでわかるだろう。ネーサンはH・L・メンケンと協力して『アメリカン・スペクテイター』などの雑誌を創刊した。「不良な役人は、投票に行かぬ善良な市民によって選ばれる」など、ユーモラスな名句を多く残している。

死ぬのはカンタンなことさ。コメディのほうがむずかしいよ。

❖エドマンド・グウェン（アメリカの俳優　一八七七－一九五九）

ロンドンに生まれる。キングス・カレッジを卒業後、一八九五年に舞台俳優として活動し始める。ジョージ・バーナード・ショーに演技力を認められ、『人と超人』などへの出演の機会を与えられた。第一次大戦後は映画俳優となり、一九四七年に『三十四丁目の奇蹟』でアカデミー助演男優賞を受賞、一九五〇年に『*MISTER 880*』で同助演男優賞にノミネートされた。この句はグウェンの最期の言葉であるが、十九世紀に活躍したイギリスの俳優エドマンド・キーンのものとも言われている。

ハリウッドは、アイオワから出てきた田舎者同士が、互いをスターと勘違いし合う場所。

❖フレッド・アレン（アメリカのコメディアン　一八九四－一九五六）

日本にも霞ヶ関あたりに、似たような場所があるように思う。フレッド・アレンはマサチューセッツ州ケンブリッジ生まれの、天性のコメディアンにして、皮肉の名手でもある。ハリウッドについて、こんなジョークも飛ばしている。「ハリウッドはいい所だ。もしも君がオレンジならね」。

俳優っていうのは、自分のことが話題になっていなけりゃ、何も聞いちゃいないのさ。

❖マーロン・ブランド（アメリカの映画俳優　一九二四－二〇〇四）

ブランドは『欲望という名の電車』、『ゴッドファーザー』で馴染み深いアメリカの名優である。一九五四年の『波止場』、一九七二年の『ゴッドファーザー』でアカデミー賞主演男優賞を受賞。もともと俳優になりたかったわけではなく、姉の勧めで演劇を学び、一九四三年にデビューした。ちなみに、彼が下着を普段着として着ていたことが若者に広がって、Tシャツ文化が誕生したといわれる。

私は自分について書かれたことなど気にしない。それが真実でない限りは。

◆キャサリン・ヘプバーン（アメリカの女優　一九〇九－二〇〇三）

ということは、真実を書かれることはめったになかったのかもしれない。ヘプバーンは自立した女性の象徴的な存在で、最初は扱いにくい女優として敬遠されたが、一九四〇年の『フィラデルフィア物語』の大ヒットで、ハリウッドの代表的な女優の地位を不動にした。オスカーを演技部門において四回受賞した唯一の俳優で、ノミネート数は十二回に上る。実はヘボン式ローマ字のヘボン（ヘプバーン）一族の出。

法律と舞台――どちらも一種の自己顕示癖だ。

◆オーソン・ウェルズ（アメリカの映画監督・俳優　一九一五－八五）

たしかに自己顕示欲のない人間が舞台に立つのは無理があるだろう。ウェルズは監督、脚本、主演を担当した『市民ケーン』、『第三の男』などで多才ぶりをいかんなく発揮した。一九三八年にH・G・ウェルズ原作の『宇宙戦争』をラジオドラマとして製作して放送したところ、あまりのリアリティに全米がパニックに陥ったことは有名。

悪い人間は、忘れようと思っても忘れないものだ。女優の誰もが目指すのは、こういう人間だ。すなわち絶対に忘れられない人。

❖ベティ・デイヴィス（アメリカの女優　一九〇八－八九）

デイヴィスはマサチューセッツ州で生まれ、一九三〇年にハリウッドに出た。一九三二年『神を演じた男』に出演して成功し、以後多くの作品で主役を務める。一九三八年『黒蘭の女』でアカデミー賞受賞。長年ライバルであったジョーン・クロフォードと一九六二年に競演した『何がジェーンに起こったか』など、その演技力は高く評価されている。

演技において大事なのは笑い、そして泣けることである。泣かねばならぬときには、私は自分のセックスライフを思い浮かべる。笑わねばならぬ時にも、私は自分のセックスライフを思い浮かべる。

❖グレンダ・ジャクソン（イギリスの女優・政治家　一九三六－）

いずれにしても彼女のセックスライフが役に立ったことには変わりがなさそうだ。ジャクソンはロイヤル・シェイクスピア劇団のメンバーとして活躍した後、映画に出演。一九六九年の『恋する女たち』と一九七三年の『ウィークエンド・ラブ』でアカデミー賞を受賞した。一九九二年に労働党の下院議員となってからは、政治家として活躍している。

僕は生計のために、夢を見る。

❖スティーブン・スピルバーグ（アメリカの映画監督・プロデューサー　一九四六－）

スピルバーグは子供の時から8ミリ映画を撮っていたという。ユニヴァーサル・スタジオでテレビ・ディレクターとなり、テレビ映画の成功などで映画監督の機会に恵まれた。本人の発言によると、さまざまな映画の中でも特にウォルト・ディズニーに強く影響を受けた。多くのヒット作を手がけており、受賞も数知れない。

私は映画監督になるのを選んだのではない――映画のほうが私を選んだのだ。

❖**フェデリコ・フェリーニ**（イタリアの映画監督　一九二〇－九三）

フェリーニは高校を卒業して新聞社でイラストやコラムの執筆をし、その後ラジオドラマの脚本などを手がけ、一九四二年に助監督となった。一九五三年『青春群像』でベネチア国際映画賞銀獅子賞を獲得、一九五四年の『道』など四作がアカデミー賞外国語映画賞を受賞する。二十世紀を代表する映画監督である。私は四十年も前に、名作『8½』《はっかにぶんのいち》を観たが、その衝撃はいまだに忘れられない。

私はワンパターンの監督だ。もしも私がシンデレラ物語を手がけたら、観客はすぐに、馬車の中に死体が隠れていると思うだろう。

❖**アルフレッド・ヒッチコック**（イギリスの映画監督　一八九九－一九八〇）

「ワンパターン」と訳したが、原文は a typed director で、「型通りの」というニュアンス。ヒッチコックはサスペンス映画の伝説的巨匠である。一九二〇年に技術アシスタントとして映画界に入り、一九二五年には初監督作品を制作。一九三九年からは主にアメリカで活躍した。『裏窓』（一九五五年）、『サイコ』（一九六一年）、『鳥』（一九六三年）など、印象的なカメラワークと複雑なストーリーで観客を魅了した。

私は振り付け師だ。振り付け師は詩人だ。私が創造するのではなく、神が創造するのだ。

❖ジョージ・バランシン（ロシアの振り付け師　一九〇四－八三）

バランシンはサンクト・ペテルブルグ生まれで、帝室バレエ学校で学び、一九二四年小規模なバレエ団を結成してヨーロッパ公演中に亡命した。その後パリでディアギレフのバレエ団で振り付け師となる。第二次世界大戦後の一九四六年に設立したバレエ協会が、現在のニューヨーク・シティ・バレエ団となった。この句で思い出すのは、「監督は神だが、残念ながら俳優たちは無神論者なのだ」という言葉だ。

バランスは芸術の敵である。

❖リチャード・ヘイスティングス・エア（イギリスのテレビ・舞台監督　一九四三－）

エアはイギリス・デヴォン州バーンスタプルで生まれた。エディンバラ、ノッティンガムの舞台で舞台監督を務め、一九八二年の『ガイズ&ドールズ』でローレンス・オリヴィエ賞を受賞。ＢＢＣテレビで『今日の劇』シリーズを制作し、映画監督として『アイリス』や『アザーマン——もう一人の男』などの作品がある。一九八一年からロンドンの国立劇場の副監督、後に芸術監督を務めた。

評論家とは、道はよく知っているが、自分では運転できないような人である。

タイナンは一九五二年に『ロンドン・イブニング・スタンダード』の演劇評論を担当して以来、著名になる。また、『オブザーバー』で演劇評論と映画評論をしたのち、ロイヤル・ナショナル・シアターの文芸マネジャーとして世界的に有名になった。たびたび物議をかもし出す破天荒な評論家だったようだ。妻は、アガサ・クリスティの失踪事件を扱った *Agatha*（『アガサ　愛の失踪事件』）の著者、キャサリン・タイナン。

❖**ケネス・タイナン**（イギリスの演劇評論家　一九二七—一九八〇）

芸というものは、実と虚の皮膜の間にあるものなり。（中略）虚にして実にあらず。実にして虚にあらず。この間に慰みが有るものなり。

杉森信義の次男として生まれ、号を平安堂、巣林子、不移山人という。京都で育ち、二十歳頃から作者として書き始め、十年ほどで浄瑠璃作者、歌舞伎狂言作者として名声を得た。多くの作品を残しているが、『曽根崎心中』、『心中天網島』、『女殺油地獄』など、物語の面白さ、人間心理の巧みな描写で現代においても色あせない作品が多い。

❖**近松門左衛門**（江戸時代中期の歌舞伎狂言・浄瑠璃作者　一六五三—一七二四）

テレビは家にいながら、家にいて欲しくない人々によって楽しませてもらうという離れ業を可能にした。

❖**デイヴィッド・フロスト**（イギリスの風刺作家・放送者　一九三九—）

フロストはケント州に生まれ、ケンブリッジ大学では文学を専攻し、大学新聞や大学の文芸雑誌の編集に携わる。卒業後はテレビ局で働き、六十年代にBBCで放送されたThat Was the Week That Was（『今週はこんな週だった』）でホストを務め、イギリスにおける風刺番組ブームの火付け役になる。一九七七年のニクソン大統領へのインタビュー・シリーズは『フロスト×ニクソン』のタイトルで映画化された。一九六四年以降のすべての英国首相と単独インタビューしているという。

近頃の視聴者は、自分自身の人生に関すること以上にテレビ番組に詳しい。

❖ラリー・ゲルバート（アメリカのテレビプロデューサー　一九二八－二〇〇九）

ゲルバートは十六歳からラジオの脚本を書いたという。一九七二年から八三年に放送されたドラマ『M＊A＊S＊H』は大ヒットしエミー賞を獲得した。一九八二年のダスティン・ホフマン主演の映画『トッツィー』の脚本家でもある。およそ半世紀にわたって職業としてテレビと向き合ってきた人物の一句である。

即興で話すテレビ出演がいちばん準備が必要だ。

❖リチャード・M・ニクソン（アメリカの第三十七代大統領　一九一三－九四）

ニクソンは一九六九年から七四年まで大統領を務めたが、現職中に辞任した唯一の大統領である。共和党の議員としてキャリアを積み、アイゼンハワー政権で副大統領となった。一九六〇年の大統領選挙では僅差でJ・F・ケネディに破れ再起は難しいといわれながら一九六八年、大統領選に勝利した。辞任の理由は有名な「ウォーターゲート事件」である。

この句で思い出すのは、マーク・トウェインの「気の利いた即興のスピーチにも、私は三週間以上かける」という言葉だ。

◎スポーツ

私はいつも最初にスポーツ欄を開く。そこには人間が達成したことが記録されている。第一面は人間のしでかした失敗ばかりだ。

❖**アール・ウォーレン**（アメリカの判事・政治家　一八九一－一九七四）

ウォーレンはカリフォルニア州ロサンゼルスで生まれる。カリフォルニア大学を卒業後、サンフランシスコで弁護士を開業。のちに地方検事となり、カリフォルニア州司法長官から州知事、最高裁判所長官となる。学校における人種分離撤廃や刑事被告人の人権確保など、多くのリベラルな判決で有名である。第二次世界大戦中、日系人強制収容を支持し推進したが、のちに間違いを認め反省を表明した。

私の理解では、スポーツとは給料の出ない重労働である。

❖**アーヴィン・S・コップ**（アメリカのユーモア作家・ジャーナリスト　一八七六－一九四四）

給料が出なくても練習するのだから、スポーツの魅力は計り知れない。コッブは十六歳の時に父親が亡くなり、学業を中断。新聞記者となり、十九歳で全米最年少の編集長となった。のちに雑誌編集者の傍ら、ユーモア小説や小話を書くようになり、六十冊以上の本を残している。そのうちの何冊かはハリウッドで映画化されている。娘も作家となり、一九四五年に父親の思い出を作品にしている。

オリンピックで最も大事なのは、勝つことでなく参加することだ。（中略）人生で最も大切なのは、征服することでなく堂々と戦うことである。

❖ピエール・ド・クーベルタン（フランスの貴族・国際オリンピック委員会初代会長　一八六三―一九三七）

フランスの教育家。青年時代イギリスに学び、パブリックスクールの教育とスポーツに感銘を受けた。クルティウスのオリンピア発掘に刺激を受けて、オリンピア競技の復活を提唱し、各国のスポーツ団体の賛同を得て「国際オリンピック委員会」を設け、その初代会長となった。なお、この引用句はクーベルタンの言葉として有名だが、彼のオリジナルではないらしい。

勝つことが肝要なのではない。勝つことがすべてだ。

❖ビル・ヴィーク（アメリカの事業家　一九一四―八六）

実際にプレーしている選手と球団の所有者では、勝負に対する捉え方が全く違うだろうという話。ヴィークは大規模なフランチャイズを展開すると同時に、シカゴ・ホワイトソックスなどの大リーグ球団のプロモーターをしていた。父親がシカゴ・カブスの社長をしていたため、ビルは球場でポップコーンを売るアルバイトをしていたという。この句は、野球を見て育ち、ビジネスにも腕を振るった彼にふさわしい。

勝負は強いから勝つのではない。九九パーセントの人は自滅することで結果として相手を勝たせてしまうのだ。

大学時代に麻雀にのめりこみ、「代打ち」として二十年間無敗という驚くべき記録を持つという。「運」は求めても得られない、「運」に選ばれるようにしろと説き、次の言葉も印象的である。「運を目標にする人には運はやってこず、運を作る素材を日々見つけられる人が『運に選ばれる』のです」。

❖**桜井章一**（雀鬼会主宰・著述家　一九四三ー）『勝負の格言』より

強敵は自分自身だ。

アベベは一九六〇年のローマオリンピックで、黒人初の金メダリストとなったマラソン選手である。エチオピアのショア州ジョル村で貧しい小作農の家に生まれた。皇帝ハイレ・セラシエ一世の親衛隊に入隊し、訓練の一環として受けたスポーツのトレーニングで足の速さが注目され、ローマオリンピックの陸上強化選手に選ばれた。オリンピックではマラソンの種目で史上初の二大会連続優勝も果たしている。一九六九年に自動車事故を起こし、以後は車椅子の生活になるが、スポーツ振興に力を尽くした。

❖**アベベ・ビキラ**（エチオピアのマラソン選手　一九三二ー七三）

野球でできることは五つしかない。すなわち、走る、投げる、捕る、打つ、そして力いっぱい打つことだ。

❖**リーオ・ドゥローチャ**（アメリカの元大リーグ監督　一九〇五ー九一）

ドゥローチャは名ショートとして活躍し、ニューヨーク・ヤンキーズからシンシナティ・レッズに移り、九年間のレッズ在籍中三回のワールドシリーズ優勝に貢献した。選手引退後は監督として手腕を発揮。原文は、There are only five things you can do in baseball—run, throw, catch, hit and hit with power.。ただ打つのと力いっぱい打つことの差が勝負を分けると言いたかったのだろう。

オレだって他のヤツと何も変わりはしない。二本の腕と二本の足と、四二〇〇本の安打記録さえ持ってるヤツならな。

◆**ピート・ローズ**（アメリカの元大リーグ選手　一九四一－）

大リーグきっての安打製造機。メージャー通算四二五六安打の記録はいまだに破られていない。ピート・ローズは一九六〇年にシンシナティ・レッズに入団し、その年の新人王となる。一九七五年、七六年のワールドシリーズ優勝の立役者となり、一九七八年にフィラデルフィア・フィリーズに移籍。一九八〇年にはチーム初のワールドシリーズ優勝に貢献した。歴代最多安打を記録した時は、モントリオール・エクスポズに所属していた。

三振するかもしれない、なんて絶対に考えてはいけない。

◆**ベーブ・ルース**（アメリカの元大リーグ選手　一八九五－一九四八）

ベーブ・ルースは幼い頃から家庭環境が悪く、非行を繰り返して、「少年工業学校」に入れられてしまうが、ここで、神父から野球を教えてもらう。一九一四年にボストン・レッドソックスに入団した時はピッチャーだった。一九一六年には二十三勝をあげ、ワールドシリーズでも優勝している。その後打者に転向し、生涯通算七一四本塁打を記録、ハンク・アーロンに破られるまで三十九年間メジャー最多であった。

ディマジオをみるのが最初で最後の人が必ずいる。その人のためにプレーしているんだ。

❖**ジョー・ディマジオ**（アメリカの元大リーグ選手　一九一四－九九）

往年のヤンキースは名優ぞろいだった。ベーブ・ルースが引退し、ルー・ゲーリッグが病に倒れた後、ジョー・ディマジオがヤンキースの主役となる。一九四一年に記録した五十六試合連続安打は、いまだに破られていない。そのディマジオをスタジアムで見るのが一生の間に一回しかないファンもいるだろう。そのようなファンのために、毎日最高のプレーをしようというのである。

背中の名前のためではなく、胸の名前のためにプレーしろ。

❖**トミー・ラソーダ**（アメリカの元大リーグ監督　一九二七－）

野茂英雄がドジャーズに入団した時の監督として記憶に残っているラソーダ監督は、二十年間ドジャーズを率い、地区優勝八回、リーグ優勝四回、ワールドシリーズ優勝二回という記録を残した名将だ。「俺の体にはドジャー・ブルーの血が流れている」と言うほど、チームのことを考えていたラソーダにふさわしい名言がこれだ。

一〇〇〇回の素振りより、すぐれたプレーを見るのが向上の近道。

◆**古田敦也**（プロ野球選手 一九六五―）

社会人野球を経て一九九〇年にプロとしてデビュー。野村監督に指導を受け、捕手としても打者としても開花した。一九九二年にリーグ優勝、翌九三年には日本一となり、最優秀選手に選ばれた。二〇〇六年から〇七年にかけ、恩師野村と同様、選手兼監督となったが、チーム成績は振るわず、一年で辞任した。

スターはみんなの期待に応える存在。スーパースターの条件は、その期待を超えること。

◆**長嶋茂雄**（プロ野球選手・監督 一九三六―）

いわずと知れた日本のプロ野球最大の人気選手の言葉。たしかに長嶋を超えるスーパースターはスポーツ界全体を見てもいないだろう。次の言葉も長嶋らしい。「打った時より三振した時に、いかに豪快に見せるか、相手に恐怖感を意識させるかを考えた」。デビュー試合で四連続空振り三振したエピソードは有名。

まっすぐが通用するうちに、次の変化球を覚えておけよ。

◆**東尾修**（プロ野球選手・監督 一九五〇―）

一九六八年に西鉄ライオンズ入り。太平洋クラブ、クラウンライターライオンズ、西武とチーム名が変わる中、エースとして成長。広岡監督のもと一九八二年に日本一になった時には、日本シリーズＭＶＰに輝いている。その東尾が若い工藤投手に授けたのが、このアドバイス。工藤はストレートとカーブを武器にしていたが、この忠告に従ってシュートを覚え、息の長い投手へと進化したという。

❖村田兆治（プロ野球選手　一九四九－）

茶碗やコップから一升瓶まで、何でも人さし指と親指だけではさむ練習をした。

一九六七年にロッテオリオンズ（当時）に入団し、一九七一年に有名な「マサカリ投法」を完成。一九七四年のロッテ日本一の胴上げ投手となった。人並みはずれた長い指の持ち主だが、このような地道な訓練を経て、ユニークな投法をさらに完成の域に導いたのだろう。フォークボールをマスターした一九七六年には二十一勝をあげ、最優秀防御率と最多奪三振のタイトルを記録している。

❖アーノルド・パーマー（アメリカのプロゴルファー　一九二九－）

ホールインワンは、狙ってできるものではない。しかし、狙わなければ決してできない。

すべての偉業に通ずる名句である。パーマーはマスターズに連続五十回出場し、四回優勝している。半世紀もプロゴルファーとして活躍したことになるが、この間、十九回のホールインワンを記録している。なお、ライバルのジャック・ニクラウスのホールインワン回数は二十回だった。

届かないパットは、絶対にカップインしない。

最後の最後に、正確に力強いパットを打てる者だけが王者になる資格がある。ウッズは陸軍特殊作戦部隊「グリンベレー」の将校であった父親から、生後すぐにゴルフを習い始めた。この言葉には、父親譲りの強い意志力が感じられる。一九九六年に大学を中退してプロ転向。翌年のマスターズ・トーナメントに史上最年少で優勝し、いきなり世界ランキング一位となった。

❖**タイガー・ウッズ**（アメリカのプロゴルファー 一九七五―）

一位で終わるためには、何度も何度も二位を続けていなければならない。

史上最多のメジャー四大会十八勝を誇る、史上最強のプレーヤー。一九九六年にはシニアの四タイトルも手中にし、史上初のダブルの四タイトル獲得者となった。そんなニクラウスでも、四大会で一つも勝てなかった年もある。しかし、常に優勝を目指すことで、彼の偉業が達成されたのは疑いないことである。一九八六年、四十六歳の時のマスターズ優勝は、史上最年長優勝だった。

❖**ジャック・ニクラウス**（アメリカのプロゴルファー 一九四〇―）

見せるために強打し、最後は現ナマのためにパットする。

プロは観客を喜ばすためにプレーし、しっかり稼ぐことも必要だ。そのことを実に巧みに表している。ロックは若い時からB・ジョーンズの本に学び、最初からバーディーを狙

❖**ボビー・ロック**（南アフリカのプロゴルファー 一九一七―八七）

うより、ミスをいかにカバーするかに神経を注ぎ、ショートゲームを徹底して練習した。その結果、「どんな状況からもバーディーはとれる」という自信をつけることができたという。アメリカでは二年半の間に五十九戦十三勝の記録を残している。

最後のパットが決まるまで、何が起きても不思議はない。

❖ゲーリー・プレーヤー（南アフリカのプロゴルファー　一九三五－）

これは、どのスポーツにも共通して言えることだろう。物事は最後の最後までわからないものだ。作家のような職業にもあてはまる。処女作が本となり、刊行日の当日に出版社が倒産して全国の書店から回収という憂き目にあった人がいた。ゲーリー・プレーヤーはメジャー大会九勝という歴代四位タイの記録を持つ名ゴルファー。

カンとは頭の働きでなく、不断の練習から生まれるものだ。

❖中村寅吉（プロゴルファー　一九一五－二〇〇八）

日本のゴルフ界を牽引した往年の名選手。一九五七年に埼玉県で行われた国別対抗カナダカップで、団体戦・個人戦の二冠をあげる活躍をみせ、日本のゴルフファンを沸かせた。一九五八年には日本人として初めてマスターズに出場。また、一九八一年には、一ホールを自分の年齢よりも少ない六十五ストロークでまわり、日本の公式戦史上初のエイジシュートを達成している。樋口久子を育てるなど、後進の指導にも力を注いだ。

ボールを打つのは神ではない。苦しい時の神頼みは、自信のない臆病者の弱音にすぎない。

パーク・ジュニアはイギリスのトップ・ゴルファーの一人であった父親から、幼い時からゴルフを習い、のちに二度全英オープンの優勝者となった（一八八七年と一八八九年）。ゴルフだけでは生活できないのでゴルフクラブを開発して輸出したり、*The Game of Golf* という本を書いてゴルフの普及に尽くした。ゴルフ草創期の名プレーヤーの一人である。

❖**ウィリー・パーク・ジュニア**（イギリスのプロゴルファー　一八六四－一九二五）

サッカーの悩みは、サッカーでしか解消できない。

清水商業高校時代から天才的プレーヤーと目され、卒業時には十三チームからオファーがあった。一九九七年に浦和レッズに入団し、二〇〇一年にはオランダのフェイエノールト、二〇〇六年に浦和復帰、二〇〇八年からはドイツのボーフムに移籍、二〇一〇年に本来の地元である清水エスパルスに入団した。シャレではないが、作家の悩みも作家（書くこと）でしか解消されないと思う。

❖**小野伸二**（サッカー選手　一九七九－）

ボールはいくら動かしても疲れない。

オシムはサラエボ大学で数学、物理学、哲学を修め、研究職を嘱望されたというから、まさに知将の名にふさわしい。東京オリンピック出場のためサッカー選手の道を選んだと

❖**イビチャ・オシム**（旧ユーゴスラビア生まれのサッカー監督　一九四一－）

いう。二〇〇六年から〇七年にかけて日本代表監督。「私の頭ではなく、自分の頭で考えなくてはならない」という言葉も残している。

僕は矢と呼ばれるけど、弓を引くのは仲間たちだからね。

❖**アンドリー・シェフチェンコ**（ウクライナのサッカー選手　一九七六―）

ウクライナの名門、ディナモ・キエフでの活躍が注目され、一九九九年にACミランに移籍し、いきなり三十二試合で二十四得点を記録し、セリエAの得点王になる。二〇〇四年にも二十四得点で得点王になると共に、ロナウジーニョを抑えてヨーロッパ年間最優秀選手に輝いている。そのシェフチェンコの活躍は、彼に絶妙のパスを送る仲間のおかげだ、というのである。

思いついたプレーの中で、いつも一番難しいものを選択することにしている。

❖**ロベルト・バッジョ**（イタリアのサッカー選手　一九六七―）

「イタリアの至宝」、「偉大なるポニーテール」と称されるイタリアの名選手。セリエA通算二〇五ゴールは歴代五位を誇る。今なお世界中に多くのファンを持つバッジョはファンタジスタの象徴的な存在。いつもイージーな選択肢を選んでいたのでは、非凡な選手となることはできない。

多くの人が「私にはそんなことはできない」「難しい」と言うが、やってもみないのに、なぜそう言えるのだろう。

❖ドゥンガ（ブラジルのサッカー選手　一九六三－）

ドゥンガはイタリアに渡り、ピサ、フィオレンティーナ、ペスカラで活躍。二〇〇六年にはブラジル代表監督となった。この言葉に関連して思い出すのは、「たくさんの人にそんなことはできないと言われても、トライすることさえできないわけではない」というビル・カウワー（アメリカンフットボールのコーチ）の名句である。

強い者が勝つのではない、勝った者が強いのだ。

❖フランツ・ベッケンバウアー（ドイツのサッカー選手　一九四五－）

選手時代「皇帝」とまで呼ばれた名選手。三度目のワールドカップ出場となった一九七四年は、シェーン監督との二頭体制でチームを率い、決勝戦でオランダと対戦。実力では上と評価されたオランダを破り優勝を果たした。この言葉はその時にベッケンバウアーが吐いた名文句。「勝った者が強いのだ」という言葉には、強豪相手に二対一で勝負を決めた気概があふれている。

私は十一人のベストな選手とではなく、十一人でベストとなるチームでプレーしているのだ。

❖ニュート・ロックニー（アメリカンフットボール選手　一八八八－一九三一）

草創期のアメリカンフットボール選手で、のちにノートルダム大学の伝説的なヘッド・

コーチとなったロックニーの言葉。ベストな選手を集めてもチームワークが取れず結果を出せない例は数多い。ロックニーには、次の言葉も。「勝ちすぎは負けすぎと同じほど悲惨だ。どちらも大衆の熱狂を冷ます」。

チームメートが君のために何ができるかを問うな。君がチームメートのために何ができるかを問いなさい。

❖**アーヴィン・〝マジック〟・ジョンソン**（アメリカのプロバスケット選手　一九五九―）

ジョンソンはNBAでポイントガードとしてプレーし、一九八〇年から八八年にかけ、所属していたロサンゼルス・レイカーズの五回の優勝に貢献した。一九九一年にHIV感染を理由に引退し、大きな話題になった。ケネディ大統領の就任演説での有名な言葉、「国家があなたに何をしてくれるかを問うな……」を下敷きにしている。

テニスとは完全な静寂のなかで行われる暴力行為という、完璧なコントラストをなす。

❖**ビリー・ジーン・キング**（アメリカのプロテニス選手　一九四三―）

一九六一年ウィンブルドン女子ダブルスに初出場で優勝。キングは一九六一年から七九年まで二十回ウィンブルドンで優勝し、一九六六年の女子シングルスを皮切りに数々の優勝を重ね、一九八三年に引退した。特筆すべきは一九六七年の活躍で、ウィンブルドンと全米選手権の両方でハットトリック（シングルス、ダブルス、混合ダブルスの完全制覇）を達成している。当時男女の賞金格差が問題となっていたことをきっかけに男女同権運動でも活躍し、リーダー的存在でもあった。

相手が一〇〇発打つなら、自分は一〇一発打てばいい。

❖沢松和子（プロテニス選手 一九五一―）

日本に空前のテニスブームを巻き起こした名プレーヤー。十六歳で全日本テニス選手権に優勝したのをスタートに、国内一九二連勝の記録をつくった。一九七五年のウィンブルドンで日系のアン清村と組み、ダブルス優勝を果たし、日本人として初めて四大大会のタイトルを獲得した。祖父から続くテニス一家で、この言葉は父親から教えられたという。

力を貯めるな、出せ。そうでないと人は大きくならない。

❖山口良治（ラグビー選手・監督 一九四三―）

一九七五年に京都市立伏見工業高校のラグビー部監督に就任。当時は無名の弱小チームで、同年の花園高校との対戦では、一一二対〇で大敗を喫している。しかしその後奮起し、一九七八年に近畿大会準優勝、一九八〇年には国体と全国大会の両方で優勝する強豪チームに大変身した。勝つとわかった試合でも途中から力を抜くことを嫌い、次の試合のためにも全力を出し切って戦うことを選手に求めた。

❖双葉山（力士　一九一二―一六八）

追い越そうとする努力より、追い越されまいとする努力のほうが、はるかに難しい。

言わずと知れた、本場所での六十九連勝という大記録を打ち立てた名横綱。当時は年二場所で、一場所は十一日間だったが、双葉山の人気が凄まじかったことから、十三日となり、さらに現在と同じ十五日となったという。「追い越されまいとする努力」という言葉は、双葉山だからこそ価値を持つ。

❖フリオ・セサール・チャベス（メキシコのボクサー　一九六二―）

負けて初めて、カネではなく名誉がほしいとわかった。

チャベスは一九八四年にジュニアライト級（現スーパーフェザー級）の王座を奪取。その後、さらに二階級を制覇して、名実共に世界最高の人気を誇るボクサーとなった。一九九四年にプロ初のダウンを奪われてタイトルを失った。この時に吐いたこの言葉には、名誉を失ったチャンピオンの悔しさがにじみ出ている。

❖武豊（騎手　一九六九―）

昨日のボクより上手に乗れるようになっていたい。

一九八九年にデビューし、この年に六十九勝をあげて、新人記録をつくった。以後の快進撃は誰もが知るところで、二〇〇七年七月にＪＲＡ歴代最多勝記録二九四四勝（従来の記録は岡部幸雄の二九四三勝）を更新、同年の十一月には通算三〇〇〇勝をマークした。もはや勝敗よりも、うまく乗れたかどうかを常に意識しているという。

もしすべてが落ち着いて見えるのであれば、自分の動いているスピードは十分ではない。

❖マリオ・アンドレッティ（アメリカのレーシングドライバー　一九四〇－）

F1ドライバーとしてグランプリに一二八回出場、十六回優勝、インディ五〇〇、デイトナ五〇〇にも優勝した史上初のレーサーである。アンドレッティ家はレーサー一族として有名で、兄アルド、息子マイケル、甥のジョンとアダム、現在活躍中の孫マルコ・アンドレッティも数々の優勝成績を収めている。この名句を見る限り、遺伝的に極めてスピードに強い視覚と感覚を持っているのだろう。

私は、脳ミソが飛び出すほど泳いだ。

❖マーク・スピッツ（アメリカの水泳選手　一九五〇－）

スピッツは一九七二年のミュンヘン・オリンピックで、一〇〇メートル自由形、二〇〇メートル自由形、一〇〇メートルバタフライ、二〇〇メートルバタフライ、四〇〇メートルフリーリレー、八〇〇メートルフリーリレー、四〇〇メートルメドレーリレーの七種目で金メダルを獲得。そのすべてが世界新記録だった。前回のオリンピックで六個の金メダル獲得を予告していたが振るわず、その雪辱のため「脳ミソが飛び出すほど」泳いで前人未到の記録を打ち立てた。

◉生活・健康

人間一生は誠に纔《わずか》の事也。好いた事をして暮すべし也。

九歳から鍋島家に使え、稚児小姓からお側《そば》役となるも、若殿綱茂の和歌の相手をしたことで不興をかい、お役御免となった。その後石田一鼎《いってい》に師事し、武士道についてを探求し、『葉隠』を著す。『葉隠』は一七一〇年から七年かけて田代又左衛門陣基《つらもと》が聞き書きしたもので、正しくは『葉隠聞書《ききがき》』、別名『鍋島論語』という。元禄以降の武士の現状を慨嘆して、武士たるものの道を口述した。

❖山本常朝《つねとも》（江戸時代中期の学者　一六五九－一七一九）『葉隠』より

私たちの大多数は自動操縦状態にあると言える。自分で行き先をコントロールすることができることに気づかずにいる。自分が何を望んでいるかを知れば、それをかなえる方向へ向かっていけるようになるのである。

昔なら「運命に翻弄された生き方」とでも表現されたことだろう。ヴィターレはスイスの心理学者カール・ユングの次の言葉を引き合いに出す。「無意識を明晰な意識に変えない限り、それはあなたの歩みを誘導していくことになる。それを人は運命と呼ぶのである」。ヴィターレによれば、われわれは「運命」という名の無意識の自動操縦で動いていることになる。

❖ジョー・ヴィターレ（アメリカの著述家）『スピリチュアル・マーケティング』より

人は非難されればかたくなに古い考えを守りぬこうとするが、ほめられたときは古い自分にはこだわらない。これと同じ原則がライフスタイルの改善にもいえる。つまり、人は楽しいことを体験すれば生活を変えるが、自分の悪習や欠点を注意されたときは変えようとはしない。

❖高橋和巳（精神科医　一九五三－）『アーユルヴェーダの知恵——蘇るインド伝承医学』より

「ゆえに悪い習慣を変えたいのなら、それを楽しい習慣と置き換えることである」と続く。習慣化した行為をやめたいなら、それを別の習慣に置き換えるとうまくいく、というのである。長く都立松沢病院に勤務した。著書に『人は変われる——大人のこころのターニングポイント』、『心地よさの発見——「健康の豊かさ」にもランクがあった』、『心を知る技術』など。

私は日記は書かない。金輪際。毎日日記を書くなんて、自分の嘔吐物のところに戻ってみるようなものだ。

❖ジョン・イノック・パウエル（イギリスの政治家　一九一二－）

ならば、ブログやツイッターは自分の嘔吐物の撒き散らしということになろうか。パウエルはバーミンガムに生まれ、ケンブリッジ大学に学んだ。一九五〇年に保守党下院議員となり、政務次官などを経て一九六〇年から三年間厚生大臣を務めた。移民問題、人種融和問題などで歯に衣着せぬ意見を表明して耳目《じもく》を集めた。社会政治学の概説書『簡単な答えはない』など、多くの著書がある。

技術ぎらいは、やはり文科系のひとの場合におおい。文科系の研究者のなかには、整理ということさえ徹底的に拒否する、という生活態度を堅持しているひともいる。

たしかに文科系の人間の中には、混沌から創造が可能になると考えて、整理を嫌う人がいる。しかし、そこには、「混沌の中からしか創造は起こらない」という非論理的な思い込みがあるように思われる。非論理的な思い込みとは、感情にほかならない。主著は『文明の生態史観』。『知的生産の技術』は一九六九年に刊行され大きなセンセーションを巻き起こした。「知的生産」というターム自体が非常に新鮮だった。

❖**梅棹忠夫**（文化人類学者　一九二〇－二〇一〇）『知的生産の技術』より

習慣は習慣に征服せられる。

トマス・ア・ケンピスはケルン北西のケンペンで生まれ、聖アウグスチノ会修道院に入り、生涯の大半を修道院で過ごして院長として没した。十五世紀前半にラテン語で書かれたキリスト教修徳書『キリストに倣《なら》いて』は『新約聖書』に次いで広く読まれ、五十か国語以上に翻訳されてキリスト教修徳書の古典になっている。

❖**トマス・ア・ケンピス**（ドイツの宗教作家　一三八〇－一四七一）『キリストに倣いて』より

人は呼吸したとおりの人になる。

フルフォードは一九四一年に独自の治療法を開始し、オステオパシーの指導者となる。

❖**ロバート・C・フルフォード**（アメリカの医師　一九〇五－九七）『いのちの輝き――フルフォード博士が語る自然治癒力』より

この言葉の前のページには、こう書かれている。「人は平均して、一日におよそ二万八千回ほどの呼吸をくり返している。よく注意していれば、その呼吸一回ごとに、こころにあたらしい想念が生まれるか、古い想念が変化するのがわかる。なぜなら、正しい呼吸をしていると、『いのちの呼吸』が脳細胞を刺激して、こころの活性化を助けてくれるからだ」。『いのちの輝き——フルフォード博士が語る自然治癒力』は稀に見る名著である。

なめらかで、かつ美しい動作をする秘密は、動作に呼吸を合わせるのではなく、呼吸に動作を合わせることです。動作をするときに吸う。止まっているときに吐く。すると、一定のリズムで自然な動きとなり、見た目にも美しく映えることになります。

❖**小笠原清忠**（礼法指導者　一九四三—）『小笠原流で強くなる日本人の身体』より

この後、「呼吸に合った動作は疲れにくく、効率のよい動きでもあります」と続く。また、お辞儀をする場合など、「相手の呼吸に合わせること」は相手と「心が通い合うこと」に通じるという。「息が合う」とか「息を合わせる」という言葉は文字通りの意味を持つのである。一九九二年に、弓馬術礼法小笠原教場三十一世を継承。

病気は千もあるが、健康は一つしかない。

❖**ルートヴィヒ・ベルネ**（ドイツの評論家　一七八六—一八三七）『戯曲論』より

ベルネはフランクフルトのゲットーで生まれたジャーナリスト、評論家である。一八一八年文芸雑誌『ヴァーゲ』を創刊し文筆家となるが、七月革命以後はパリに移住。一八三〇年から三三年に執筆された『パリ便り』は、鋭い文体でドイツの閉塞的状況を描き出し、ドイツの知識人に変革を促して、のちのドイツ三月革命に影響を与えた。

病気と死は敗北のしるしではない。真に生きることができない人こそ敗北者なのだ。生きること、それも愛情豊かな楽しい人生を送ることを学ぶのが、私たちの目標だ。病気はしばしばそれを教えてくれる。

❖**バーニー・シーゲル**（アメリカの医師）『シーゲル博士の心の健康法』より

人間は、外的な危険から身を守るために五感が与えられており、内的な危険に備えて第六感、すなわち治癒システムを与えられているとシーゲルは語る。病気を挑戦と受け止めて心の平安から肉体の治癒に通じる道を見出した人は、葛藤に費やしていたエネルギーを免疫機構の作動に振り向けることができるのだという。

オフィスに置いてある植物が枯れているような医者の所には行くな。

❖**アーマ・ボンベック**（アメリカのコラムニスト　一九二七－一九九六）

窓辺の観葉植物が枯れるようでは、この医者の癒やし能力も知れている。なかなかの観察眼である。ボンベックは一九六〇年代から九〇年代の後半まで、三十年以上にわたってコラムを書き続け、十五冊の本を出版してその多くがベストセラーとなった。生涯に書いたコラムは四千本以上に上る。最盛期には、アメリカとカナダの九百以上の新聞にコラムが載せられ、毎週三千万人に読まれたというから驚きである。

からだを意識で満たすほど、免疫力はいっそう強力になるのです。それは、まるで細胞のひとつひとつが目を覚まし、生きる喜びにあふれているかのような感じです。からだは、わたしたちから意識されることが、嬉しいのです。

❖エックハルト・トール（ドイツの著述家　一九四八―）『ザ・パワー・オブ・ナウ』より

トールによると、思考にとらわれた「からだ不在」の状態から、「からだに住まう」またはは「いまに在る」状態に変わると、肉体は軽く、クリアで生き生きと感じられる状態になり、免疫力も高まるのだという。心が過去や未来という時間的ノイズから解放されると、心も肉体も時間を積もらせることがなくなる、というのである。

身体のいろいろなところが固まっていると、それだけで心が重くなり、融通が利かなくなります。物事をシャープに感じることができないだけでなく、何かにつけて否定的なとらえ方をしたくなってきませんか。あれは単に筋肉痛のためだけでなく、身体が思うように動かないことからもきているのです。

❖高岡英夫（運動科学者　一九四八―）『からだにはココロがある』より

われわれは体の特定の部位が疲れると、肩が凝ったとか背中が凝ったなどと言う。しかし、高岡によれば、実はわれわれの全身が多かれ少なかれ凝った状態なのであり、それによってわれわれはシャープな判断ができなくなったり、物事を否定的に捉えるようになるのだ。心身の関係を運動科学の立場から明らかにした名著。

帯が生むこの〈中心感覚〉は、一人一人の個性の次元ではなく、社会的に共有されていた身体感覚である。かつては帯を締めたときに生まれる〈中心感覚〉が、当然の身体感覚として共有されていたことは重要である。

明治初期の日本人男性を写した写真に関するコメントである。齋藤によれば「自然体の中心をなすのは腰と肝《はら》である。かつての日本人が腰と肝に対する身体の意識を強くもっていたことは、たとえば「帯」の存在によって知られる、という。近頃の若者は帯を腰ではなく腹に締めてしまうというエピソードを交え、かつての日本人の肝の座りを論じている。

❖**齋藤孝**（教育学者　一九六〇－）『身体感覚を取り戻す――腰・ハラ文化の再生』より

人間が最も思慮深いのは手を持つがゆえにではなく、逆に、人間は動物のうちで最も思慮深いゆえに手を持っているのである。

アリストテレスはこうも考える。最も思慮深い者は最も多くの道具を使いこなすはずであり、手は一つの道具というより、多数の道具とみなすことができる。つまり、最も思慮深い動物だから、人間はそれにみあう（万能の）道具として手を与えられた、というのである。

❖**アリストテレス**（ギリシャの哲学者　前三八四－三二二）『動物部分論』より

何百万の顔のうちに同じものが一つもないとはみんなの驚きである。

ブラウンはロンドンに生まれ、オックスフォード大学に学んだ。関心のある分野が非常

❖**トマス・ブラウン**（イギリスの医学者・哲学者　一六〇五－八二）

に広く、多岐にわたって著作を残した。顔に関しては、「顔にはその人のすべてが書いてある。字の読めない者でも、顔に書いてある人の本性は読めるものだ」という言葉が残っている。むしろ、学のある者ほど、顔に書いてある本性のリーディングは不得意かもしれない。

◉ファッション・料理

私は服をデザインするのではない。夢をデザインするのだ。

❖ラルフ・ローレン（アメリカのファッションデザイナー　一九三九―）

ラルフ・ローレンはニューヨークのブロンクスでユダヤ人の家庭に生まれ、市立バルーク・カレッジでビジネスを学ぶが中退して陸軍に入隊する。除隊後ブルックス・ブラザーズで販売員となり、一九六七年にネクタイ店を開業。自らのブランド「ポロ」を始め、紳士服・婦人服の業界にも進出。アメリカ発の世界ブランドとして躍進した。

ジーンズ！　ジーンズは破壊者だ！　独裁者だ。ジーンズは創造性を破壊する。ジーンズはやめるべきだ。

❖ピエール・カルダン（フランスのファッションデザイナー　一九二二―）

カルダンはイタリアのベネチア生まれで、フランスのヴィシーで仕立て屋修行をした後、パリに進出。一九四七年にディオールのメゾン（店）で頭角を現し、サン＝ローラン、ギィ・ラローシュと共に「ディオールの若き三プリンス」と呼ばれた。一九五〇年に自分のアトリエを持った。日本の市場に早くから注目し、一九五九年に他のブランドに先駆けて百貨店向けプレタポルテを展開、時代を先取りした。

❖イブ・サン＝ローラン
（フランスのファッションデザイナー　一九三六－二〇〇八）

ブルージーンズを発明したのが私ならよかった。ジーンズは表情があり、控えめで、それでいてセックスアピールがあり、簡素である。自分が服に求めるすべてがジーンズにある。

フランス領アルジェリア生まれの世界的デザイナーである。国際羊毛事務局デザインコンクールに優勝したのを契機に、クリスチャン・ディオールに才能を認められて採用されるが、ディオールの死によってたった二十一歳でディオール・ブランドの主任デザイナーとなった。サン＝ローラン自身のブランドの立ち上げは一九六二年である。

❖カール・ラガーフェルド
（ドイツのファッションデザイナー　一九三三－）

男は直感で服を決めるべきだ。男がそろえる服は、彼の人生、ルックス、個性に合ったものでなければならない。

ラガーフェルドはフェンディ、シャネルなど一流ブランドのデザイナーを次々と務めた。一九五四年に国際羊毛事務局のコンクールで優勝し、バルマンやジャン・パトゥのメゾンで働いた。一九六二年に独立し、翌年にはクロエのヘッド・デザイナーに。彼自身のブランドは一九八四年にスタートしている。二〇〇〇年にディオール・オムの細身のスーツを着るために十三か月で四十二キロのダイエットに成功したという。

❖カルヴァン・クライン（アメリカのファッションデザイナー　一九四二－）

肝心なのは自然に見えることだ。しかし、自然に見えるためには化粧が必要なのだ。

一九六二年にニューヨーク州立ファッション工科大学を卒業し、一九六八年、クラインは自分の会社を立ち上げた。婦人服以外にもスポーツウェアやジーンズなど、幅広く事業を展開し、一九九三年のデザイナー・オブ・ザ・イヤー賞を受賞。日本でもファンは多い。ありのままでは自然に見えないという深刻な事態。

❖ピエール・バルマン（フランスのファッションデザイナー　一九一四－八二）

ミンクの着方は、布製のコートを着ているように見せること。布製コートの着方は、ミンクを着ているように見せることだ。

バルマンはパリ国立美術学校で建築を学んだが、服飾デザインに転向し、エドワード・モリニュー、リュシアン・ルロンの店でデザイナーとして働く。一九四五年にパリのフランソワ・プルミエ通りに自分のブティックを持った。シンプルでエレガントなデザインが人気を呼び、多くの女優が彼の顧客となった。

食器は料理の着物である。

父親が自殺したのち、木版師福田武造の養子となり、自力で書の腕前を上げる。書や看板の木彫りで名を成したのち、大正末期に「星岡《ほしがおか》茶寮」を作り、世の著名人を集めて自ら料理の腕を振るった。抜群の集中力の持ち主で、何を始めてもすぐに一流の域に達したが、傲慢な性格のため、晩年は人々から距離を置かれた。人間国宝に推挙される話もあったが固辞している。

❖**北大路魯山人**（陶芸家・書道家　一八八三―一九五九）『料理王国』より

精神は嘘をつくが肉体は正直である。頭より舌である。

『裸の王様』で芥川賞を受賞した開高は、朝日新聞社の特派員としてベトナム戦争に従軍した。壮絶な戦場から辛くも生還したのち、その体験を『輝ける闇』などの作品に記している。ブラジルのアマゾン川をはじめ世界中の川に釣りの旅に出て、『オーパ！』、『フィッシュ・オン』など釣りをテーマとした作品も多く出版した。

❖**開高健**（作家　一九三〇―一八九）

人はたいてい、自分が食べているものには用心しますが、感覚器官が食べているものについてはあまりに無頓着です。

五つの感覚器官が競争で主人である心をもてなそうとする。その結果、心は見るもの、聞くもの、触れるものに幻惑されて、本来の主人としての立場を失ってしまう、と説くの

❖**エクナット・イーシュワラン**（アメリカの著述家　一九一〇―一九九）『スローライフでいこう――ゆったり暮らす八つの方法』より

である。イーシュワランは一九五九年にフルブライト客員教授としてインドからアメリカに渡り、アメリカ人に心の平和を教え続けた。瞑想のための名句集などを編んでいる。

食通に講釈させるのはよい。しかし料理をさせてはいけない。

◆**丸谷才一**（作家　一九二五－）

山形県出身で、文芸評論、翻訳にも活躍している。東京大学で学び、ジェイムズ・ジョイスを研究して強い影響を受ける。國學院大學で教鞭を執りつつ長編小説を初めて刊行。一九六四年ジョイスの『ユリシーズ』を共訳し、注目された。一九六八年『年の残り』で芥川賞を受賞した。近年では、二〇一〇年に『ジェイムズ・ジョイス「若い藝術家の肖像」訳注（改訳）』で読売文学賞（研究・翻訳部門）を受賞している。

グルメ料理は好きではない。この料理、あの料理というのは気に入らない。私が好きなのはうまい料理だ。

◆**ジェームズ・ビアード**（アメリカのシェフ　一九〇三－八五）

一九五〇年代に活躍した有名なシェフ。数多くの料理本やテレビ、ラジオ出演でアメリカの食業界の中心人物であった。アメリカ料理界の最高の栄誉「ジェームズ・ビアード賞」は、彼の死後その偉業を記念して設立されたジェームズ・ビアード財団によって、毎年五月に開催される。私の妻は、二十五年間『ビアードさんのパンの本』でパンを作り続けている。

私は家庭料理にお目にかかったことがない。いつも手の込んだものばかりだ。

❖フィリップ（エディンバラ公　一九二一―）

「手の込んだもの」のところは、原文はfancy stuff。fancyには「手の込んだ、値段が法外な」の意味がある。エリザベス二世の夫で、ギリシャのアンドレアス王子とバッテンベルグのアリス王女の間に生まれた。一九三九年にフィリップ・マウントバッテン大尉としてイギリス海軍に入隊。一九四七年イギリスに帰化し、エリザベス女王と結婚した。自然保護運動に熱心で、自然保護に貢献した人物に与えるエディンバラ賞を創設した。

ジョージは仕入れる魚のどれについても何でも知っていた。――どこで獲れたか、獲られる前に何をしていたか、そして、その魚の父母が誰だったかまで。

❖スタンレー・クレイマー（アメリカの料理人）

クレイマーはニューヨークのグランドセントラル駅のレストラン「オイスター・バー」のシェフで、映画監督のスタンレー・クレイマーとは別人。週二万四〇〇〇ドル分の鮮魚の仕入れを担当していたアシスタント・マネージャーのジョージ・モルフォゲンを評した言葉。この伝で言うと、ジョージは魚たちの家系図も作れそうである。

混ぜもののないパンはすこぶるうまいが、誘惑となるのはバターだ。

❖ダグラス・ジェラルド（イギリスの劇作家　一八〇三―五七）『卓談』より

ジェラルドは十代で印刷所で働き始め、のちに『サンデー・モニター』紙の印刷工場で植字工となった。その頃からいくつかの雑誌に詩や短いエッセイを投稿し、あるオペラの批評が編集者の目にとまったのがきっかけとなり、本格的にジャーナリズムの世界に入ることになる。こんな句も残っている。「恋ははしかのようなもの。年取って罹《かか》ると、まったく始末が悪い」（『ダグラス・ジェラルドの洒落と意見』より）。

パンのどちら側にバターがぬってあろうと違いはない。どのみち両側食ってしまうのだから。

❖ジェラルド・F・リーバーマン（アメリカの作家）

ことわざの「パンはバターの塗ってある側を下にして落ちる」の愉快なパロディである。この作家についてはよくわからないが、*3,500 Good Quotes for Speakers* という引用句辞典を編著しており、自らの名句もいくつか残っている。たとえば、「離婚とは、たった二人だけでサインする独立宣言である」。

二週間ダイエットして失ったのは、無益な二週間のみだった。

❖トティー・フィールズ（アメリカの喜劇女優　一九三一－七八）

フィールズは一九七二年にユーモアに満ちたダイエット本、*I Think I'll Start on Monday* を刊行。だが、晩年の二年間は健康の問題で悩まされた。検査のためにたった一晩絶食したのがもとで体調を崩し、ついに帰らぬ人となった老人の話を聞いたことがある。無益どころか致命的な人間ドックだった。

宗教は移り変わるが、ビールとワインは変わらない。

ペンシルベニア州ピッツバーグ生まれ。第一次世界大戦には陸軍中佐として参加し、その体験を一九二六年『炎に向かって』で作品とした。同年執筆した『イズラフェル』はエドガー・アラン・ポーの伝記で、これによってアレンは知られるようになった。この句の出典である『アンソニー・アドヴァース』はナポレオン時代を舞台とした冒険ロマンスの超大作で、一九三六年に映画化された。

❖**ウィリアム・ハーヴィー・アレン**（アメリカの作家・詩人　一八八九－一九四九）『アンソニー・アドヴァース』より

ワインを口に注ぐのは、人類の歴史の川からとったひとしずくを味わうことだ。

ブルックリンに生まれ、コロンビア大学を卒業後、出版界に入る。一九三三年から四三年の間、『ザ・ニューヨーカー』誌の読書欄を担当。ファディマンの名句はしばしば新聞や雑誌に引用された。ラジオ、テレビのパーソナリティとしても活躍。この言葉は、ニューヨークのホールマーク・ギャラリーに展示された食事とワインに関する名言の中の一つ。

❖**クリフトン・ファディマン**（アメリカの作家　一九〇四－一九九九）

早く来てごらん、星を味わってるところなんだ！

ベネディクト会の修道士で、盲目だったといわれる。シャンパーニュ地方に生まれ、発泡するワイン、シャンパンの醸造方法の完成に尽力した。有名なシャンパンの銘柄ドン・

❖**ドン・ピエール・ペリニヨン**（フランスのシャンパン発明者・修道士　一六三八－一七一五）

ペリニヨンは彼の名前から取られた。発酵中のワインを偶然瓶詰めして出来たといわれるシャンパンだが、盲目の修道士のこの一句は、どんな美辞麗句より的確である。

私は飲む時に考え、考えるときに飲む。

❖**フランソワ・ラブレー**（フランスの作家・医師・聖職者　一四九六－一五五三）

喜劇的かつ風刺に満ちた『ガルガンチュワ』と『パンタグリュエル』の作者、ラブレーの句である。この物語は中世の民間伝承中の巨人を主人公としたものだが、実は当時すでに巻で人気となっていた小冊子「ガルガンチュワ大年代記」に触発されて書いたものだ。ラブレーは医者でもあったため筆名で出版して大人気となったが、異端的内容で宗教的慣習を嘲笑しているということで糾弾された。

ある人々の最悪な点は、酔っていない時、彼らがしらふなことだ。

❖**ウィリアム・B・イエーツ**（アイルランドの詩人・劇作家　一八六五－一九三九）

イエーツはアイルランドの代表的詩人であり、ケルト民族の幻想的な伝承や妖精物語を好み、日本の能に強い影響を受けた作品も残している。一九二三年にノーベル文学賞を受賞し、同時期にはアイルランド自由国の上院議員も務めた。

私は、酒を手にしたとき以外は、飲酒の問題を起こさない。

❖**トム・ウェイツ**（アメリカのシンガーソングライター・俳優　一九四九－）

ジョークの常套手段。実際は、飲酒の問題を起こしているのだが、論点が巧みにずらされている。独特のだみ声とジャズっぽいピアノの弾き語りで「酔っぱらいの吟遊詩人」とも呼ばれてる。『トム・ウェイツ 素面の、酔いどれ天使』（パトリック・ハンフリーズ著）という本も邦訳されている。そんな彼にぴったりの名句がこれ。何度か禁煙にも成功している。

飲酒の十徳。礼を正し、労をいとひ、憂いをわすれ、鬱をひらき、気をめぐらし、病をさけ、毒を解し、人と親しみ、縁をむすぶ、人寿を延ぶ。

❖柳沢淇園《きえん》（詩人・画家　一七〇八－五八）『雲萍雑志』より

江戸神田橋の柳沢藩邸に生まれる。詩歌、仏典、本草、音律、書画、篆刻《てんこく》など多芸多才な人物であったが、幼少時から絵を好み、狩野派、長崎派に学んだ。精密な写生風の絵は英《はなぶさ》元章《もとあきら》のもとで学んだといわれ、日本南画の先駆者である。なお、『雲萍雑志《うんぴょうざっし》』は偽作であるといわれている。

◎社会・社交

人口は幾何学級数的に増加するが、食物は等差級数でしか増加しない。

❖トマス・ロバート・マルサス（イギリスの経済学者　一七六六－一八三四）『人口論』より

マルサスはケンブリッジ大学を卒業後、イギリス国教会の牧師補となり、一七九八年に匿名で『人口論』を出版した。この名句は、次のように論理展開される。「よって貧困は必然である。貧困を回避するには人口抑制の為道徳的規制が必要である」。人間の不幸を自然法則で説明したこの理論は「マルサス理論」として広く知られるようになった。一八〇五年に東インド・カレッジで政治経済学の教授となり、生涯その職にあった。

道具は個人のものであったが、機械は組織のものである。

❖**アンドレ・シーグフリード**（フランスの経済学者 一八七五－一九五九）『二十世紀の諸相』より

ジーグフリードはコレージュ・ド・フランスの経済地理学教授を務め、文明批評家として『フィガロ』紙、『両世界評論』誌の編集に従事した。国際連盟のフランス経済部長でもあり、幾多の講演、著書がある。ちなみに『両世界評論』誌は、フランスで現存する定期刊行物のうち最も古い、由緒ある月刊誌である。

これからさきも人間は長い道をあるいてゆかなければならないが、何が進歩であるのかということへの反省はたえずなさなければならないのではないかと思っている。

❖**宮本常一**（民俗学者 一九〇七－八一）『民俗学の旅』より

民俗学者として全国各地の伝承の調査を行い、一九三三年『口承文学』を発刊した。のちに渋沢敬三のアチック・ミューゼアム（日本常民文化研究所）に参加し、多くの研究成果、著書を残した。日本を代表する民俗学者である。代表的著書に『忘れられた日本人』、『庶民の発見』などがある。『民俗学の旅』には、渋沢敬三から「一県一冊ずつ五十冊ほどの民俗誌を書いてみないか」と言われ、それが宮本の民俗学の出発点となったエピソードが書かれている。

賢明に世俗的であれ、世俗的に賢明であるな。

❖**フランシス・クォールズ**（イギリスの宗教詩人　一五九二―一六四四）『象徴』より

短いがなかなか含蓄のある名句である。クォールズは当時の代表的な宗教家であるアッシャー大主教の秘書を務めた人物。彼の名を世に知らしめたのは、宗教的教訓詩『エンブレムズ』や『人生の象形文字』といった、象徴的な版画と聖句を韻文で解説する作品であった。王党派の聖職者であったため、作品の多くは清教徒革命で破棄された。

もしも橋になるつもりなら、踏みつけられるのを覚悟しなくてはならない。

❖**ロイ・A・ウェスト**（アメリカの教育者）

ウェストはバージニア州のリッチモンドに生まれ、同州で教師としての経験を積んだのち、政界にも進出。一九八二年から八八年の六年間はリッチモンド市長を務めた。この場合の「橋」とは、人と人との間の懸け橋の意。この句に関連して思い出されるのは、次のインドのことわざだ。「人生は橋。その上に家を建てることはできない」。

都市はコンクリート・ジャングルなどではない。都市は明らかに人間動物園である。

❖**デズモンド・モリス**（イギリスの動物学者　一九二八―）『人間動物園』より

『人間動物園』の序文に出てくる有名な言葉。本物のジャングルに棲む動物は、都市の人間たちほど無秩序ではないと警告し、人間は大脳の働きによって罠に陥り、自らを巨大で不安定な動物園の中に閉じ込めていると主張する。モリスは人間を「生物種としてのヒト」であると定義し、動物学者の目で人間の行動を観察、処女作『裸のサル』はベストセラーとなった。

家庭は日本人最大多数にとりては幸福なる処ではなくして忍耐の所である。

❖**内村鑑三**（宗教家・評論家　一八六一－一九三〇）『所感十年』より

明治・大正期のキリスト教の代表的指導者。幼少期より、父から儒学を学ぶ。十三歳で東京外国語学校（のち東京大学予備門）に入学。十六歳で札幌農学校第二期生として入学しキリスト教に出会う。教会を重視する欧米のキリスト教に反旗を翻し、福音主義信仰と時事社会批判に基づく日本独自の「無教会主義」を唱えた。英語が非常に堪能で、『余は如何にして基督信徒となりし乎』は英文の *How I Became a Christian* の邦訳である。

ただ、一さいは過ぎて行きます。自分がいままで阿鼻叫喚で生きて来た所謂「人間」の世界に於いて、たった一つ、真理らしく思われたのは、それだけでした。

❖**太宰治**（作家　一九〇九－四八）『人間失格』より

一九四八年六月十三日、太宰は愛人の山崎富栄《とみえ》と共に玉川上水に投身自殺した。その直前まで新聞連載されたのが『人間失格』である。この作品の後、最後の作品『グッド・バイ』の執筆のために六月六日から自宅を離れていたが、再び家に帰ることはできなかった。友人の伊馬春部《いまはるべ》に残した遺書には、伊藤左千夫の「池水は濁りににごり藤波の　影もうつらず雨降りしきる」という歌が記されていた。

上機嫌は、社交界でまとうことのできる最上の衣装のひとつであると言えるだろう。

❖ウィリアム・M・サッカレー（イギリスの作家　一八一一-一八六三）

サッカレーは東インド会社に勤める父のもとカルカッタに生まれた。ケンブリッジ大学に学ぶが賭博に熱中し退学。その後ヨーロッパ各地を巡り歩き、ドイツではゲーテを訪ねている。その後財政的に苦境に陥るが、一八三七年代頃から各誌に評論などを連載し、四〇年から小説家として活動した。代表作に『虚栄の市』、『ヘンリー・エズモンド』などがある。

社交の秘訣は、真実を語らないということではない。真実を語ることによってさえも、相手を怒らせないようにすることの技術である。

❖萩原朔太郎（詩人　一八八六-一九四二）

一九一七年に最初の詩集『月に吠える』を刊行し、口語自由詩を完成させ、日本の詩の歴史を画する詩集と評価された。その序文の中で、師の北原白秋は、こう讃えている。「清純な凄さ、それは君の詩を詠むものの誰しも認め得る特色であろう」、「私は信ずる。そうして君の異常な神経と感情の所有者である事も」と。

世の中ぶらついてみれば、面白い連中がたくさんいる。ある者は六連発銃で金を奪い、ある者はペンで捲き上げる。

作家もならず者の一種ということか。大恐慌のさなかに一家離散し、放浪生活に入る。貧困や差別にさらされる労働者階級の現状や思いを歌にした。同じくフォークシンガーのボブ・ディランはウディ・ガスリーに多大な影響を受けた。晩年の彼のもとを訪れたディランは、彼の曲を自分のアルバムの中で紹介し、「私の最後の英雄だ」と描写している。

❖**ウディ・ガスリー**（アメリカのフォークシンガー 一九一二－六七）

誰かが有名になるやいなや、学校時代に席が隣だったというやつが、しゃしゃり出てくるものだ。

テレビのバラエティ番組で、有名人の初恋の相手が出てくるのも同工異曲である。本名はフランク・マッキンリー・ハバードだが、キン・ハバードというペンネームでよく知られている。ユーモラスな句が多く、「くだらない政治家ほど国旗が好きだ」という言葉も残している。

❖**キン・ハバード**（アメリカの風刺漫画家・ジャーナリスト 一八八六－一九三〇）

有名人とは、知られているということによって知られている人。

ターケルはシカゴ大学法律科を卒業し、ラジオのパーソナリティやテレビ番組のホストとして活躍。その後、市井の人々にインタビューするオーラル・ヒストリーの手法で次々

❖**スタッズ・ターケル**（アメリカの作家 一九一二－二〇〇八）

に良書を刊行し、ジャーナリズムに大きな影響を与えた。一九八五年に『よい戦争』でピュリツァー賞を受賞。ほかに『仕事！』（一九七四年）や『アメリカン・ドリーム』（一九八三年）など。二〇一〇年に『スタッズ・ターケル自伝』が邦訳された。彼の百年近い歩みが、そのまま時代の証言として生々しく語られている。

参考文献

『一日一名言』（関厚夫、新潮社）
『岩波＝ケンブリッジ世界人名辞典』（岩波書店）
『岩波西洋人名辞典 増補版』（岩波書店）
『英語・一日一言』（岩田一男、祥伝社）
『NHK迷宮美術館　巨匠の言葉』（三笠書房）
『思わずニヤリとする言葉』（晴山陽一、青春出版社）
『解説世界の名言名文句事典』（昭和出版社）
『語り継ぎたい　世界の名言100』（ハイブロー武蔵ほか、総合法令出版）
『今日が楽しくなる魔法の言葉』（アーニー・J・ゼリンスキー、ダイヤモンド社）
『教養が滲み出る極上の名言1300』（斉藤茂太、日本文芸社）
『ゲーテ格言集』（新潮社）
『元気がでる英語』（杉田敏、ビジネス社）
『言典』（坪田歓一、大和書房）
『コンサイス日本人名事典』（三省堂）
『座右の銘』（里文出版）
『「座右の銘」1300』（宝島社）
『365日物語』（晴山陽一、創英社）
『自省録』（マルクス・アウレーリウス、岩波書店）

『集英社世界文学事典』（集英社）
『人生が変わる　英語の名言』（晴山陽一、青春出版社）
『人生に関する439の名言』（神辺四郎、双葉社）
『すごい言葉』（晴山陽一、文藝春秋）
『スピーチ引用名言辞典』（モーリス・マルー、PHP研究所）
『成功への名語録』（講談社）
『西洋ユーモア名句講座』（加島祥造、立風書房）
『世界人物逸話大事典』（角川書店）
『世界のトップリーダー英語名言集』（デイビッド・セインほか、Jリサーチ出版）
『世界の知恵』（国松孝二編、白水社）
『世界名言大辞典』（梶山健、明治書院）
『世界を動かした名言』（J・B・シンプソン、講談社）
『千年語録』（サライ編集部、小学館）
『魂をゆさぶる辞世の名句』（宣田陽一郎、成美堂出版）
『「トップアスリート」名語録』（桑原晃弥、PHP研究所刊）
『20世紀名言集　科学者/開発者篇』（情報センター出版局）
『20世紀名言集　大経営者篇』（情報センター出版局）
『人間最後の言葉』（クロード・アヴリーヌ、筑摩書房）
『人の心を動かす「名言」』（石原慎太郎、KKベストセラーズ）
『ポケットに名言を』（寺山修司、角川書店）
『仏教の名言100』（綾瀬凛太郎、学研パブリッシング）

『名言なんか蹴っとばせ』（ジョナソン・グリーン、現代書館）
『名言名句の辞典』（三省堂）
『名言力』（大山くまお、ソフトバンククリエイティブ）
『ユーモア名句&ジョーク』（加島祥造、講談社）
『ラ・ロシュフコー箴言集』（岩波書店）
『レオナルド・ダ・ヴィンチの手記』（岩波書店）

Contemporary Quotations (Jonathon Green)
Quotations For Our Time (Laurence J. Peter)（邦訳『悪魔のセリフ』講談社）
Roget's Thematic Dictionary of Quotations (John Daintith)
Simpson's Contemporary Quotations (James B. Simpson)（邦訳『時代を予見する』講談社）
The Dictionary of Humorous Quotations (Even Esar)
The Last Word On Making Money (Rolf B. White)（邦訳『生き方上手の知恵』講談社）
The Macmillan Dictionary of Contemporary Quotations (Jonathon Green)
The Manager's Book of Quotations (Lewis D. Eigenほか)（邦訳『仕事の成功』講談社）
The Penguin Thematic Dictionary of Quotations (M. J. Cohen)
The Speaker's Book of Quotations (Henry O. Dormann)（邦訳『一流の知性』講談社）
Words of Wisdom (Leonard Safirほか)（邦訳『人生を切り拓く』講談社）
1,911 Best Things Anybody Ever Said (Robert Byrne)（邦訳『人間を洞察する』講談社）

人名索引

＊本文下段に太字で示した名句名言の発言者を外国人、日本人別に五十音順に配列した

❖外国人編

ア

サ

タ

ナ

ハ

❖日本人編

あ

◉編著者紹介

晴山陽一（はれやま・よういち）

一九五〇年東京生まれ。早稲田大学文学部哲学科卒業後、出版社に入り、英語教材の開発、国際的な経済雑誌の創刊などを手がける。元ニュートン社ソフト開発部長、『コモンセンス』副編集長。一九九六年に独立し、精力的に執筆を続けている。著書は、『すごい言葉』（文春新書）、『思わずニヤリとする言葉』『人生が変わる英語の名言』（共に青春文庫）、『たった100単語の英会話』シリーズ（青春新書）、『人を動かすアメリカ大統領のすごい言葉』（ぶんか社）、『365日物語』（創英社）、『英語ベストセラー本の研究』（幻冬舎）など一〇〇冊以上。〈ホームページ〉http://y-hareyama.sakura.ne.jp〈ツイッターユーザー名〉y_hareyama

名言の森　心に響く千人千句

二〇一一年九月三〇日　初版印刷
二〇一一年一〇月二〇日　初版発行

編著者――晴山陽一（はれやま・よういち）
発行者――松林孝至
発行所――株式会社東京堂出版
〒一〇一-〇〇五一
東京都千代田区神田神保町一-一七
電話〇三-三二三三-三七四一
振替〇〇一三〇-七-二七〇
http://www.tokyodoshuppan.com/

編集協力――山口晴代
組　版――株式会社明昌堂
印刷製本――図書印刷株式会社

ISBN978-4-490-20747-7 C0095